트래블로그Travellog로 로그인하라!
여행은 일상화 되어 다양한 이유로 여행을 합니다.
여행은 인터넷에 로그인하면 자료가 나오는 시대로 변화했습니다.
새로운 여행지를 발굴하고 편안하고
즐거운 여행을 만들어줄 가이드북을 소개합니다.

일상에서 조금 비켜나 나를 발견할 수 있는 여행은
오감을 통해 여행기록TRAVEL LOG으로 남을 것입니다.

베트남 남부 사계절

베트남 남부는 1년 내내 평균 기온이 25~30도를 웃도는 고온 다습한 열대 기후이며, 봄, 여름 가을, 겨울로 나뉘지 않고 우기와 건기로 계절을 나눈다. 4계절을 갖고 있는 우리와는 계절의 개념이 조금 다르다. 적도 근처에 있기 때문에 1년 내내 더운 것은 사실이다.

우기는 1~8월, 건기는 9~12월까지로 여행 성수기는 건기다. 베트남 남부의 야외 활동은 건기인 1~3월 사이가 가장 좋다. 우기라고 해서 종일 비가 오는 것이 아니라 소나기(스콜)가 한 두 차례 몰고 가는 것이라 여행이 힘든 것은 아니다. 최대 성수기는 7~8월인데 방학과 휴가시즌이기 때문이다. 7월 성수기를 기점으로 숙소가격이 많이 오른다.

나트랑 사계절

10~12월 중순까지를 제외하면 따뜻하고 무난하다. 겨울을 포함한 건기에 방문한다면, 비는 신경 쓰지 않아도 될 정도로 날씨가 좋아서 따뜻한 햇살이 관광객을 기다리고 있다. 나트랑은 뜨거운 여름날 해변에서 시간을 보내거나 카페에 앉아 시원한 음료를 홀짝이기 좋은 휴양지이다. 해변에서 벗어나 휴식을 취하고 싶다면, 언제든지 보고 즐길 거리가 수없이 많다.

나트랑(Nha Trang) 여행의 필수품

1. 모자
따가운 햇살이 항상 비추는 나트랑Nha Trang은 관광지가 대부분 그늘을 피할 곳이 많지 않다. 그러므로 미리 모자를 준비해 가는 것이 얼굴도 보호하고 두피도 보호할 수 있다.

2. 우산
대표적인 관광지인 나트랑Nha Trang은 바다를 끼고 관광지가 형성되어 있어서 스콜을 만나기도 하고 따가운 햇살을 맞으면 피부가 화끈거리기도 한다. 대부분의 관광지는 그늘이 없어서 우산을 가지고 가면 햇볕이 뜨거우면 양산으로 사용하고 비가 오면 우산으로 사용하면 된다.

3. 긴 팔 옷과 긴 바지
햇볕에 매일 노출되는 여행자는 피부를 보호하는 것이 좋다. 햇볕에 너무 노출이 심하게 되면 벗겨지기도 하고 저녁에 따갑거나 뜨거운 피부 때문에 잠을 자기 힘들 수도 있다.

4. 알로에
피부의 온도를 내려주는 알로에는 동남아시아에서 많이 파는 상품 중에 하나이다. 미리 준비하면 따갑거나 벗겨졌을 때도 바르면 보호도 하고 따가움을 완화할 수도 있다.

NHA TRANG • PHÙ QUỐC

우기 여행의 장점

지구 온난화 때문에 사실 우기의 시작은 기상대에서도 정확히 맞추지 못하고 있다. 2018년에도 10월 말까지 전혀 비가 내리지 않다가, 11월이 시작하면서 한 달 내내 비가 본격적으로 시작되었기 때문이다.
우기를 전후로 날씨는 무덥지 않다. 여행 중에 지대가 높은 산간 지역으로 여행한다면 가을처럼 쌀쌀하다. 보통 우기는 9월부터 시작된다고 알고 있지만 점점 늦어지고 있다. 건기가 길어지고 우기가 짧아지고 있다고 하는데 여행자는 알 수가 없다.

우기에는 열대성 소나기인 스콜이 자주 있는데, 짧게는 몇 분에서 길게는 몇 시간씩 갑자기 소나기가 쏟아지는데 언제 그칠지는 누구도 모른다. 스콜이 쏟아지기 전에는 하늘이 어두워지면서 많은 비가 내린 다는 사실을 알 수 있기 때문에 미리 대비를 한다. 더위를 타는 사람은 우기의 여행에서 스콜이 오히려 온도를 내려주기 때문에 유리할 수도 있다. 우기 여행의 장점은 비성수기라서 숙소 가격이 성수기 때보다 저렴하다는 것이다. 하지만 중국이든 대한민국이든 여름 방학이 시작되는 7~8월까지 본격적으로 성수기가 된다.

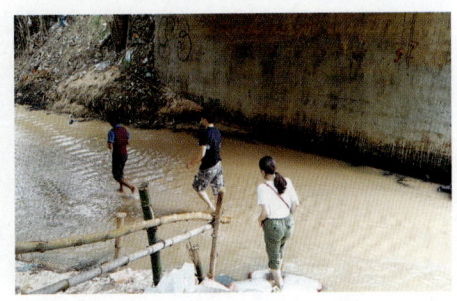

Intro

나트랑 Nha Trang 여행의 가치

여행은 공부가 아니다. 패턴도 아니다. 여행으로 삶을 바꾸어보려고 하는 사람도 있지만 여행이 삶을 쉽게 바꾸어놓지 않는다. 여행을 많이 하면 새로운 가치를 알 수 있을까? 여행에서 중요한 것은 어떻게 여행을 하는가이다. 가이드북을 보고 관광지를 보는 것으로 단순하게 내 삶이 바뀌지 않는다. 우리는 고등학교 때까지 입시에 찌들면서 놀고 싶은 엄청난 욕구를 가지고 있다. 그러나 여행이 놀이가 아닌 누가 만들어 놓은 관광으로 다닌다면 그 속에서 무엇을 배울 수 있을까?

여행은 사람이 떠나는 학문이고 인생에 대한 학문이다. 인생을 이야기하고 사람이 살아가는 장면에 대해 배운다. 학술적인 지식을 논하지 않는다. 여행은 사람에 대한 가치학문이다. 사람이란 무엇인가? 인생은 무엇인가? 사람은 어떻게 살아야 하는가? 무엇이 더 나은 인생인가? 등의 질문에 진지한 성찰이 여행인 것이다.

여행은 바쁘고 부품처럼 살아갈 때 나를 찾기 위해 여유를 찾기 위해 시작한다. 이때 여행에서 논하는 나는 누구인가? 나의 인생은 무엇인가? 나는 어떻게 살아야 하는가? 무엇이

나에게 더 나은 인생이 될까? 라는 질문을 여행에서 나에게 던진다. 그래서 여행은 인문학과 맞닿아 있다. 여행에서 우리는 인문학에 대해 생각하고 배우고 싶어 한다. 그런데 여행에서 마주친 인문학을 우리는 공부로 해결하려는 악순환을 시작하곤 한다. 여행은 인문학적 사고로 사는 모습을 세계의 많은 사람에게서 보고 배워야 하는 것이다. 핵심은 지식이 아니라 삶의 본질을 찾는 것에 있다. 가치관이 달라진 사람은 삶도 달라질 수밖에 없다.

나는 처음에 베트남여행을 아무 생각 없이 시작했다. 치앙마이에서의 한 달 살기가 지겨워지면서 어디 갈 나라는 없을지 생각하고 있을 때 오래전에 갔던 베트남이 생각났다. 그리고 바로 항공기를 예약하고 호치민으로 떠났다. 치앙마이에서 알던 현지인이 나에게 "너는 금방 다시 올 거야? 치앙마이는 안전하고 사기 치는 사람도 없지만 베트남은 그렇지 않아, 그러니까 조심하고 빨리 다시 와!"라는 말을 나에게 했다. 나도 "그럴 거 같아"라고 말한것 처럼 잠깐 다녀오고 싶은 나라였다.

호치민에서의 첫 느낌은 사기치는 사람들의 집단처럼 보였다. 첫날 밤 그냥 떠나고 싶은 나라였을 뿐이었다. 하지만 점점 시간이 지나면서 베트남은 지금까지와는 다른 편안한 여행지이자 제2의 고향처럼 다가왔다. "치앙마이로 언제 와?"라는 답에 몇 개월 동안 답을 못하고 베트남에서 지내고 있다.

베트남을 따뜻한 나라로 변화시켜 준 처음 여행지가 나트랑Nha Trang이었다. 나트랑Nha Trang의 YHA에서 프런트의 Loim은 여행지를 단순히 소개만 해주지 않고 다양한 이야기를 하면서 베트남에 대해 알려주었다. 내가 무엇인가를 알려고 하지 않아도 그들에게 다가가면서 자연스럽게 지식은 다가왔고 베트남의 문화에 대해 알려주었다. 여행을 통해서 삶을 마주하고 돌아와 다시 삶에서 힘차게 살아갈 수 있도록 만들어 준 시작은 나트랑Nha Trang이었다.

우리는 지금껏 끝없는 경쟁적 사고를 하며 살아왔다. 그러나 경쟁하면서 발전한 것이 아니고 삶이 피폐해지기 시작했던 것이다. 앞으로 4차 산업혁명이 발전하여도 사는 모습이 어떻게 바뀌어도 여행은 해야 한다. 그러니 여행에서 봐야 할 것은 관광지가 아니고 삶이고 그 속에 있는 사람이다. 이것이 진짜 여행이다. 난 그 여행을 나트랑Nha Trang에서 보았다.

나트랑(Nha Trang)에서 한 달 살기

베트남은 비자가 없으면 15일 이내에 돌아와야 하지만 30, 90일 비자를 받으면 오래 머물 수가 있다. 베트남 비자를 받는 것은 어렵지 않아 신청을 하면 대부분 비자를 발급받는 것에 이상이 없다. 여행을 하면 짧은 기간에 많은 것을 보고 오는 단기여행이 대세였던 것에 비해 최근에는 오랜 기간 한 곳에 머물며 여유를 가지고 지내는 한 달 살기가 최근에 인기를 끌고 있다. 태국의 방콕, 치앙마이나 발리의 우붓Ubud이 한 달 살기의 원조로 인기를 끌었다면 최근에는 다양한 지역으로 확대되고 있는 중이다.

베트남도 최근에 한 달 살기를 하는 여행자가 늘어나고 있다. 베트남 중부의 호이안Hoi An이나 남부의 나트랑Nha Trang, 푸꾸옥Phu Quoc이 한 달 살기 도시로 머무는 여행자가 늘고 있다. 시대가 변하면서 짧은 시간의 많은 경험보다 한가하게 여유를 가지고 생각하는 한 달 살기의 여행방식은 많은 여행자가 경험하고 있는 새로운 여행방식이 되고 있다.

내가 좋아하는 도시에 마음껏 머무르며 하고 싶은 것을 무한정할 수 있다는 것이 한 달 살기의 최대 장점이다. 그래서 서서히 여행지를 알아가면서 현지인과 친구를 사귀고 여행지가 사는 장소로 바뀌면서 새로운 현지인의 삶을 알아갈 수 있는 한 달 살기는 장기여행의 새로운 트랜드가 되고 있다. 저자도 베트남의 호이안, 무이네, 나트랑Nha Trang,에 한 달 이상을 머무르면서 그들과 같이 이야기하고 지내면서 베트남 사람들을 이해하고 사랑하게 되었다.

NHA TRANG • PHÙ QUỐC

베트남의 한 달 살기는 바쁘게 지내는 것이 아닌 여유를 가지고 지낼 수 있다는 생각과 저렴한 물가로 돈이 부족해도 걱정이 없어진다. 나트랑Nha Trang,은 규모가 큰 도시가 아니기 때문에 한 달 살기를 하면서 지내기 좋은 도시이다. 여행자 거리에서 거의 모든 레스토랑과 식당에서 음식을 먹어보며 나의 입맛에 맞는 단골이 생기고 단골 쌀국수와 레스토랑에서 짧게 이야기를 나누다가 점점 대화의 시간이 늘어났다. 나트랑Nha Trang이 지루해질 때면 가까이 있는 비치로 나가 탁 트인 해변에서 생각을 하고 해변에서 비치발리볼도 즐기고 선베드에 누워 낮잠을 즐기기도 했다. 여유를 즐기면 즐길수록 마음은 편해지고 행복감은 늘어났다.

나트랑은 1년 내내 화창한 날씨를 가진 도시이다. 그래서 비가 오는 날이면 커피 한잔의 여유를 즐기는 순간이 즐거웠다. 바쁘게 무엇을 해야 하는 것이 아니기 때문에 신발에 빗물이 들어가도 집에 돌아가는 길이 짜증이 나지 않고 슬리퍼를 신고 빗물이 발가락사이를 타고 살살 들어오는 간지러움을 느끼며 우산을 쓰고 돌아다녔다. 어린 시절의 느낌을 다시 가지게 되는 순간이었다.

> 장점

1. 저렴한 물가

베트남의 물가가 저렴하다는 것은 '사실이 아니다'라는 말이 있지만 베트남이 비싸면 도대체 어디가 물가가 저렴한지 물어보고 싶다. 관광객의 물가는 높을 수 있지만 매일같이 고급 레스토랑에서 해산물 요리를 먹지 않는 한 베트남 물가는 상당히 저렴하다.
쌀국수는 40,000동(약 2,000원)이며, 반미는 20,000동(약 1,000원)으로 한 끼 식사는 원화로 3천원 이하면 맛있게 해결이 가능하다. 특히 오랜 기간을 여행자거리의 음식을 먹기 때문에 나의 입맛에 맞는 쌀국수와 반미, 미꽝, 반꿈 등을 맛있게 먹었다는 만족도도 높다.

  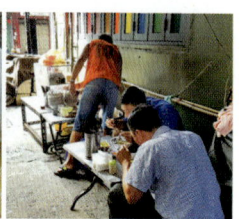

2. 풍부한 관광 인프라

나트랑Nha Trang,은 도시 곳곳에 해변이 있고 인근에 포나가르 탑 등의 문화유산이 있어서 관광 컨텐츠가 풍부한 편이다. 여유를 즐긴다고 해도 매일 같은 것을 즐기는 것이 지루해지기 때문에 나트랑Nha Trang의 문화유산을 즐길 수 있다. 만약 인접한 도시로 시야를 넓히면 3~4시간이면 갈 수 있는 달랏Đà Lạt과 4~5시간이면 도착하는 무이네Mũi Né로 여행을 다녀오기도 좋은 도시가 나트랑Nha Trang이다.

3. 쇼핑의 편리함

나트랑Nha Trang은 인근에 롯데마트가 있고 도시 내에는 빈콤 프라자Vincom Plaza와 나트랑 센터Nha Trang가 있다. 한 달 살기를 하려면 필요한 물건들이 수시로 발생한다. 가장 저렴한 쇼핑을 하려면 롯데마트를 가야 하지만 많은 물품을 구입할 것이 아니기 때문에 걸어서 갈 수 있는 빈콤 프라자를 가장 많이 이용한다.

필요한 물건이 있을 때마다 힘들게 구입을 할 수 밖에 없거나 비싸게 구입한다면 기분이 좋지 않아진다. 그런데 나트랑에는 쉽고 저렴하게 구입이 가능하다.

4. 문화적인 친화력

2018년 박항서 감독이 베트남 축구에서 거둔 성과는 축구에만 머무르지 않았다. 베트남 사람들은 대한민국 사람들을 친근하게 느끼고 대한민국이라면 무조건 좋아하는 효과까지 거두게 만든 인물이 박항서 감독이다. 대한민국의 제품들은 베트남 어디에서든 최고의 제품으로 평가받고 친근하게 느끼고 있다.

중국 사람들과 중국 제품들이 베트남인들의 저평가를 받는 것과 대조적인 상황이다. 또한 유교를 받아들인 베트남은 음식이 우리가 먹어왔던 것과 은근히 비슷한 것이 많아서 사람들의 생각도 비슷하다는 느낌이 많다. 친밀도가 높아지면서 친구를 사귀기도 쉽고 금방 친해지기 좋은 나라가 베트남이 되었다.

5. 다양한 한국 음식

나트랑Nha Trang에는 한국 음식을 하는 식당들이 꽤 있다. 나트랑Nha Trang에 있으면서 한식에 대한 필요성을 느끼지 못하지만 한 달을 살게 되면서 가끔은 한국 음식을 먹고 싶을 때가 있다. 그럴 때 한식당을 찾기 힘들다면 음식 때문에 고생을 할 수 있다. 하지만 나트랑Nha Trang에는 다양한 한식당과 뷔페가 있어서 한식에 대한 고민은 하지 못했다.

6. 다양한 국적의 요리와 바(Bar)

나트랑Nha Trang에는 러시아 사람들이 가장 먼저 관광을 오기 시작했다. 러시아는 베트남과 우호관계를 오랫동안 지속하고 있으므로 러시아인들은 나트랑Nha Trang과 무이네Mũi Né로 장기 여행을 오는 최초의 해외 여행자였다. 그 이후에 중국인들이 오기 시작했다. 그들은 단기여행을 오고 중국인들이 가는 식당과 레스토랑이 있어서 한 달 살기를 하면서 중국인들 때문에 여행을 하기 싫어진다는 생각을 하는 경우는 별로 없다. 그보다 최근에 유럽의 배낭 여행자가 늘어나면서 여행자거리에는 다양한 나라의 음식들을 먹을 수 있는 장점이 생겼다.
그리스요리부터 러시아, 프랑스요리까지 원한다면 먹을 수 있으며 최근에는 저렴한 펍Pub까지 생겨나서 소박하게 맥주 한 잔을 하면서 밤 늦게까지 즐길 수 있다. 또한 루프탑 바 등의 나이트라이프가 가능한 다양한 장소가 생겨나 밤에도 지루하지 않다.

> 단 점

부족한 관광 컨텐츠

나트랑Nha Trang이 해변에 위치한 1년 내내 화창한 날씨가 지속되는 도시이기는 하지만 경제적으로 성장하고 있는 중이여서 관광 컨텐츠가 다른 나라 도시에 비해 부족한 것은 사실이다. 나트랑Nha Trang은 해안에 있는 도시이므로 해양 스포츠를 즐긴다면 상관이 없지만 문화적인 관광지를 찾는다면 나트랑Nha Trang보다는 호이안Hội An이나 달랏Đà Lat에서 한 달 살기를 권한다.

한눈에 보는 베트남

북쪽으로는 중국, 서쪽으로는 라오스, 캄보디아와 국경을 맞대고 있다. 베트남 남쪽에는 메콩 강이 흘러내려와 태평양으로 빠져나간다.

- ▶**국명** | 베트남 사회주의 공화국
- ▶**인구** | 약 8,700만 명
- ▶**면적** | 약 33만㎢(한반도의 약 1.5배)
- ▶**수도** | 하노이
- ▶**종교** | 불교, 천주교, 까오다이교
- ▶**화폐** | 동(D)
- ▶**언어** | 베트남어

빨간 바탕에 금색 별이 그려져 있다고 해서 금성홍기라고 한다. 빨강은 혁명의 피와 조국의 정신을 나타낸다. 별의 다섯 개 모서리는 각각 노동자, 농민, 지식인, 군인, 젊은이를 상징한다.

베트남인

대부분 우리나라 사람들과 비슷하게 생겼다. 하지만 베트남은 55개 민족이 모여 사는 다민족 사회이기 때문에 사람들마다 피부색이나 체격이 조금씩 차이가 난다.

베트남은 영어 알파벳 'S'를 닮았다. 폭은 좁고 남북으로 길게 쭉 뻗어 있다. 베트남인들은 대부분 북부와 남부, 두 지역에 모여 살고 있다. 북쪽에는 홍 강, 남쪽에는 메콩 강이 있고, 두 강이 만든 넓은 평야가 펼쳐져 있다. 중간에는 안남 산맥이 남북으로 길게 뻗어 있다.

Contents

나트랑 사계절	2
나트랑 여행의 필수품	4
Intro	6
나트랑에서 한 달 살기	8
한눈에 보는 베트남	15
About 베트남	20
About 나트랑	28
나트랑 & 푸꾸옥에 끌리는 8가지 이유	36
나트랑 여행 잘하는 방법	42

〉〉 나트랑 여행에 꼭 필요한 Info

한눈에 보는 베트남 역사 / 베트남의 현주소	48
베트남과 대한민국의 비슷한 점	50
베트남 음식 BEST 10 / 한국인이 특히 좋아하는 베트남 음식	52
베트남 쌀국수	58
음료 / 열대과일 / 쇼핑	62
마사지 & 스파	68
베트남과 커피	70
베트남 인의 속을 '뻥' 뚫어준 박항서	72

베트남 친구 사귀기	76
나트랑 엑티비티	79
나트랑 여행 밑그림 그리기	81
나트랑 숙소에 대한 이해	82
패키지여행 VS 자유여행	84
나트랑 & 푸꾸옥 여행 물가	85
나트랑 & 푸꾸옥 여행 계획 짜는 비법 / 추천일정	86
베트남은 안전한가요?	92
환전 / 심카드	93
베트남 여행 긴급 사항	97
베트남여행 사기유형 / 소매치기	98
베트남 여행의 주의사항과 대처방법	102
버스 이동간 거리와 시간(Time Table)	104

〉〉 나트랑   106

공항 / 공항에서 시내 IN
나트랑 깜란 국제 공항 미리 보기 / 주요 항공사 나트랑 운항 정보
시내 교통 / 버스, 씨클로 / 나트랑 자전거 여행 VS 오토바이 투어
나트랑 거리의 다양한 모습들 / 나트랑 거리의 다양한 택시
택시 VS 그랩(Grab)
나트랑 한눈에 파악하기
나트랑 지도
나트랑 여행을 계획하는 5가지 핵심 포인트
나의 여행스타일은?

나트랑 북부 해변   152

포나가르 탑 / 롱선사 / 나트랑 대성당 / 담시장 / 쩜흐엉 타워 / 탑바 온천
혼쫑곶 / 족렛 비치 / 혼 코이 염전 / 투반 파고다 / 알렉산드르 예르생 박물관
EATING / 쩐푸거리 EATING / 나이트 라이프

배낭여행자 거리(나트랑 남부 해안)   **174**

나트랑 비치 / 스토리 풀 / 자이 해변 / 나트랑 센터 / XQ 자수박물관
롱비치 / 혼로 항구

스쿠버 다이빙
마사지
현지인이 추천하는 맛집
나트랑의 노점 쌀국수
EATING
저렴하게 해산물을 소비하는 방법
베트남 라면
SLEEPING
러시아 관광객이 찾는 맛집
나트랑쇼핑몰
나트랑 편의점
커피&카페 Best 8
새로이 뜨는 커피(Coffee) & 차(Tea) 전문점
음식 주문에 필요한 베트남어
베트남 로컬 식당에서 주문할 때 필요한 베트남어 메뉴판

빈펄랜드   **242~251**

》 푸꾸옥   252-367

푸꾸옥 국제 공항 미리보기
푸꾸옥 IN / 푸꾸옥 가는 방법
베트남 여행 전 꼭 알아야 할 베트남 이동수단
푸꾸옥 지도 / 지역 설명
푸꾸옥 한눈에 파악하기
푸꾸옥 여행을 계획하는 7가지 핵심 포인트

푸꾸옥 추천 여행일정
푸꾸옥에서 한 달 살기

즈엉동 타운
진카우 야시장 / 즈엉동 타운 지도 / 진꺼우 사원 / 후추농장
느억맘 공장 / 즈엉동 시장 / 롱 비치(바이 즈엉) / 스쿠버 다이빙
EATING
해산물 맛집 / 푸꾸옥의 아침을 연다! / 대표 빵집 / 러시아 관광객이 찾는 맛집 / 미국 관광객이 찾는 맛집 / 홀리데이 센스

푸꾸옥 북부
건저우 곶 / 자이 해변 / 푸꾸옥 국립공원 / 옹랑 해변 / EATING
SLEEPING
전용해변을 가진 아름다운 리조트 & 호텔
푸꾸옥 빈펄랜드 / 빈펄 사파리

푸꾸옥 동부 / 남부
사오 비치 / 함닌 마을 / 호국사 / 코코넛 수용소
안터이 군도 / 선 월드 해상 케이블카 / 혼 톰 / 선 월드 파크 / 안터이 항구
푸꾸옥의 커피 & 카페 BEST 5
EATING
푸꾸옥 마트
푸꾸옥 숙소의 특징
SLEEPING
빈펄 리조트

여행 베트남어 회화　　　　　　　　　　368-371

About 베트남

외적의 침략을 꿋꿋이 이겨 낸 나라 베트남

20세기에 프랑스와 미국 같은 강대국들과 맞서 끝내 승리를 거둔 베트남은 그 이전에도 중국 등 여러 나라의 침략과 간섭에 시달렸고, 때로는 수백 년 동안 지배를 받기도 했다. 그렇지만 그들은 똘똘 뭉쳐 중국의 지배에서 벗어났고, 19세기까지 독립을 지켜냈다. 그래서 베트남 인들은 자기 나라 역사를 매우 자랑스러워한다.

외세에 굴복하지 않은 저항의 역사

베트남의 역사는 기원전 200년경 지금의 베트남 북동부 지역에 남월이라는 나라가 세워지면서 시작되었다. 그러나 기원전 100~1,100년 동안 중국의 지배를 받았다.
10세기 경 독립 전쟁을 일으켜 중국의 지배에서 벗어난 뒤, 900여 년 동안 중국의 거듭된 침략을 물리치고 발전했다. 19세기 말에 프랑스의 식민지가 된 뒤, 베트남 인들은 호치민을 중심으로 단합하여 미국마저 몰아내고 1974년에 마침내 하나의 베트남을 만들었다.
전쟁으로 모든 것이 파괴되어 버린 베트남은 한동안 차근차근 경제를 발전시켰다. 지금은 동남아시아에서 가장 빠르게 성장하고 있는 나라로 손꼽히고 있다.

설을 쇠는 베트남

음력 정월 초하루에 쇠는 설이 베트남의 가장 큰 명절이다. 이날 베트남의 가정에서는 크리스마스 트리와 같이 나무에 흙이나 종이로 만든 잉어나 말, 여러 가지 물건을 달아 장식한다. 그리고 일가친척이나 선생님, 이웃들을 방문해 서로 덕담을 나누고 복을 기원하며 어린이들에게는 세뱃돈을 준다. 설날의 첫 방문자는 그해의 행운을 가져다준다고 믿어서 높은 관리나 돈 많은 사람을 초대하기도 하는데, 첫 방문자는 조상신을 모신 제례 상에 향불을 피우고 덕담을 한다.

무한한 가능성을 지닌 젊은 나라

베트남 개방이후 '새롭게 바꾼다'라는 뜻의 '도이머이 정책'을 펼치면서 외국 기업을 받아들이고 투자도 받았다. 앞선 기술을 배우려고 애쓰면서 끈기와 부지런함으로 경제 발전을 이루고 있다.

베트남은 사회주의 국가이기는 하지만 오늘날 해외의 자본과 기술을 받아들이고 경제 발전을 위해 노력하고 있다. 1986년부터 베트남식 경제 개혁 정책인 '도이머이'정책을 펴서 이웃 나라들과 활발히 교류하고 있고 2006년에 세계 무역 기구(WTO)에도 가입했다.

사회활동이 활발한 베트남 여성들

베트남 여성들은 생활력이 강하고, 사회 활동이 활발한 편이다. 그 이유는 베트남이 오랜 전쟁을 겪는 동안 전쟁터에 나간 남성들 대신에 여성들이 가정을 꾸리고 자녀들을 교육시키는 등 집안의 모든 일을 맡아서 했기 때문이다. 베트남에서는 정부나 단체 등의 높은 자리에 여성들이 많이 진출해 있다. 대표적으로는 1992년에 국가 부주석을 지내고 1997년에 재당선된 구엔 티 빈 여사가 있다. 또한 베트남은 국회에서 여성 의원이 차지하는 비율이 20%가 넘는다.

베트남에는 '베트남 여성 동맹'이라는 여성 단체가 있는데, 이 단체는 여성의 권리와 이익을 보호하는 데 앞장서는 단체이다. 또한 여성을 돕기 위한 기금을 조성해, 사업을 하려는 여성들에게 돈을 빌려 주고 있다. 이렇게 베트남 여성들은 여러 분야에서 활발히 활동하고 있고 점점 더 활동 폭을 넓혀가고 있다.

베트남 여인의 상징, 아오자이

'긴 옷'이라는 뜻을 갖고 있는 아오자이는 베트남 여성들이 각종 행사 때나 교복, 제복으로 많이 입는 의상이다. 긴 윗도리와 품이 넉넉한 바지로 이루어진 아오자이는 중국의 전통 의상을 베트남 식으로 바꾼 것이다. 아오자이를 단정하게 차려입은 베트남 여성의 모습은 무척 아름답다.

About 나트랑

냐짱 VS 나트랑(Nha Trang)

베트남 사람들은 냐짱이라고 부르는 이 도시는 언제부터 나트랑이라는 단어를 같이 사용했을까?

1940년대에 일본군이 주둔하면서 '나트랑Nha Trang'이라고 부르다가 이 이름이 굳어져 '나트랑Nha Trang'이라고 부르게 되었다. 서양인들에게는 나트랑Nha Trang이라는 발음이 더 편리했다고 한다. 하지만 해외의 유명 가이드북에 '냐짱'이라고 소개하면서 지금은 냐짱을 선호하는 편이다.

나트랑(Nha Trang)의 기후

열대 사바나 기후에 속하며, 1~8월까지의 긴 건기와 9~12월까지의 짧은 우기를 가진다. 연간 강수량 1,361mm 중 1,029mm가 우기에 집중된다. 우기동안 태풍으로 인한 거센 비바람이 잦은 편이라 우산을 써도 소용이 없을 정도로 비가 온다. 장마는 동남아시아에서 짧은 편으로 9월부터 12월까지이며, 비가 매우 많아진다. 바다에 접해 있기 때문에 건기에도 무더위는 심하지 않다.

나트랑(Nha Trang) 역사

나트랑Nha Trang은 호치민시에서 북동쪽으로 약450km 떨어진 남부의 휴양도시로 아름다운 해변과 섬, 리조트로 유명한 도시이다. 베트남 나트랑Nha Trang은 19세기 이후 프랑스령 인도차이나 시대 때부터 프랑스계 정부 요인의 리조트 지역으로 개발되었다.
2차 세계대전의 초기인 1940년대에 일본군이 주둔하면서 태평양 전쟁의 물자를 조달하기 위한 전초기지로 개발하면서 해안가는 하루가 다르게 변하게 되었다. 베트남 전쟁 때는 미국의 군항으로 대한민국의 맹호부대가 참전한 장소이기도 하다. 사회주의 베트남에서는 정부 고위 관료의 리조트로 이용되었다가 밀레니엄 시대를 맞이하면서 남부의 휴양지로 본격적인 개발을 하여 지금에 이르렀다.
나트랑Nha Trang은 해변과 스쿠버 다이빙으로 유명하며, 동남아의 많은 여행객과 더불어 많은 배낭여행객을 유치하여 인기 있는 관광지로 발전했다. 2008년 7월 14일 미스유니버스 대회를 개최하였으며, 2010년 12월 4일에는 미스어스 2010을 개최하였고, 2016년에는 아시아 비치게임을 주최하기도 했다.

나트랑(Nha Trang)의 경제

어업이 나트랑Nha Trang에서 관광지로 개발하기 전에 가장 중요한 산업이었다. 카인호아 성 전체와 나트랑Nha Trang은 베트남의 연간 예산 수입에 큰 기여를 하기도 하였다. 지금도 근해의 새우 양식업은 인근지역에 거주하는 사람들에게 중요한 산업이다.

지금은 주로 관광산업에 의존하는 휴양도시이다. 도시 인근지역에서 조선 산업을 베트남 정부가 지원하면서 지역 경제 발전에 크게 기여하고 있다. 캄란 만에 있는 도시의 남쪽에는 산업 단지가 건설 중이다. 반퐁 만의 심해 항구 건설이 완료되면 나트랑Nha Trang과 캄란 외에도 3번째 중요한 경제 지역으로 성장할 것으로 보인다.

백사장과 청록색 바다

베트남에서 가장 유명한 해안 도시 중 하나인 나트랑Nha Trang은 백사장과 청록색 바다가 있다. 카페, 역사적 장소와 맛있는 지역 별미를 제공하는 식당 가까이에 백사장과 청록색 바다가 있어 언제나 쉽게 바다를 찾을 수 있는 장점이 있다. 나트랑Nha Trang은 20세기에 인기 있는 해변 휴가지가 되어, 전 세계에서 관광객들이 찾아오며 특히 최근에 급격히 성장했다.

아름다운 해변은 가장 큰 자산이며, 명성에 걸맞은 아름다움을 지니고 있다. 오히려 인파를 피하고 싶다면, 다리를 건너 바이 둥 해변으로 가면 된다. 이곳 바다는 더 잔잔하고, 모래는 훨씬 깨끗하며, 사람도 적어 풍경을 감상하기에 좋다.

좁은 골목길과 오래된 집들

나트랑Nha Trang에 단순히 고층 건물과 고급 호텔만 있는 것이 아니다. 해변과 관광지에서 흔히 볼 수 있는 높은 빌딩과 호텔이 흔한 광경이지만, 조금만 걸어가면 좁은 골목길과 냐짱의 오래된 집들을 찾을 수 있다.

세계적인 미항으로 발전하고 있는 나트랑^{Nha Trang}

아름다운 휴양도시 나트랑^{Nha Trang}은 유네스코가 지정한 세계적인 미항이다. 인천에서 출발해서 가도 비행시간 5시 10분이 소요된다. 동양의 나폴리라고 불리는 나트랑^{Nha Trang}은 유럽인들에게 오랜 사랑을 받아온 휴양지로 연중 온화한 날씨와 천혜의 자연 풍경을 간직한 베트남의 해변도시다. 에메랄드빛 바다와 천연 백사장 등 천혜의 자연경관을 배경으로 한 호텔과 리조트가 자리하고 있으며, 머드 온천 등 이색적인 체험거리로 인해 많은 여행객들의 관심을 한 몸에 받고 있는 곳이기도 하다.

적당한 기온과 습도로 바다색이 더 아름다운 해변과 재미있는 혼딴 섬의 해안에서 호핑투어를 즐기고, 나트랑^{Nha Trang}의 유일한 미메우 섬의 푸른 바다 속 아쿠아리움 관광, 온천풀장, 온천폭포, 에그 온천 머드탕과 나트랑^{Nha Trang} 시내를 한 눈에 볼 수 있고 14m 불상이 있는 롱선사, 23m 높이를 가진 탑을 가진 포가나르 사원 등 볼거리가 많다. 아름다운 야경과 함께 야간시티투어, 씨클로를 타면서 유유자적 도시의 풍경을 만날 수 있으며, 니트랑^{Nha Trang}의 다양한 마트에서 쇼핑도 즐길 수 있다.

나트랑 & 푸꾸옥에 끌리는 8가지 이유

1. 순수한 자연경관

나트랑 & 푸꾸옥의 해변과 관광지는 아직 개발이 덜 된 상태이다. 동남아시아를 여행하더라도 개발과 관광객들이 벌써 점령해버린 다른 나라들과 다르게 나트랑 & 푸꾸옥에는 아직까지는 순수하게 보존되어 있는 자연경관을 보게 된다.
그래서 다양한 경치를 감상할 수 있다. 아직은 한정된 장소만 여행하는 베트남이지만 베트남을 찾을수록 더욱 많은 해안과 지역을 찾게 된다. 그 중에서 요즈음 가장 핫Hot하게 떠오르는 곳이 나트랑 & 푸꾸옥이다.

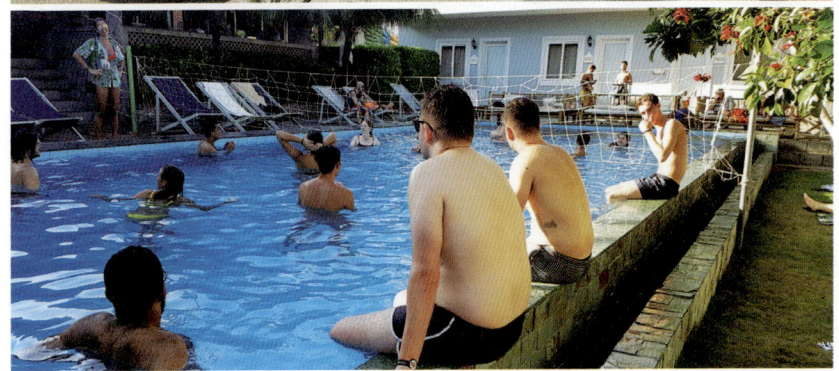

2. 안전한 나트랑 & 푸꾸옥

순수한 사람들이 사는 곳이 베트남이기 때문에 당연히 안전하다. 베트남은 동남아시아에서 가장 안전한 국가에 속한다. 나트랑 & 푸꾸옥는 관광지라 여행하면서 안전하지 않을까 걱정이 된다면 안심해도 된다.

여행을 하다보면 안전에 민감해지는 나라도 있지만 베트남은 어느 도시나 마을을 가도 항상 안전하다. 베트남은 밤길에서도 두렵지 않다. 다만 불 꺼진 너무 어두운 지역은 무서울 때가 가끔씩 있다.

3. 친절한 사람들

베트남에서 영어를 못할까봐 길을 모르거나 어려움이 생겨 물어볼 때도 두려워할 필요가 없다. 친절하게 알려주고 영어를 모르면 영어를 아는 사람을 찾아 알려주는 사람들이니 고민하지 말고 친근하게 다가가서 물어보자. 순수한 사람들과의 만남에 웃음이 떠나지 않는곳이 베트남이다.

4. 다양한 즐거움이 있다.

나트랑 & 푸꾸옥에는 다이내믹한 즐거움이 곳곳에 있다. 만들어진 즐거움이 아니라 순수한 즐거움이 당신을 빠져들게 할 것이다. 또한 휴양지로 개발이 되고 있는 나트랑 & 푸꾸옥는 빈펄랜드를 비롯해 해변의 해양스포츠와 다양한 볼 것들이 즐비하다.

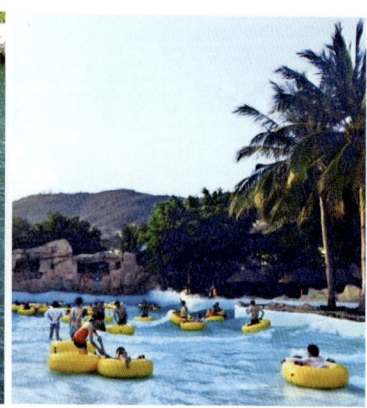

5. 저렴하고 다양한 먹거리

먹방을 생각하지 않고 여행을 하던 시대는 지났다. 더군다나 베트남의 여행물가는 저렴하다. 아무리 베트남의 물가가 비싸졌다고 이야기를 해도 베트남의 물가가 저렴한 것은 사실이다. 조금 더 맛있고 고급스러운 레스토랑을 찾아도 너무 저렴하다고 이야기를 들은 기분에 또는 생각보다 비쌀 뿐이다. 거기다가 동남아시아의 다양한 과일과 쌀국수 등 다양한 종류의 먹거리는 여행의 기분을 좋게 만든다.

6. 순수한 사람들

베트남 사람들은 깨끗하다. 다른 나라 사람들이 더러워서 베트남 사람들이 깨끗한 것이 아니라 너무 순수해 사람들의 영혼이 깨끗한 모습으로 보인다. 관광객들이 늘어나고 발전이 진행되면서 베트남 사람들의 순수함이 사라질까 두려울 때가 있다. 그들의 순수함은 그대로 남아있었으면 좋겠다.

7. 다양한 커피 맛과 여유

커피는 베트남 사람들의 생활에서 중요한 부분을 차지하고 있다. 대한민국에서 커피점이 많지만 베트남은 대한민국보다 더 많은 커피점이 있다. 게다가 세계에서 2번째로 커피 원두를 많이 재배하는 국가가 베트남이라는 사실은 이제 많이 알려져 있다. 19세기에 프랑스가 자국의 커피를 공급하기 위해 베트남에 커피를 처음 재배하기 시작했는데 전쟁 이후 베트남 정부가 대량으로 커피 생산을 시작했다. 그리고 1990년대부터 커피 재배가 확산되면서 이제는 연간 180만 톤 이상의 원두를 수확하고 있다.

베트남에 가면 사람들이 카페에서 플라스틱 의자에 앉아 아침이고 낮이고 커피를 마시는 모습을 볼 수 있다. 커피는 베트남 생활의 일부분이고 카페는 뜨거운 날씨로 힘들게 일한 사람들이 모여 잠시 쉬고 다시 일하는 직장인은 물론 엄마들의 수다장소뿐만 아니라 모든 연령대의 사람들이 모이는 장소이다. 베트남 사람들은 카페에서 앉아 힘든 생활에서 여유를 찾고 다시 일을 시작한다. 또한 이곳에서 다양한 맛의 커피를 즐길 수 있다.

8. 개선되고 있는 여행서비스

베트남은 아직 발전이 이루어진 나라가 아니지만 개발이 급속도로 이루어지고 있다. 대한민국처럼 편리하지는 않다. 환전도 불편하고 신용카드를 사용할 곳도 많지 않지만 여행을 하기가 편하도록 한곳에 몰려있는 여행사부터 여행자거리가 조성되어 조금만 걸어 다니면 원하는 여행을 할 수 있다.

나트랑 여행 잘하는 방법

1. 공항에서 숙소까지 가는 이동경비의 흥정이 중요하다.

어느 도시이든지 도착하면 해당 도시의 지도를 얻기 위해 관광안내소를 찾는 것이 좋다. 하지만 나트랑Nha Trang은 더 중요한 것이 항공기의 시간이다. 나트랑Nha Trang을 운항하고 있는 항공의 대부분은 밤늦게 도착하기 때문에 관광안내소에는 아무도 없으므로 공항에 나오면 숙소로 이동하는 것이 중요하다. 베트남 항공은 낮에 도착하기 때문에 문제가 발생하지 않으나 항공비용이 더 비싸다. 그런데 숙소까지 이동하는 것이 대중교통은 없고 택시를 타야하기 때문에 바가지를 쓰지 않고 가는 것이 중요하다. 만약에 일행이 있다면 나누어서 택시비를 계산하면 되지만 혼자 온 여행자는 비용이 부담스러울 수도 있으니 흥정을 잘해야 한다.

차량공유 서비스인 그랩Grab을 사용하여 이동하는 것도 좋은 방법이다. 택시와 그랩Grab이 경쟁하면서 나트랑Nha Trang은 택시로 인해 바가지를 쓰는 경우가 많이 없어지고 있다. 나트랑Nha Trang 시내에서 남쪽으로 약 40km정도 떨어져 있는 캄란 국제공항까지 450,000동이 최대 지불하는 가격이라고 판단하면 된다.

2. 심카드나 무제한 데이터를 활용하자.

공항에서 시내로 이동을 할 때 택시보다는 그랩Grab을 이용하면 택시의 바가지를 미연에 방지할 수 있다. 저녁에 숙소를 찾아가는 경우에도 구글 맵이 있으면 쉽게 숙소도 찾을 수 있어서 스마트폰의 필요한 정보를 활용하려면 데이터가 필요하다. 심카드를 사용하는 것은 매우 쉽다. 매장에 가서 스마트폰을 보여주고 데이터의 크기만 선택하면 매장의 직원이 알아서 다 갈아 끼우고 문자도 확인한 후 이상이 없으면 돈을 받는다.

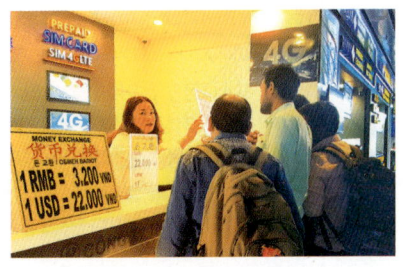

3. 달러나 유로를 '동(Dong)'으로 환전해야 한다.

공항에서 시내로 이동하려고 할 때 미니버스를 가장 많이 이용한다. 이때 베트남 화폐인 '동Dong'가 필요하다. 대부분 달러로 환전해 가기 때문에 베트남 화폐인 동Dong으로 공항에서 필요한 돈을 환전하여야 한다. 여행 중에 사용할 전체 금액을 환전하기 싫다고 해도 일부는 환전해야 한다. 시내 환전소에서 환전하는 것이 더 저렴하다는 이야기도 있지만 금액이 크지 않을 때에는 큰 금액의 차이가 없다.

4. 공항에서 숙소까지 간단한 정보를 갖고 출발하자.

베트남 나트랑Nha Trang은 현지인들이 공항에서 버스를 많이 이용한다. 시내에서는 버스와 택시, 그랩Grab이 중요한 시내교통수단이다. 버스를 관광객이 사용하지는 않는다. 저렴한 택시비로 나트랑Nha Trang 시민이 아니면 관광객은 버스 노선도 모르기 때문에 사용할 경우는 거의 없다.

같이 여행하는 인원이 3명만 되도 공항에서 택시를 활용해 여행하기가 불편하지 않다. 최근에 택시비가 그랩Grab보다 저렴한 경우도 발생하고 있다. 택시 고객이 부족한 택시들은 어느 정도 가격만 맞으면 운행을 하고 있어서 바가지를 쓰지 않는다. 호치민은 큰 공항이어서 관광객이 더 많으므로 택시 사기가 많지만 나트랑Nha Trang은 많이 없다.

5. '관광지 한 곳만 더 보자는 생각'은 금물

배트남 나트랑Nha Trang은 쉽게 갈 수 있는 해외여행지이다. 물론 사람마다 생각이 다르겠지만 평생 한번만 갈 수 있다는 생각을 하지 말고 여유롭게 관광지를 보는 것이 좋다. 한 곳을 더 본다고 여행이 만족스럽지 않다. 자신에게 주어진 휴가기간 만큼 행복한 여행이 되도록 여유롭게 여행하는 것이 좋다.

서둘러 보다가 지갑을 잃어버리고 여권도 잃어버리기 쉽다. 허둥지둥 다닌다고 나트랑Nha Trang을 한 번에 다 볼 수 있지도 않으니 한 곳을 덜 보겠다는 심정으로 여행한다면 오히려 더 여유롭게 여행을 하고 만족도도 더 높을 것이다.

6. 아는 만큼 보이고 준비한 만큼 만족도가 높다.

나트랑Nha Trang의 관광지는 베트남의 역사와 관련이 있다. 그런데 아무런 정보 없이 본다면 재미도 없고 본 관광지는 아무 의미 없는 장소가 되기 쉽다.
2박3일이어도 정보를 습득하고 여행준비를 해야 아는만큼 만족도가 높아지는 여행지가 나트랑이다.

7. 감정에 대해 관대해져야 한다.

베트남은 팁을 받는 레스토랑이 없다. 그런데 난데없이 팁을 달라고 하거나, 계산을 하고 나가려고 하는 데 붙잡아서 계산을 하라고 한다거나, 다양한 경우로 관광객에게 당혹감을 주고 있는 곳이 베트남이다. 그럴 때마다 감정통제가 안 되어 화를 계속 내고 있으면 짧은 나트랑Nha Trang 여행이 고생이 되는 여행이 된다. 그러므로 따질 것은 따지되 소리를 지르면서 따지지 말고 정확하게 설명을 하면 될 것이다.

나트랑 &
푸꾸옥
꼭필요한
INFO

한눈에 보는 베트남 역사

기원전 2000년경~275년 경 최초 국가인 반랑국이 건국되다
베트남 민족의 아버지로 불리는 훙 브엉이 홍 강 삼각주 지역에 반랑국을 세웠다. 반랑국은 농업을 기반으로 세운 베트남 최초의 국가였다. 기원전 275년 안 즈엉 브엉이 반랑국을 멸망시키고 어우락 왕국을 세웠다.

기원전 275년 경~기원후 930년 경 중국의 지배
중국 진나라 장수였던 찌에우 다가 중국 남부에 남비엣을 세웠는데 중국이 한나라가 쳐들어와 멸망했다. 그 후 베트남은 약 천 년간 중국의 지배를 받아야 했다. 베트남인들은 중국에 맞서 저항을 했지만 천 년동안 지배를 받을 수 밖에 없었다.

1800년 경~1954년 프랑스의 지배
1802년 응웬 아잉이 레 왕조를 무너뜨리고 응웬 왕조를 세웠다. 이 무렵 베트남의 산물과 무역로를 노린 프랑스의 공격이 시작되고 1884년에 베트남 전 국토가 프랑스에 넘어간다. 핍박을 견뎌 내며 독립을 향한 열의를 다졌다. 이때 나타난 호 찌민은 군대를 조직해 프랑스 군대를 공격하고 1954년 디엔비엔푸 전투를 승리로 이끈 베트남은 프랑스를 몰아내고 독립을 되찾았다.

1954년~1976년 미국의 야심에 저항하다
베트남은 독립 후 북위 17도선을 경계로 남과 북으로 갈렸다. 남쪽에는 미국이, 북쪽에는 지금의 러시아인 소련과 중국의 지원이 이어졌다. 1965년 미국이 베트남 북쪽 지역을 공격하면서 전쟁이 시작되었다. 끈질긴 저항 끝에 베트남의 승리로 미국은 베트남에서 물러났다.

1976년~1985년 경제의 몰락
전쟁으로 온 나라가 폐허가 된 베트남은 경제를 살리는 게 최우선 과제였지만 미국의 경제 봉쇄로 경제는 낙후된 상태가 이어졌다.

1985~현재
1985년 새롭게 바꾼다라는 뜻의 '도이머이 정책'을 실시하면서 부지런함과 끈기를 내세워 선진국의 투자를 이끌어내면서 2000년대에 급속한 발전을 이어온 베트남은 동남아시아를 대표하는 경제 성장 국가가 되어 가고 있다.

베트남의 현주소

'포스트 차이나'로 불리는 베트남의 2018년 GDP 성장률은 10년 만에 최고치인 7.08%를 기록했고, 올해도 6.9~7.1%의 고성장을 이어갈 것으로 전망한다. 1980년대 100$ 안팎에 그쳤던 1인당 국내총생산(GDP)이 2008년 1,143$로 증가해 중간소득 국가군에 진입했다. 덕분에 연평균 6.7%의 고성장을 계속해 베트남은 지속적으로 경제성장률이 유지되면서 2018년에는 1인당 GDP가 2,587$로 뛰었다.

'도이머이'는 바꾼다는 뜻을 지닌 베트남어 '도이'와 새롭다는 뜻인 '머이'의 합성어로 쇄신을 뜻하는 단어이다. 1986년 베트남 공산당 제6차 대회에서 채택한 슬로건으로 토지의 국가 소유와 공산당 일당 지배체제를 유지하면서 시장경제를 도입하여 경제발전을 도모하기로 한 역사적인 사건으로 응우옌 반 린 당시 공산당 서기장이 주도했다. 1975년 끝난 베트남전에 이어, 1979년 발발한 중국과의 국경전쟁, 사회주의 계획경제의 한계에 따른 식량부족과 700%가 넘는 살인적인 인플레이션 상황이 초래되자 베트남은 새로운 돌파구가 필요했다

당시 상황은 '개혁이냐, 죽음이냐'라는 슬로건이 나올 정도로 절박한 상황으로 개혁은 선택이 아닌 필수였다. 1980년대 초 일부 지방의 농업 분야에서 중앙정부 몰래 시행한 할당량만 채우면 나머지는 농민이 갖는 제도인 '도급제'가 상당한 성과를 거둔 전례가 있었기 때문에 '도이머이' 도입을 가능하게 한 요인이었다.

쇄신의 길을 택한 베트남은 1987년 외국인 투자법을 제정해 적극적인 외자 유치에 나섰다. 1989년 캄보디아에서 군대를 완전히 철수하고, 중국에 이어 미국과의 관계를 정상화하고 국제사회의 제재에서 벗어난 것도 실질적인 '도이머이'를 위한 베트남의 결단이었다. 베트남은 1993년 토지법을 개정해 담보권, 사용권, 상속권을 인정했고, 1999년과 2000년에는 상법과 기업법을 잇달아 도입해 민간 기업이 성장하는 길을 닦았다.

베트남과 대한민국의 비슷한 점

끈질긴 저항의 역사

중국에 맞서 싸우다

베트남은 풍요로운 나라이지만 풍요 때문에 중국의 지배를 받아야 했었다. 약 2천 년 전, 중국을 다스리던 한 무제가 동남아시아로 통하는 교역항을 차지하기 위해 베트남에 군대를 보내 정복하고 약 천년 동안 중국의 지배를 받았다. 중국 군대를 몰아내는 데 앞장선 쯩 자매는 코끼리를 타고 몰아냈다. 기원 후 40년 경, 베트남은 중국 한나라의 지배를 받았는데 쯩 자매중 언니의 남편이 한나라 관리에게 잡혀 억울하게 죽자 쯩 자매는 사람들을 이끌고 한나라 군대와 맞서 싸웠다. 한나라를 완전히 몰아내지는 못했지만 쯩 자매는 지금도 베트남 사람들의 영웅으로 전해 내려오고 있다.

중국의 지배를 받으면서 한자와 유교가 베트남에 널리 퍼지게 되면서 중국 문물을 배우는 데에 부지런했다. 유교에서는 부모를 정성스레 모시고, 이웃과 돈독히 지내고, 농사지은 것을 거두어들이면 조상에게 감사 제사를 지내라고 가르쳤다. 농사를 지으며 대가족이 모여 사는 베트남 사람들의 생활과 잘 맞았다. 농사를 지으려면 일손이 필요하고, 이웃과 서로 도우며 지내야 한다. 지금도 베트남 곳곳에는 유교 문화의 흔적들이 많이 남아 있다.

중국의 지배를 받을 때 중국 관리들과 상인들이 와서 행정문서와 교역문서를 한자로 기록하면서 문자가 없었던 베트남 사람들은 한자를 쓰기 시작했다. 나중에 프랑스의 지배를 받으면서부터 한자 대신 알파벳 문자를 쓰기 시작했다.

프랑스에 맞서 싸운 역사

1858년~1884년	프랑스가 베트남 공격
1927년~1930년	호치민을 비롯한 베트남 지도자들은 저항 조직을 만들어 프랑스에 맞서 싸우기 시작
1945년	호치민은 프랑스가 잠시 물러간 틈을 타 하노이에서 베트남 민주 공화국 수립을 선포했다. 하지만 프랑스는 이를 인정하지 않아 다시 전쟁이 시작되었다.
1954년	프랑스 군대가 있던 디엔비엔푸를 공격하여 크게 승리한 베트남은 마침내 독립을 이뤄냈다.

> **디엔비엔푸 전투**
> 1953년 베트남 북부 디엔비엔푸에서 베트남군과 프랑스군이 전투를 벌여 다음해인 5월까지 이어진 전투에서 베트남군은 승리를 거두고 프랑스군을 몰아냈다.

남북으로 갈라진 베트남

베트남은 남과 북으로 나뉘었다가 사회주의 국가로 통일을 이루었다. 베트남이 사회주의 국가가 되기까지 복잡한 역사적 배경이 있다. 과거 프랑스의 지배를 받았던 베트남은 독립을 위해 프랑스와 전쟁을 벌였다. 오랜 전쟁 끝에 1954년 제네바 협정이 열렸고, 프랑스는 베트남에서 물러났다. 1954년 제네바 협정결과 북위 17도선을 경계로 남과 북으로 분단이 되었다. 남쪽에는 민주주의 정권이, 북쪽에는 공산주의 정권이 세워졌다.

베트남은 이후 1976년 북베트남이 남베트남을 장악한 미국과 벌인 전쟁에서 승리하면서 통일을 이루었다. 미국은 약 50만 명이 넘는 군인을 북베트남에 보내고 엄청난 폭탄을 쏟아 부었지만 강한 정신력으로 미국에 맞서면서 10년을 싸워 1976년에 미국은 물러났다.

베트남 음식 Best 10

베트남은 남북으로 길게 이어진 국토를 가지고 있어 북부와 중, 남부는 다른 특성을 가지고 있지만 음식은 하노이의 음식이 퍼져나간 경우가 많다. 베트남 여행에서 쌀국수를 비롯해 다양한 음식을 맛보는 것은 여행의 또 다른 즐거움이다.
6개월 가까이 그들의 음식을 매일같이 먹으면서 맛의 차이를 느껴보는 경험은 남들과 다른 베트남 여행의 묘미였다. 그래서 길거리에 목욕의자를 놓고 아침에 먹는 쌀국수는 특히 잊을 수 없다. 베트남에서 한번쯤은 길거리에 앉아 그들과 함께 먹는 음식으로 베트남을 조금 더 이해할 수 있을 것이다.

1. 포 Phờở

누가 뭐라고 해도 베트남 음식 중 1위는 쌀국수를 뜻하는 포Phở이다. 베트남하면 쌀국수가 떠오를 정도로 쌀국수는 베트남 서민들이 가장 좋아하면서도 가장 많이 먹는 음식이다. 포Phở는 끓인 육수에 쌀로 된 면인 반 포Bánh phở를 넣고 소고기나 닭고기, 해산물을 넣는다. 베트남 전통 쌀국수에서는 라임과 고수가 빠지지 않고 오뎅, 닭고기, 돼지고기, 소고기 등. 쌀국수에 들어가는 식재료에 따라 종류도 무척 다양해졌다. 북부 베트남에서 시작되어 현재 포Phở는 수도인 하노이뿐만 아니라 베트남, 아니 전 세계에서 가장 유명한 음식이 되었다. 길거리 어디서나 포Phở를 판매하는 곳을 볼 수 있다. 맛도 한국에서 판매하는 쌀국수와는 다르다. 베트남 음식의 홍보대사라고 할 수 있다.

미꽝(MI Quảng)

베트남 중부의 대표적인 쌀국수로 넓은 면발에 칠리, 후추, 피시소스에 땅콩가루를 얹어서 나온다. 국물이 상대적으로 적어서 국물을 먹는 것이 아니고 면발에 국수가 스며들어가서 나오는 맛이 중요하다. 국물이 적은 이유도 면발에 흡수되려면 진한 국물이 필요하기 때문이다.

2. 분짜 Bún ch

전 미국대통령인 오바마가 하노이를 방문해서 먹은 음식으로 더 유명해진 분짜Bún chả는 대한민국에서도 최근 분짜Bún chả를 판매하는 식당이 인기를 끌고 있을 정도로 우리에게도 친숙해졌다. 하노이 음식들이 베트남에서 생겨난 경우가 많은 데 분짜Bún chả도 그 중 하나이다. 숯불에 구운 돼지고기를 면, 채소와 함께 달콤새콤한 소스에 찍어먹으면 맛이 그만이다. 분짜Bún chả는 누구든 좋아할 수밖에 없는 요리인데 베트남인들이 쌀국수와 함께 가장 즐겨먹는 음식이기도 하다.

3. 반 쎄오 Bánh xèo

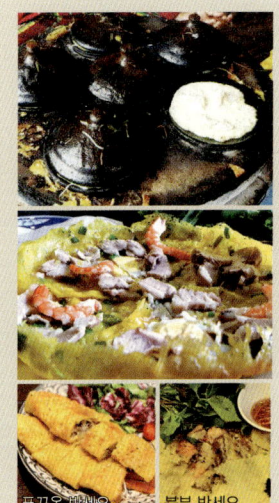

쌀 반죽을 구운 베트남식 부침개인 반 세오Bánh xèo는 tvN 〈신서유기〉를 통해 방영되면서 주목을 끌기도 했는데 베트남 음식에서 빠질 수 없는 음식이다. 베트남 쌀가루 반죽옷 안에 각종 야채와 고기, 해산물이 들어가 있는 일종의 부침개, 영어로는 '크레페'라고 할 수 있다. 쌀가루, 밀가루, 숙주나물, 새우, 돼지고기를 이용하여 팬에 튀긴 베트남 스타일로 바뀐 작거나 큰 크레페이다. 얼마 전 tvN 〈짠내투어〉에서 북부의 반 세오Bánh xèo는 대한민국의 부침개처럼 크고 중, 남부의 반 세오Bánh xèo는 한입에 넣을 수 있도록 작게 만든 것으로 차이점이 소개되기도 했다.

다른 수많은 베트남 음식들처럼 반 세오Bánh xèo는 새콤달콤한 느억맘 소스에 찍어 먹는다. 반 세오Bánh xèo를 노랗게 만드는 것은 계란이라고 생각하는데 원래는 강황이다. 단순한 음식이지만, 쌀국수와 더불어 중, 남부 베트남 사람들이 가장 즐겨먹는 음식이다.

푸꾸옥 반세오   북부 반세오

반 베오(Bánh Bèo)

소스 그릇처럼 작은 곳에 찐 쌀떡이 있고 그 위에 새우가루나 땅콩가루, 돼지고기 등을 얹어 먹는 음식으로 중, 남부에서 주로 먹는다. 처음 베트남에 여행을 가면 반 세오Bánh xèo와 이름이 비슷해 혼동하지만 음식은 전혀 다르다.

4. 반미 Bánh mì

베트남어로 빵을 뜻하는 반미 Bánh mì는 한국에도 성업인 음식점이 있을 정도로 잘 알려져 있다. 반미 Bánh mì에는 프랑스의 지배를 받은 영향이 그대로 녹아있는데, 겉은 바삭하고 속은 상큼하면서도 아삭한 맛을 즐길 수 있는 바게뜨가 베트남 스타일로 바뀐 음식이다. 수십 년 만에 반미 Bánh mì는 다른 나라의 음식을 넘어 세계 최고의 거리 음식 명단에 오르면서 바게뜨의 명성을 위협하고 있다.

프랑스의 바게뜨 빵에 각종 야채와 고기를 넣고, 고수도 함께 넣어 먹는 베트남 반미 Bánh mì를 맛본 관광객들은 반미 Bánh mì 맛에 대해 칭찬을 아끼지 않는다. 서양의 전통 햄버거나 샌드위치보다 더 맛있다고 할 정도이다. 반미 Bánh mì 맛의 핵심은 바삭한 겉 빵의 식감과 고기, 빠떼 Pate, 향채 등 다양한 속 재료들이 어우러져 씹었을 때 속에서 전해오는 부드러움이 먹는 식욕을 자극하기 때문이다.

5. 꼼 땀 수언 누엉 Cơm tấm sườn nướng

아침이나 점심 때 무엇인가를 싸들고 가는 비닐봉지에 싸인 음식이 궁금해서 따라 먹어본 음식이 있다. 쌀밥 Cơm tấm에 구운 돼지갈비, 짜 chả(고기를 다져서 찌거나 튀긴 파이), 돼지 껍데기, 계란 후라이가 한 접시에 나오는 단순한 음식인데 이 맛이 식당마다 다 다르다.

구운 돼지갈비 밥인 꼼 땀 수언 누엉 Cơm tấm sườn nướng은 베트남 남부의 대표요리로 과거에는 아침에 먹었다고 하나 지금은 아침보다 점심에 도시락처럼 싸들고 사가는 음식에 더 가깝다. 저자가 베트남에서 매일 먹는 음식이기도 하여 친숙하다. 그리고 지역마다 현지인들의 맛집이 있기 때문에 꼭 맛집을 찾아서 먹으러간다. 맛의 차이는 쌀밥과 돼지고기를 어떻게 구워 채소와 같이 먹느냐의 차이이다. 남부에서만 먹는 음식이 아니고 베트남 전국적으로 바쁜 현대인들에게 잘 어울리는 음식 중 하나다.

6. 넴 Nem rán

베트남 넴 Nem rán은 라이스페이퍼 Bánh tráng에 여러 재료를 안에 넣어 돌돌 말아 튀긴 튀김 롤이다. 튀긴 후에 속 재료의 맛을 그대로 간직하고 있어서 갓 만든 뜨거운 넴 1개를 소스에 찍어 한 입 베어 물면 바삭한 껍질과 함께 속의 풍미가 재료와 함께 어우러져 목으로 넘어온다. 명절이나 생일잔치에도 빠지지 않고 나
오는 베트남 음식의 핵심이라고 할 수 있다. 우리가 먹는 튀긴 롤과 다르지 않아서 대한민국 사람들도 쉽게 손이 가는 음식이다.

7. 고이 꾸온 Gòi cuốn

손으로 먹는 베트남 음식의 특성이 가장 잘 나타나는 음식이 쌈이다. 북부, 중부, 남부 할 것 없이 다양한 종류의 스프링 롤인 고이 꾸온 Gòi cuốn은 넴 Nem rán과 더불어 손으로 먹는 음식을 가장 위생적으로 먹기 위해 만들어진 것이다. 가장 선호하는 베트남 음식 리스트에 올라와 나트랑이나 푸꾸옥로 여행을 간다면 한 번
은 꼭 맛봐야 한다.
부드러운 라이스페이퍼에 채소와 고기, 새우 등을 넣어 말아내 입에 들어가면 깔끔한 맛으로 여성들에게 인기가 높다. 새우, 돼지고기, 고수를 라이스페이퍼 Bánh tráng에 싸서 새콤한 느억맘 소스에 찍어 먹을 때 처음 전해오는 새콤함과 달콤함이 어우러진 맛이 침이 넘어오게 만든다.

포 꾸온(Phở cuốn)

월남쌈이라고 생각하면 쉬운 음식으로 하노이가 자랑하는 요리이다. 간단하고 쉽게 만들 수 있는데 보기에도 좋아 먹기에 수월하다. 라이스페이퍼에 새우, 돼지고기나 소고기 등을 넣고 돌돌 말아 약간 물에 적신 후에 소스를 찍어먹으면 더욱 맛있다. 고기의 신선한 육즙은 야채와 느억맘 소스의 새콤달콤 맛과 어울려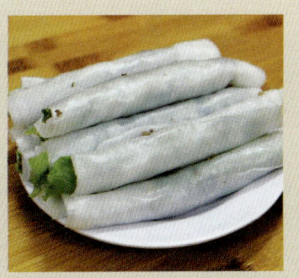
져 기가 막힌 맛을 만들어 낸다. 포 꾸온 Phở cuốn은 베트남을 넘어 외국 관광객에게도 유명한 요리가 되었다. 화려하지는 않지만 정갈한 음식이기에 베트남 음식의 정수가 다 담겨진 음식이라 할 수 있다.

8. 꼼 티엔 하이 싼 Cơm chiên hải sản

한국과 베트남 모두 유교에 영향을 받은 유사한 문화를 가져서 그런 것인지는 모르겠지만 베트남의 해산물 볶음밥은 우리가 주위에서 먹는 해산물 볶음밥과 다를 것이 없다. 그도 그럴 것이 쌀밥, 해산물, 계란 등의 비슷한 재료에 소스도 비슷하여 만들어진 볶음밥은 우리가 먹는 볶음밥과 다를 것이 없다.

9. 까오러우 Cao Lầu

까오러우 Cao Lầu는 베트남 중부에 위치한 작은 도시인 호이안의 대표 국수이다. 일본의 영향을 받아 일반 쌀국수보다 면발이 우동에 가깝고, 쫀득하고 두꺼운 면발의 면에 간장 소스 등으로 간을 한 돼지고기, 각종 채소와 튀긴 쌀 과자를 올려 먹는다. 노란 면발과 진한 육수는 중부 지방 음식의 특색인 듯하다. 그릇마다 소중하게 담겨져 까오러우 Cao Lầu를 한 번 맛본 사람이라면 다시 먹고 싶은 맛이다.

10. 분보남보 Bún bò Nam Bộ

분보남보는 한국의 비빔면과 비슷한 하노이의 비빔국수이다. 신선한 소고기에서 배어난 육즙과 소스, 함께 씹히는 고소한 땅콩과 야채들이 어우러져 구수한 맛을 한꺼번에 즐길 수 있다. 대부분의 면을 뜨거운 육수와 같이 먹는 것과 다르게 분보남보에는 쌀국수에 볶은 소고기, 바삭하고 시원한 숙주나물, 볶은 땅콩, 다양하고 신선한 야채들을 넣고 마지막에 새콤달콤한 '느억 맘(베트남 전통 생선발효액 젓)'을 자신의 입맛에 맞도록 부어 먹는 베트남 스타일의 비빔면이다. 중부의 미꽝과 더불어 가장 대중적인 음식으로 알려져 있다.

한국인이 특히 좋아하는 베트남 음식

봇찌엔(Bot chien)

봇찌엔은 베트남 길거리에서 흔히 만날 수 있는 음식으로 쌀떡을 기름에 튀기고 부친 계란과 채를 썰은 파파야를 함께 올려 먹는다. 고소한 계란과 상큼한 파파야 맛이 같이 우러나온다. 역시 마지막에는 느억맘소스(생선을 발효시켜 만든 소스)를 뿌려서 버무리고 먹는 맛이 최고이다.

에그커피

에그커피는 하노이의 카페에서 개발하여 현재는 관광객에게 꽤 유명해졌다. 달걀이 커피 안에 들어가 있어 크림처럼 부드러운 에그커피가 각종 TV프로그램에 소개되면서 특히 대한민국 여행자에게 유명하다. 마시기보다 푸딩처럼 떠먹는 것이 어울린다.

우리가 모르는 베트남 사람들이 즐겨 먹는 음식

숩 꾸어(Súp cua)

보양음식으로 알려져 아플 때면 더욱 찾는 음식이다. 게살스프로 서양에서 들어온 음식이 베트남스타일로 변형된 것이다. 이후 게살스프가 보편화되면서 사람들의 입맛에 맞게 되었다.

라우 무옹 싸오 또이(Rau muống xào tỏi)

마늘로 볶는 '모닝글로리'라고 부르는 공심채는 베트남인들에게 익숙한 야채이다. 마늘로 볶은 간단한 요리지만 식성을 돋구는 음식이다. 기름에 마늘을 볶아 마늘향이 퍼지면 모닝글로리를 넣고 같이 볶아준다. 우리의 입맛에도 제법 어울리는 요리이다.

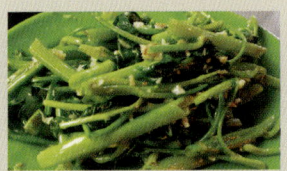

베트남 쌀국수

베트남에 가면 쌀국수를 먹어야 한다고 이야기할 정도로 베트남 요리에서 많은 종류의 국수를 빼놓고 이야기할 수가 없다. 베트남의 국토는 남북으로 길게 이어진 나라로 북부의 하노이와 남부의 호치민은 기후가 다르다. 그러므로 국수를 먹는 것은 같지만 지방마다 특색 있는 국수가 있게 되었다. 베트남 국수는 신선한^{tươi} 형태나 건조한^{khô} 형태로 제공된다.

동남아시아가 쌀국수로 유명한 이유는 무엇일까?
밀이 풍부해 밀로 국수를 만들 수 있었던 동북아시아와는 달리 열대지방의 특성상 밀이나 메밀 같은 작물을 기르기는 어려웠지만 동남아시아의 유명한 쌀인 인디카 종(안남미)의 쌀을 이용했기 때문이다. 덥고 습한 기후 때문에 향이 강한 음식을 먹다보니 단순한 동북아시아의 국수와 다르게 발달하게 되었다.

대한민국에는 쌀국수가 발달하지 않은 이유
쌀농사를 짓는 대한민국에도 비슷한 쌀국수가 있었을 것 같지만, 한반도에서 많이 나는 자포니카 종의 쌀은 국수로 만들면 쫄깃한 맛이 밀이나 메밀가루로 만든 국수에 비해 떨어져서 쌀국수는 발달하지 않았다.

베트남 쌀국수가 전 세계로 퍼진 이유
베트남 쌀국수는 베트남 전쟁을 거치고 결국 베트남이 공산화 되면서 전 세계로 퍼지기 시작하였다. 남부의 베트남 국민들이 살기 위해 나라를 등지고 떠나 유럽이나 미주의 여러 나라로 정착하면서 저렴하면서 한끼 식사를 할 수 있는 쌀국수는 차츰 알려지기 시작했다. 서양인들의 기호에도 맞아 국제적으로 알려지는 계기가 되었다.

동유럽에서는 주로 북부의 베트남 사람들에 의해서 알려지기 시작했다. 1970~80년대에 북베트남에서 외화를 벌기 위해 동유럽 국가로 온 베트남 노동자들이 많았다. 동유럽이 민주화 바람 이후에도 경제적 사정으로 고국으로 돌아가기 힘들었던 베트남 사람들은 베트남 식당을 차리기 시작했고 더욱 퍼져나가기 시작했다.

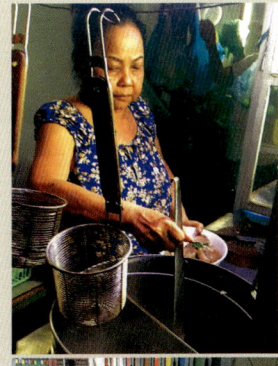

쌀국수는
1. 미리 삶아온 면을
2. 뜨거운 물에 데친 후
3. 준비해둔 끓인 육수를 붓고
4. 땅콩, 향신료 말린 새우 설탕 등을 넣어 판매한다.

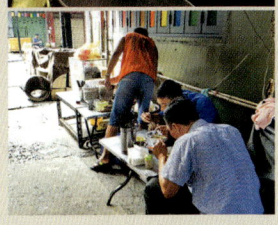

포pho는 베트남 북부의 하노이 음식이었다. 1954년 제네바 협정으로 베트남이 남북으로 분단된 뒤, 북부 베트남의 공산 정권을 피해 남부 베트남으로 내려간 사람들이 포pho를 팔기 시작해, 남부 베트남에서도 흔하게 먹는 일상 음식이 되었다. 그 후, 1964~1975년까지 이어진 베트남 전쟁과 그 이후, 보트피플로 떠돌아다니며 세계의 여러 나라로 피난하면서 포pho가 세계화되는데 일조를 하게 되었다. 미국, 캐나다 등에 이민을 온 베트남인들이 국수 가게를 많이 열면서 특히 미주지역에서 유명하다.

쌀국수 종류
국물이 들어간 국수는 베트남 쌀국수가 가장 유명하다. 뜨거운 육수에 쇠고기, 소의 내장 약간, 얇게 저민 고기를 얹은 다음 국물에 말아서 먹는다. 새콤달콤한 맛과 향은 라임 즙이나 고수, 숙주나물 등에서 나오게 된다.

육수의 차이
일반적으로 쇠고기나 닭고기 육수를 쓴 쌀국수가 대부분이다.
- ▶포 가(phở gà) : 닭고기 육수 퍼
- ▶포 돔(phở tôm) : 새우 육수 퍼
- ▶포 보(phở bò) : 쇠고기 육수 퍼
- ▶포 엑(phở ếch) : 개구리 육수 퍼
- ▶포 해오(phở heo) : 돼지고기 육수 퍼

지역의 차이
베트남 남부에서는 달고 기름진 육수를 쓰고, 북부에서는 담백한 육수를 주로 사용한다. 포 하노이(phở Hà Nội), 하노이 포(phở)에는 파와 후추, 고추 식초, 라임 등만 곁들인다. 포 사이공(phở Sài Gòn), 호치민 포(phở)는 해선장과 핫 소스로 함께 만들며, 라임과 고추 외에도 타이바질, 숙주나물, 양파초절임을 곁들인다.

넓은 면 VS 얇은 면

넓은 면은 먼저 쌀가루에 물을 풀어서 쌀로 된 물처럼 만든 것을 대나무 쟁반위에 고르게 펴서 며칠 동안 햇볕에 잘 말린다. 얇게 뜨면 반짱Bahn Trang이라고 부르며, 두텁게 떠서 칼로 자르면 쌀국수가 되는 차이점이 있다. 반대로 얇고 가는 면의 경우는 쌀가루를 한 데 뭉쳐서 끓는 물을 부어 익반죽을 한 뒤, 냉면사리를 만들듯 체에 걸러서 만들게 된다.

베트남 VS 태국

같은 동남아시아 국가이지만 조리법이 조금씩 다르다. 국수는 볶는 국수와 국물을 넣어 만든 국수로 분류할 수 있다. 태국의 길거리 음식으로 주문을 하면 앞에서 바로 볶아 내놓는 팟타이Phatai는 서양인들이 더 선호하는 국수이다.

길거리나 호숫가에서 배를 타고 생활하는 수상생활이 일상화 된 태국에서는 자그마한 배에서 상인 한 명이 타고 다니며 판매한다.

내용물에 따라 이름이 달라지지만, 보통 우리는 '포pho'라고 부른다. 국물을 가진 국수 가운데에서 중국, 태국, 라오스, 미얀마 스타일의 조금은 다른 쌀국수가 있는데, 맛의 차이는 국물을 내는 방법이나 양념에 따라 차이가 난다.

베트남

포(phở)
대한민국에서 쌀국수라고 하면 보통 생각하는 요리로 이제는 베트남을 상징하는 요리로 인식된다. 포(phở)는 쌀국수 국수인 포를 쇠고기나 닭고기 등으로 낸 국물에 말아 낸 대표 베트남 국수 요리이다.

분짜(Bùn Chà)
소면처럼 가는 쌀국수 면을 숯불에 구운 돼지고기, 야채와 함께 액젓인 느억맘 소스에 찍어 먹는 요리이다.

태국

팟타이
태국을 대표하는 쌀국수 요리이다. 닭고기, 새우, 계란 등의 재료를 액젓, 타마린드 주스 등으로 만든 소스와 볶아낸 쌀국수이다.

꾸어이띠어우
고기 국물에 말아먹는 쌀국수 요리로 포(phở)의 태국 버전이라고 보면 된다. 향신료를 베트남보다 많이 쓰는 태국 요리는 향신료의 향이 강하다는 차이가 있다.

포(phở) 이름의 기원

프랑스어 기원

농사를 지어왔던 베트남에서 소는 꼭 필요한 동물이었다. 그래서 쇠고기를 잘 먹지 않았다. 포phở는 프랑스 식민지 시기에 프랑스인들이 만들어 먹은 쇠고기 요리인 포토 푀가 변형된 것이라는 것이다. 베트남어인 '포phở'는 프랑스어로 '포토푀pot-au-feu'의 '푀feu'를 베트남어식으로 발음한 것이라는 설이다. 산업혁명 이후 19세기 말에 공장 노동자들이 끼니를 때우기 위해 고기 국물에 국수를 말아 먹기 시작하던 것이 유래되었다고 한다.

중국의 광둥어 기원

하노이에 살던 중국의 광둥지역 이민자들은 응아우육판(牛肉粉)이 포phở의 기원이라는 설이다. '응아우'는 '쇠고기'를 뜻하고 '판'은 '국수'라는 뜻이다. 베트남어로 '응으우뉵펀nguu nhục phấn'이라고 불렸다. 베트남어 '펀phấn'은 '똥'을 뜻할 수도 있기 때문에, 음절 끝의 'n'이 사라지면서 포phở가 되었다고 한다. 포phở를 만들 때 쓰는 넓은 쌀국수는 '분 포bún phở'로 '포 국수'라는 뜻이다.

베트남 음료

베트남은 우리 입맛에 맞는 음식들이 많다. 태국 음식이 다양하다고 하지만 베트남도 이에 못지않은 다양한 음식들이 있다. 또한 음료도 태국만큼 다양한 열대과일로 만든 주스와 스무디가 많다.

프랑스 식민지였기 때문에 베트남에서는 바게뜨와 같은 서양음식들도 의외로 많아서 베트남 음식과 맥주와 음료를 마시면서 음식을 먹는 유럽인들도 많고 특히 바게뜨 같은 반미와 함께 커피를 마시는 여행자들이 많을 정도로 커피가 일반적인 음료이다. 풍부한 과일로 생과일주스를 마실 수 있고, 물이나 맥주, 커피도 저렴하게 즐길 수 있다. 베트남에서 먹고 마시는 것으로 고생하는 경우는 없다고 봐도 무방할 것이다.

비어 사이공(Beer Saigon)
베트남에서 가장 유명한 맥주로 관광객들이 누구나 한번은 마셔보는 베트남 맥주로 맛이 좋다. 프랑스에서 맥주 기술을 받아들여서 프랑스와 비슷한 풍부한 맥주 맛을 내고 있다. 맥주 맛의 기술은 우리나라보다도 좋은 것 같다.

333비어(333Expert Beer)
베트남 남, 중부에서 유통되는 맥주이다. 베트남어로 '3'이라는 숫자의 발음은 '바'로 일명 '바바바 비어'라고 부른다. 청량감이 심해서 호불호가 갈리는 맥주로 대한민국의 카스 맥주와 맛이 비슷하다.

라루비어(Larue Beer)
중부를 대표하는 맥주 브랜드로 프랑스 스타일의 맥주이다. 블루 컬러는 저렴하고 레드 컬러는 진한 흑맥주 맛을 낸다. 캔 맥주나 병맥주의 뚜껑을 따면 뚜껑 안에 한 캔이나 한 병을 무료로 먹을 수 있도록 마케팅을 하여 맥주 소비량이 늘어났고 뚜껑을 따서 하나 더 마실 수 있는지 확인하는 풍경이 벌어지기도 한다.

후다 비어(Fuda)
중부 지방에서 판매가 되고 있는 맥주로 후에를 중심으로 다낭까지 판매를 늘리고 있다. 93년 미국의 칼스버그가 합작투자를 통해 판매가 시작되었다. 다른 333비어나 라루 비어가 나트랑에서 보기에 어렵지 않은 맥주이지만 후다는 아직 나트랑에서 가끔 볼 수 있는 정도의 맥주이다.

맨스 보드카(Men's Vodka)

보드카는 베트남에서 가장 선호되는 주류 중 하나이다. 중간 품질의 보드카 부문은 맨스 보스카 Men's Vodka 브랜드가 지배하고 있다. 100년 이상의 역사를 자랑하는 브랜드인 보드카 하노이 Vodka Ha Noi가 막대한 투자를 통해 시장에서 성장해 왔다. 맨스 보스카 Men's Vodka 보드카는 시장의 선두 주자로 인기가 높아짐에 따라 남성용 보드카 브랜드의 이미지가 대명사가 되었다. 다만 보드카 하노이 Vodka Ha Noi는 구식 이미지가 강해 젊은 층에는 인기가 시들고 있다.

커피(Coffee)

베트남에서 커피한번 마셔보지 않은 관광객은 없다. 베트남식의 쓰고 진하지만 연유를 넣어 달달한 커피 맛은 더운 베트남에서 당분을 보충할 수 있는 좋은 방법이기도 하다.
'카페'로 발음하기도 하지만 '커피'라고 불러도 알아 듣는다. 프랑스식민지로 오랜 세월을 있어서 커피문화가 매우 발달했다. 특히 연유가 듬뿍 담긴 커피는 베트남 커피만의 특징이다.

> 주문할 때 필요한 베트남어
> 카페 쓰어다 | Cà Phê Sữa Đá | 아이스 연유 커피   카페 덴다 | Cà Phê Den Dà | 아이스 블랙 커피
> 카페 쓰어농 | Cà Phê Sữa Nóng | 블랙 연유 커피   카페 덴농 | Cà Phê Den Nóng | 블랙 커피

생과일 주스(Fruit Juice)

과일이 풍부한 동남아와 같이 베트남도 과일이 풍부하다. 그 중에서 망고, 코코넛, 파인애플 같은 생과일로 직접 갈아서 넣은 생과일 주스는 여행에 지친 여행자에게 피로를 풀고 목마름을 해결해주는 묘약이다.

느억 미어(Núoc Mia)

사탕수수 주스를 말하는데 길거리에서 사탕수수를 직접 기계에 넣으면 사탕수수가 으스러지면서 즙이 나오는데 그 즙을 받아서 마시는 주스가 느억 미어 Núoc Mia이다. 동남아시아의 다른 나라에서도 마실 수 있지만 저렴하기는 베트남이 가장 저렴하다.

레드 블루(Red Blue)

우리나라의 박카스나 비타500과 비슷한 에너지 드링크로 레드 블루 Red Blue가 있는데 맛은 비슷하다. 카페인 양이 우리나라 에너지 드링크보다 높다고 하지만 마실 때는 잘 모른다.

열대과일

망고(Mango)
나트랑에서 가장 맛있는 과일은 역시 망고이다. 생과일주스로 가장 많이 마시게 되는 망고주스는 베트남여행이 끝난 후에도 계속 생각나게 된다.

파파야(Papaya)
수박처럼 안에 씨가 있는 파파야는 음식의 재료로도 사용이 된다. 겉부분을 먹게 되며, 부드럽고 달달하다.

망고(Mango)

람부탄(Rambutan)
빨갛고 털이 달려 있는 람부탄은 징그럽게 생겼다고 생각되기도 하지만 단맛이 강한 과즙을 가지고 있다.

두리안(Durian)
열대과일의 제왕이라고 불리는 두리안은 껍질을 까고 먹는 과일이고, 단맛이 좋다. 하지만 껍질을 까기전에 냄새는 좋지 않아 외부에서 먹고 들어가야 한다.

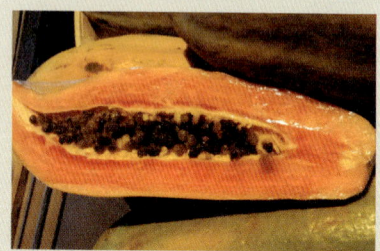
파파야(Papaya)

망꼰(Dragon Fruit)
뾰족하게 나와 있는 가시같은 부분이 있는 과일이다. 선인장과의 과일로, 진한 빨강색으로 식감을 자극하지만, 의외로 맛은 없다.

코코넛(Coconut)
야자수 열매로 알고 있는 코코넛은 얼음에 담아 마시면 무더위가 가실 정도로 시원하다. 또한 코코넛을 넣어 만든 풀빵도 나트랑 간식으로 인기가 많다.

두리안(Durian)

코코넛(Coconut)

쇼핑

베트남 여행에서 베트남만의 다양한 상품을 구입하는 데 가장 인기가 높은 것은 역시 커피, 피시소스(느억맘), 비나밋 과자이다. 3개의 제품은 베트남만이 생산하는 제품이기도 하지만 선물로 사오거나 쇼핑을 해서 구입해도 잘 사용하는 품목들이다. 선물이나 쇼핑에서 가장 중요한 것은 생활에서 잘 사용할 수 있는지 확인하는 것이다. 그것이 바로 저렴하다고 구입해서 버리지 않는 방법이다.

G7 커피(2~5만 동)

베트남 여행에서 돌아오는 공항에서 가장 많이 구입하는 커피가 G7 커피가 아닐까 생각된다. 베트남을 대표하는 인스턴트 커피 브랜드 G7 커피는 블랙, 헤이즐넛, 카푸치노, 아이스커피 전용 등 다양한 종류와 저렴한 가격이 매력적이다.
부드러운 향을 좋아한다면 헤이즐넛, 쌉싸래한 커피 본연의 맛을 원하면 블랙을 추천한다. 달달하고 진한 맛의 믹스와 카푸치노가 우리가 즐겨먹는 커피와 비슷하다.
'3 in 1'이라는 표시는 설탕과 프림이 들어간 커피라는 뜻이고 '2 in 1'은 설탕만 들어간 제품이니 구입할 때 잘 보고 구입하기를 권한다.

콘삭 커피(3~10만 동)

G7 커피와 함께 베트남 커피 시장을 장악하고 있는 콘삭 커피는 일명 '다람쥐 똥 커피'라고 더 많이 부른다. 실제 커피콩을 먹은 다람쥐의 배설물이라는 말이 있다. 인도네시아에서 생산되는 루왁 커피만큼 고급 원두는 아니기 때문에 약간 탄 듯 쓴 맛이 강한 커피이다. 하지만 고소한 향과 쓰고 진한 맛을 좋아한다면 추천한다.

노니차(15~20만 동)

건강 음료로 알려져 최근에 나이 드신 부모님들의 열풍과 가까운 선물이 노니차이다. 동남아에서 자라는 열대 과일인 노니는 할리우드 대표 건강 미녀 미란다 커의 건강 비결로 알려져 인기를 끌고 있다. 노니에는 질병과 노화를 막아주는 폴리페놀이 다량 함유되어 있다고 한다. 베트남의 달랏에서 재배가 되고 있는 노니차는 달랏이라고 더 저렴하지는 않고 베트남 어디든 비슷한 가격을 형성되어 있다. 티백으로 간편하게 즐길 수 있는 건강식품인 노니차는 물처럼 쉽게 마시는 건강식품이라서 베트남에 가게 되면 꼭 구매하는 품목으로 부상하였다.

베트남 칠리소스(5천~2만동)

베트남의 국민 소스라고 할 수 있는 피시소스(느억맘)는 중독성이 있다고 할 정도로 한번 알게 되면 피시소스를 먹지 일반 핫 소스는 못 먹게 된다고 할 정도이다. 특히 베트남에서 먹는 볶음밥이나 볶음면에 넣어 먹으면 베트남 현지의 맛을 느낄 수 있다고 할 정도이다. 특히 추천하는 피시소스가 가장 궁합이 어울리는 음식은 바로 치킨이나 튀김 요리이다. 바삭하고 고소한 튀김 요리를 베트남 피시소스에 찍어 먹는 순간 자꾸 손이 가게 된다.

봉지 쌀국수(3천~1만 동)

베트남 쌀국수를 좋아하는 관광객이 대한민국으로 돌아와서도 먹고 싶은 마음에 봉지 쌀국수와 컵 쌀국수를 꼭 구입하고 있다. 향, 맛, 쉬운 조리법을 모두 갖춘 봉지 쌀국수 하나로 베트남 현지에 있을 정도라고 한다. 맛있게 먹는 방법은 베트남 칠리소스와 함께 먹는 것이라고 하니 칠리소스와 함께 구입하는 것을 추천한다.

비나밋(3~5만 동)

방부제, 설탕, 색소가 없는 본연의 맛을 최대한 살린 건조 과일 칩인 비나밋은 아이들이 특히 좋아한다. 1988년부터 지금까지 베트남 인기 간식으로 자리 잡은 비나밋은 건강하게 먹을 수 있다는 장점으로 사랑받고 있다. 고구마, 사과, 바나나, 파인애플, 잭 프루트 등 다양한 종류가 있지만 고구마와 믹스 프루츠가 인기이다.

망고 과재(3~5만 동)

베트남의 망고과자도 인기 과자제품이다. 비나밋만큼의 인기가 없을 뿐이지 동남아의 대표과일인 망고를 과자로 만든 달달한 망고과자는 그 맛을 잊을 수 없을 정도이다. 중국인들은 오히려 망고과자를 더 많이 구입한다고 한다.

캐슈너트(10~20만 동)

베트남에서 흔히 만날 수 있는 대표 견과류인 캐슈넛은 껍질을 벗기지 않고 볶는 게 특징이다. 짭짤하고 고소한 맛으로 맥주 안주로 제격인데, 항산화 성분과 마그네슘 등이 많기 때문에 몸에도 좋다. 바삭하고 고소한 맛을 오래 유지하려면 진공 포장된 제품을 구매해야 한다.

농(5~8만 동)

베트남의 전통 모자로 알려져 있는 농이나 농라라고 부르는 모자로 야자나무 잎으로 만들었다. 처음 베트남 여행에서 가장 많이 사오는 기념품으로 알려져 있지만 실제로 사용할 경우는 거의 없다.

라탄 가방, 대나무 공예품

최근 여성들의 트랜드로 떠오르고 있는 라탄 가방을 비롯해 슬리퍼, 밀짚모자 등 다양한 종류의 패션 아이템도 인기 상승 중이다. 쇼핑몰에서 고가에 판매하는 라탄 가방을 저렴한 가격에 구매할 수 있다. 어느 베트남 시장에서든 판매하고 있으니 가격을 꼼꼼히 살펴보고 구입하도록 하자. 특히 시장에서는 흥정을 잘해야 후회하지 않는다.

딜마 홍차(15~20만 동)

레몬, 복숭아, 진저, 우롱 등 종류도 다양하여 선물용으로 각광받고 있는 홍차이다. 딜마 홍차는 한국에서도 판매되고 있는 고급 홍차 브랜드인데 국내에서도 살 수 있는 딜마를 베트남에서 꼭 사는 이유는 가격차이 때문이다. 5배가량 가격 차이가 난다고 하니 구입을 안 할 수 없게 된다.

페바 초콜릿

베트남의 고급 초콜릿 브랜드로 초콜릿의 다양한 종류와 깔끔한 패키지가 인상적인 '파베'이다. 주로 대한민국 관광객이 선물용으로 많이 구매한다. 특히 인기 있는 맛은 바로 이름만 들어도 생소한 후추맛인 '블랙페퍼'이다. 달달하게 시작해서 알싸하게 끝나는 맛이 매력적이다.

마사지(Massage) & 스파(Spa)

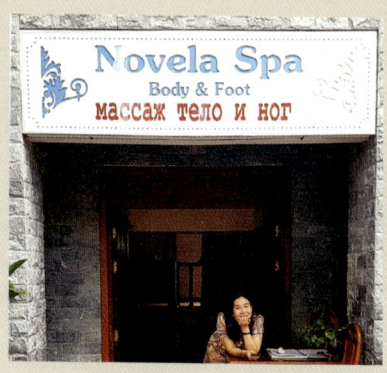

근육과 관절 등에 일련의 신체적 자극을 통해 뭉친 신체의 일부나 전신의 근육을 푸는 것이 마사지이다. 누구나 힘든 일을 하면 본능적으로 어깨 등을 어루만지는 행동을 할 정도이다. 그러므로 마사지도 엄청나게 오래된 역사를 가지고 있다. 고대 로마에도 아예 전문 안마사 노예가 따로 있었을 정도라고 한다.

마사지의 종류는 경락 마사지, 기 마사지, 아로마 마사지, 통쾌법 등 많다. 그 중 대표적인 것이 발마사지와 타이 마사지일 것이다. 또한 오일 마사지, 스포츠 마사지 등이다. 스포츠 마사지는 운동선수들의 재활 및 근육통 경감, 피로 회복 등을 위해 만들어진 것으로 맨손을 이용하여 근육을 마사지하는 것이다.

발 마사지   등 마사지

전신 마사지   어깨 마사지

마사지의 역사

태국은 세계적으로 마사지가 유명하지만 동남아시아의 어디를 여행해도 마사지는 어디에서든 쉽게 찾을 수 있을 정도로 유명하다. 마사지는 맨손과 팔을 이용한 지압이 고대 태국 불교의 승려들이 장시간 고행을 한 후 신체의 피로를 풀어주기 위해 하반신 위주로 여러 지압법을 만들기 시작한 것이 시초라고 한다. 지금도 태국에서 정말 전통 마사지라고 하면 바로 하체에만 하는 마사지 법을 일컫는다고 한다. 스님들이 전쟁에 지친 군인들을 위해 할 수 있는 게 뭐가 있을까 생각하다가 고안한 것이 있었는데 그게 바로 마사지였고, 자연스럽게 승려들을 통해 마사지가 발전해왔다는 이야기도 전해온다.

베트남에서는 타이 마사지보다 오일을 이용한 전신마사지가 더욱 유명하다. 가격과 품질은 당연히 천차만별이다. 예전에는 베트남에서 길거리에서 파라솔이나 그늘 아래 플라스틱 의자에 앉아서 발과 어깨 마사지를 받을 수도 있었지만 지금 그런 모습은 존재하지 않는다. 마사지 간판을 내건 곳은 어디나 나름 깨끗하고 청결하게 관리하고 손님을 맞고 있다. 또한 최고급 호텔에서 고급스럽게 제대로 전신 마사지를 받을 수도 있다.

베트남에서 마사지는 필수 관광코스이고, 아예 마사지사를 양성할 정도로 활성화되어 있다. 보통 전신마사지 코스로 마사지를 받기 때문에 마사지사는 마사지에서 중요한 역할을 한다. 아직 태국처럼 마사지를 전문으로 하는 대학은 없지만 많은 사람들이 마사지를 중요한 수입원으로 생각하고 있을 정도로 베트남에서 마사지는 관광산업에서 중요한 역할을 하고 있다.

강도가 강한 타이마사지는 처음보다 전신마사지를 받고 나서 며칠이 지나고 받는 것이 좋다는 의견이 많다. 타이 마시지는 강도가 센 편이지만 받고 나면 시원하다. 그러나 고통에 대한 내성이 없는 사람들은 흠씬 두들겨 맞은 느낌을 받을 수 있을 정도로 아프다고 하기 때문에 자신의 몸 상태를 생각하고 선택하는 것이 좋다.

시간은 1시간이나 2시간 코스가 보통이고, 마사지 끝난 뒤 마사지사에게 팁을 주는 것이 관례이다. 팁은 1시간 당 마사지비용의 10% 정도가 적당하지만 능력이나 실력에 따라 생각하면 된다. 베트남은 팁 문화가 거의 없는 나라이지만 마사지사의 수입원 중 하나가 팁이므로 정말 만족한다면 팁을 풍족히 주고 이름을 들은 다음 이후엔 지목해서 마사지를 받으면 좋다.

베트남과 커피

베트남 커피에 대해 잘못 알고 있는 사실은 과당 연유를 첨가한 것이 베트남커피라고 알고 있는 것이다. 베트남 커피의 유명세만큼 베트남 여행에서 커피를 구입하는 것은 일반적이다. 동남아시아는 덥고 습한 날씨가 지속되므로 어디를 여행해도 진하면서도 엄청나게 단맛이 나는 연유는 쓰디쓴 다크로스트 커피와 궁합이 잘 맞게 되어 있다. 커피에 연유를 첨가하는 방식을 누구나 동남아시아에서 지내다 보면 당연하다고 생각이 바뀔 것이다. 커피는 우리가 여행 중에 바라는 여유를 충족시켜주며 또 그 커피 맛에 한 번 빠지면 빠져 나오기 힘들 정도이다.

베트남에서는 에소프레소 스타일의 커피를 선호한다. 커피에 연유를 넣든 그냥 마시든 개인이 선택하는 것이라서 커피를 주문하면 그 옆에 연유를 같이 준다. 그러므로 우리가 생각하는 뜨거운 커피든 냉커피든 모든 커피에 연유를 넣는다는 것은 잘못된 생각이다. 까페 종업원에게 따로 설명하지 않으면 조그마한 커피 잔에 연유가 깔려 나오는 것이 아니고 같이 나온다. 때로는 아예 메뉴에서 구분해서 주문하는 것이 빠르게 커피를 받도록 해놓았다. 또한 밀크커피를 주문할 때도 '신선한 우유fresh milk'는 연유를 넣은 커피로 나오기 때문에 우리가 마시던 커피와 다를 수가 있다. 그러나 베트남 여행을 하는 대한민국의 여행자가 늘어나면서 관광객을 상대로 하는 커피점은 '아메리카노'가 메뉴에 따로 있다. 또 콩 Cong카페의 유명 메뉴인 코코넛 커피는 커피에 코코넛을 넣는 것이지만 코코넛 맛을 내는 통에서 나오는 것이다.

예전에는 우유를 뺀 커피를 주문하면 연유 없이 커피가 나오는데 쓴 커피를 마시다 보면 바닥에 설탕이 잔뜩 깔린 사실을 바닥이 보일 정도에야 알아차리는 블랙커피였다. 베트남 커피가 강한 맛을 내고 쓰기 때문에 아무것도 첨가하지 않은 스트레이트로 마시는 베트남 사람들이 많았지만 지금은 구분해서 마시고 있다.

세계에서 2번째로 커피 원두를 많이 재배하는 국가가 베트남이라는 사실은 잘 알려져 있다. 19세기 프랑스가 자국에서의 커피를 공급하기 위해 처음 재배하기 시작했는데 전쟁 이후 베트남 정부가 대량으로 커피 생산을 시작하면서 생활의 일부분으로 들어오기 시작했다. 1990년대부터 커피 재배가 수출품으로 확산하면서 이제는 연간 180만 톤 이상의 원두를 수확하고 있다.

커피는 베트남 사람들의 생활에서 중요하다. 베트남여행을 하면 사람들이 카페에서 작은 플라스틱 의자에 앉아 아침 일찍부터 낮을 지나 저녁까지 커피를 마시는 모습을 볼 수 있다. 카페는 덥고 습한 베트남의 날씨 때문에 낮에는 일하기 힘든 상태에서 쉴 수 있는 장소이자 지금은 엄마들이 모여 수다를 떠는 등 모든 연령대의 사람들이 모이는 장소이다. 관광 도시인 나트랑Nha Trang에는 하이랜드HighInd와 콩Cong카페를 비롯해 다양한 베트남 프랜차이즈들이 관광객을 대상으로 대중적인 커피를 팔고 있다.

베트남에서는 커피를 1인분씩 끓이는데 작은 컵과 필터 그리고 뚜껑(떨어지는 커피 액을 받는 용도로도 쓰임)으로 구성된 커피추출기 '핀phin'을 이용한다. 이러한 방식으로 커피를 준비하기 때문에 과정을 음미하면서 커피를 천천히 마시게 된다. 물론 모든 커피가 이런 방식으로 제조되는 것은 아니다. 일부 카페에서는 이미 만들어 놓은 커피를 바로 따라 마실 수 있게 준비되어있다. 하지만 베트남 전통 방법으로 만드는 슬로우 드립 커피는 매우 독특한 경험이다. 특히 모든 게 혼란스럽고 빠르게 느껴지는 베트남 도심에선 사람들에게 여유를 선사하고 한숨 돌리게 해주는 필수 요소다.

전통식 '핀'이 작아 보인다면 제대로 본 것이다. 베트남에선 벤티(대형) 용량의 커피는 없다. 커피가 매우 강하기 때문에 많이 마실 필요가 없다는 소리다. 120㎖ 정도면 충분하다. 슬로우 드립이라는 특성도 한 몫 하지만 작은 양으로 서빙되기 때문에 좋은 상태의 커피를 마시고 싶다면 천천히 음미하며 마셔야 한다.

때때로 베트남 커피에는 연유 외에도 계란, 요구르트, 치즈나 버터까지 들어간다. 버터와 치즈! 하노이에 있는 지앙Giang 카페는 계란 커피로 유명한데 커피에 계란 노른자와 베트남 커피 가루, 가당 연유, 버터 그리고 치즈가 들어간다. 우선 달걀노른자를 저어 컵에 넣고 나머지 재료를 더하는데 온도를 유지하기 위해 컵은 뜨거운 물에 담가놓는다고 한다.

베트남 인의 속을 '뻥' 뚫어준 박항서

2018년 베트남 국민들은 '박항서 매직'으로 행복했다. 나는 그 현장을 우연히 베트남에서 오래 머물면서 같이 느끼게 되었다. 그 절정은 동남아시아의 대표적인 축구대회인 스즈키컵 우승으로 누렸다. 이날 베트남 전체가 들썩였고, 밤을 잊은 베트남 사람들은 축구 열기가 꺼지지 않고 붉게 타오른 밤에 행복하게 잠을 청했다.

나는 10월 초에 베트남을 잠시 여행하기 위해서 들렸다가 1월까지 있게 되었다. 그들의 친절하고 순수한 마음에 나를 좋아해주는 많은 베트남 사람들을 만나면서 이들의 집안행사에 각종 모임에 나를 초대해 주면서 그들과 가깝게 지내고 다양한 이야기를 옆에서 들었다. 또 많은 술자리를 함께 하면서 내가 모르는 베트남 이야기를 들었다.

베트남은 11월 15일 하노이의 미딘 국립경기장에서 열린 '아세안축구연맹(AFF) 스즈키컵 2018' 결승 2차전에서 말레이시아에 1–0으로 이겼다. 1차전 원정경기 2–2 무승부 포함 종합 스코어 3–2로 승리한 베트남은 2008년 이후 10년 만에 스즈키컵을 들어올렸다.

베트남의 밤이 불타오른 것이 올해만 벌써 몇 번째인지 모른다. 1월 열린 아시아축구연맹(AFC) U–23 챔피언십에서 베트남이 결승까지 올라가면서 분위기가 달아오르기 시작했다. 8월에는 자카르타·팔렘방 아시안게임에서 베트남이 일본을 꺾으며 조별리그를 1위로 통과한 데 이어 4강까지 올라가 축구팬들을 거리로 내몰고 또 내몰았다.

이번 스즈키컵에서 우승에 이르는 여정은 응원 열기를 절정으로 이끌었다. 결국 우승까지 차지했으니 광란의 분위기도 끝판을 이뤘다. 박항서 감독이 올해 하나의 실패도 없이 끊임없이 도전하면서 베트남은 축구로 하나가 되었다. U-23 챔피언십과 아시안게임을 거치며 박 감독은 이미 '영웅'이 됐다. 스즈키컵 우승까지 안겼으니 그에게 어떤 호칭이 따라붙을지 궁금하다. 2018년 베트남에서 박항서 감독은 '축구神'이나 마찬가지다.

지금 "Korea"이라는 이야기를 가장 인정해 주는 나라는 베트남이다. 한국인이라고 하면 웃으면서 이야기를 한번이라도 더 나누게 되고 관심을 가져준다. 2018년의 한류는 박항서 감독이 홀로 만든 것이라고 해도 과언이 아닐 것이다.

박항서 매직이 완벽한 신화로 2018년 피날레를 장식했다. 베트남이 열광하지 않을 수 없었다. 이날 결승전이 열린 미딘 국립경기장에는 4만 명의 관중만 입장할 수 있었다. 베트남 대표팀 고유색인 붉은색 유니폼을 입은 관중과 국기로 붉은 물결을 이뤘다. 그 가운데도 박항서 감독의 나라, 대한민국의 태극기 응원이 곳곳에서 눈에 띄었다.

하노이에 있던 나는 정말 길거리에서 대한민국 국기와 베트남 국기를 동시에 달고 다니던 장면을 잊을 수가 없다. 직접 경기장에서 경기를 보지 못한 베트남 국민들은 전국 곳곳의 거리에서 대규모 응원전을 펼쳤다. 베트남의 우승이 확정된 후에는 더 많은 사람들이 거리로 쏟아져 나왔고, 밤을 새워 우승의 감격을 함께 했다. 이날 '빽빽'거리는 소리 때문에 잠을 잘 수가 없었으니 어느 정도인지 상상할 수 있을 것이다.

거리 응원 및 우승 자축 열기는 상상 이상이었다. 수도 하노이의 주요 도로는 사람들로 꽉 차 교통이 완전 마비됐다. 호치민, 다낭, 나트랑 등 어디를 가도 베트남 전역의 풍경은 비슷했다. 환호성과 함께 노래가 울려 퍼졌고 폭죽이 곳곳에서 터졌다. 차량과 오토바이의 경적 소리가 끊이지 않았다. 베트남 대표선수 이름이 연호됐고, '박항서'를 외치는 것도 빠지지 않았다.

많은 베트남 사람들이 박항서 감독은 베트남 민족의 우수성을 입증해주었다는 생각에 이 열기가 단순한 열기가 아니라고 이야기해주었다. 베트남은 저항의 역사이고 항상 핍박을 받는 역사에서 살아오다가 경제 개방으로 이제 조금 먹고 살게 되었지만 자신들은 '자신감, 자존감'이 부족했다고 이야기했다. 우리가 자랑스럽게 생각을 해도 해외에서 자신들을 그렇게 봐 주지 않아 자존심도 상하고 기분도 나쁜 경우가 한 두 번이 아니었다고 한다. 그런데 동남아시아에서 가장 유명한 스즈키 컵에서 우승을 하면서 인접한 태국, 인도네시아, 필리핀 등의 나라에 자신들이 위대하고 자랑스럽다고 자신 있게 이야기할 수 있게 되었다고 말해주었다.

경제 개방 후 급속한 경제발전을 이루었지만 아직도 멀고 먼 경제발전을 이뤄야한다는 생각을 가진 베트남 인들을 보면서 대한민국이 오래 전 경제발전을 이루어 자랑스럽게 생각하면서 살고 싶었을 시절을 상상해 보았다. 그 시절이 지나고 지금 대한민국은 내세울 것 없는 '흙수저'로 성공하지 못하는 사회라는 생각이 주를 이룬다. 그런데 베트남 사람들이 자신들의 속을 '뻥'뚫어준 자존감을 만들어준 박항서 감독은 단순한 축구 감독이 아닌 존재가 되었을 것이다.
더군다나 대한민국에서도 내세울 스펙과 연줄이 없는 박항서 감독의 성공이 사람들의 속을 후련하게 해주었다. 사람들은 흙수저, 박항서를 마치 자신처럼 생각하며 응원하게 되었을 수도 있겠다고 생각이 들었다.

베트남 인들의 자신감과 오랜 역사에서 응어리를 쌓아놓았던 그들에게 속을 시원하게 해준 역사적인 사건이다. 그리고 나는 그 역사적인 순간에 베트남에서 있으면서 그 현장을 직접 보면서 다양한 감정이 교차하였다.
단순히 베트남을 여행하려다가 오랜 시간을 그들과 함께 울고 웃으면서 가까이 다가가는 생활이 여행이 아니고 그들과 함께 살고 있었던 4개월이었다. 나는 그 기억을 평생 기억할 것 같고 역사의 현장에 우연히 있었음에 감사한다.

베트남 친구 만들기

베트남이 친근해지고 베트남 여행을 가는 사람들이 늘어나면서 베트남 친구를 만들고 싶다는 이야기를 많이 한다. 게다가 박항서 감독의 활약으로 베트남 사람들도 한국인에 대해 친근하고 호기심이 많아졌다. 중국인에 대해 이야기하면 싫다는 표정을 해도 한국인에 대해 이야기를 꺼내면 "박항서" 하면서 친근감을 나타내고 있는 것이 사실이다.

하지만 이들과 친구가 되려면 현지에서 그들과의 관계 관리가 매우 중요하다. 친근하게 처음에 다가간다고 바로 친구가 되는 것이 아니다. 그들과 진정성 있는 신뢰 관계를 구축해야 좋은 친구를 만들 수 있기 때문이다.

베트남에서 장기적으로 친구가 되는 5가지 방법을 소개한다.

1. 친구는 단기전이 아닌 장기전이다.

누구나 관계는 다른 관계와 마찬가지로 시간과 노력이 필요하다. 중요한 것은 원하는 것만 얻기 위해 당신을 만난다는 느낌이 아닌 당신과 오랫동안 좋은 관계를 만들고 싶다는 진심을 전해야 한다.

서로간의 목표는 다른 것 같지만 사실은 같다. 베트남 사람과 대한민국 사람 양쪽 모두 진심을 가지고 대해야 하는 목표가 있어야 한다.

그들과 친해지기 위한 장기적인 관계 형성이 되어야 한다. 처음에 서로 호감을 나타내며 이야기를 나누어도 서로 이해하려는 노력을 보이지 않으면 관심은 이내 식어진다. 서로를 이해하는 과정이 이어야 시간을 헛되이 보내지 않았다고 생각할 것이다. 이들은 영어를 배우려는 노력을 보이지만 우리처럼 영어가 시험성적으로 중요하기 때문에 영어에 서툰 사람들도 많지만 배우려는 노력은 대단하다. 그래서 서로 서툰 영어를 사용해도 금방 친해질 수 있다.

또한 커피가 생활화된 베트남 사람들은 처음에는 커피 약속을 잡는 것으로 시작하여 장기적으로는 여러 번의 만남을 통해 이야기를 나누고, 페이스북이나 현지인의 카카오톡이라고 부르는 잘로Zalo같은 소셜 미디어(SNS)에서 커뮤니케이션을 해야 한다.

2. 먼저 다가가 소통하자.

대한민국 사람들이 베트남 사람들을 만나다 보면 이들이 위생적으로 더럽다며 친해지기를 꺼리는 사람들을 만날 때가 있다.
이럴 때일수록 그들이 어떤 환경에서 살고 있는지 먼저 다가가 소통해야 한다. 용기가 없는 사람들은 좋은 친구 형성에 성공하기도 어렵다. 조금 꺼려져도 괜찮다고 생각하고 약간의 꺼려짐만 극복한다면 친구의 문은 더 넓어진다.

먼저 그들에게 같이 밥을 먹자고 이야기하거나, 커피를 마시자고 한다거나, 축구 경기를 같이 맥주를 마시며 보자고 한다거나, 맥주 한잔 하자고 이야기해보자. 이들은 "왜"라는 물음보다 "그래, 좋아"라는 이야기를 더 많이 하는 순수한 사람들이 많다.

3. 진정성을 담아 마음으로 소통하자.

사람과 사람과의 관계에서는 지나치게 이해타산을 따지게 되면 마음으로 관계를 맺는 것이 아니고 사무적으로 관계를 맺게 된다. 그들과의 관계에서도 마찬가지이다. 매번 그들과의 만남을 새로운 기회로 삼는다면 친구인척 지금 당장 이야기는 해줄 수도 있지만, 장기적으로 정말 친구인지는 이들도 생각하게 된다. 나의 호의를 무시했다는 생각을 하면 돌아서는 것은 인지상정이다.
좋은 친구가 되기 위해 협력함으로써 진정성 있는 친구 관계를 구축할 수 있다. 나에게 요즘 어떤 베트남 이야기를 기획하고 있는지 캐묻는 데 나는 베트남에서 무엇을 기획하고 장기적으로 머물고 있지 않다. 이들과 생활하면서 순수한 진정성에 감동해 오래 머무는 것뿐이다. 진정성 있는 관계는 이해타산적이거나 영업과 같이 느껴져서는 안 된다.

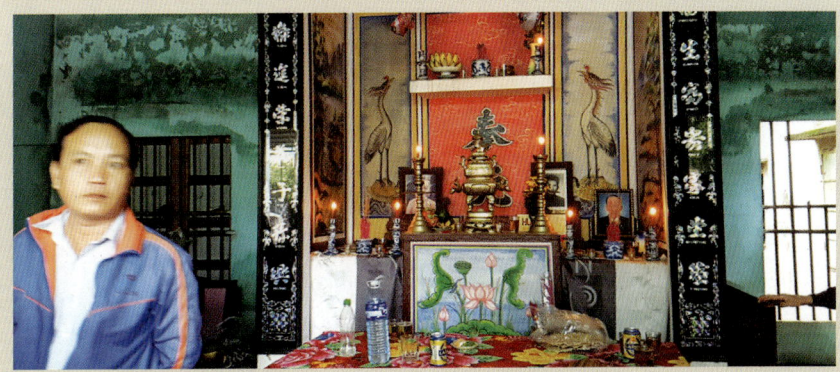

4. SNS에서 소통하라.

베트남에서는 페이스북이 일반화되어 항상 자신이 쓴 페이스북의 이야기에 '좋아요'를 클릭해주는 것을 좋아한다. 그러므로 이를 도와주는 것도 친해질 수 있는 하나의 방법이다. 소셜네트워크서비스(SNS)를 팔로우하는 것도 그들과 장기적으로 소통하는 방법이다.

5. 대면 관계가 중요하다.

그래도 전화, SNS 등으로 진실한 관계를 형성하는 것은 한계가 있다. 모임 또는 커피 약속 등 대면 관계를 통한 만남은 더 강한 유대감을 형성한다.
처음 만남에는 호감이 형성될 수 있도록 노력해야 한다. 만남 시 누군가의 신뢰를 얻을 수 있는 좋은 방법의 하나는 자기 자신에 대해서 가능한 한 솔직하게 이야기하는 것이다. 살면서 있었던 재미있는 사건에 관해서 이야기하는 것도 좋다. 그러나 주의해야 할 점은 상대방이 흥미로워하는 주제나 상대방이 중요하게 생각하는 가치관에서 너무 벗어나서는 안 된다는 점이다. 호치민에 대해 이야기하거나 공산주의에 대해 이야기하는 것은 주제에서 벗어난 것이다. 진정성만큼이나 신뢰감을 주는 태도는 없다.

나트랑 엑티비티 Best 5

1. 카약킹(Kayarking)

나트랑Nha Trang은 예부터 혼쫑꽂Hòn Chòng을 따라 이동하는 교통수단이 발달했기 때문에 카약이 자주 사용되었다. 지금도 빈펄 랜드Vinpearl Land 안에 카약투어가 있고 다양한 카약코스가 준비되어 있다. 파도가 잔잔하기 때문에 바다라고 위험하지 않다.

2. 서핑(Surfing)

나트랑Nha Trang과 무이네Mui Ne는 바다가 얕고 파도가 일정하게 만을 향해 들어오기 때문에 서핑을 할 수 있는 최적의 조건이다. 다만 우기 때는 비가 오는 쌀쌀한 날씨로 어려움이 예상되지만 쌀쌀하거나 비가와도 아랑곳하지 않고 서핑을 즐기는 서핑족도 있다. 서핑을 할 수 있는 지역에서는 어디나 서핑스쿨이 있어서 배울 수 있고 가격도 비싸지 않다.

3. 스쿠버 다이빙(Scuba Diving)

아름다운 바다 속을 직접 볼 수 있는 스쿠버 다이빙은 상대적으로 장비를 착용하고 깊은 물속을 들어가기 때문에 안전에 각별하게 주의해야 한다. 그래서 초보자는 반드시 전문 강사와 같이 간단한 교육을 받고 바다 속으로 들어가야 한다. 또한 물속에 들어가서 귀가 아프거나 머리가 아프다면 반드시 강사에게 알려주어 도움을 받아야 한다. 그냥 방치하면 스쿠버 다이빙은 힘들고 결국 밖으로 나와야 하기 때문에 사전교육과 안전이 중요한 해양스포츠이다.

4. 스노클링(Snorkeling)

스쿠버 다이빙이 장비를 착용하고 바다 깊숙이 들어가는 반면에 스노클링은 마스크와 오리발만 착용하고 바다에 들어가기 때문에 얕은 바닷물 속을 보게 된다. 대부분의 관광객은 초보자이기 때문에 안전조끼를 착용하고 물에 뜬 상태에서 바닷물 속의 색깔이 화려한 열대물고기를 본다. 그렇지만 태국이나 팔라완처럼 바닷물 속이 다 보이는 것은 아니기 때문에 너무 많은 기대는 금물이다. 스노클링은 스쿠버다이빙을 오전에 하고 점심식사를 하고 오후에는 스노클링을 같이 하기 때문에 스쿠버 다이빙과 같이 투어상품에 포함되어 있는 경우가 대부분이다.

5. 골프(Golf)

나트랑^{Nha Trang}도 휴양지로 개발하고 있기 때문에 골프장이 위치해 있다. 골프장은 인공적으로 만들기보다 대부분 대규모 개발 사업에 포함되어 조성하였다. 빈펄 랜드^{Vinpearl Land}에 있는 골프장이 가장 시설이 좋다.

보통 9~12월까지 우기이므로 골프를 즐기고 싶다면 건기인 1~8월의 골프장을 이용하자. 인기가 있는 빈펄 리조트 골프장^{Vinpearl Golf}은 아름다운 해안을 따라 조성된 골프장으로 골퍼들이 주로 찾는다. 풀 패키지 상품이 여행사를 통해 예약할 수 있다.

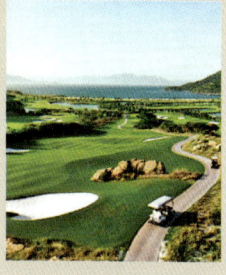

나트랑 & 푸꾸옥 여행 밑그림 그리기

우리는 여행으로 새로운 준비를 하거나 일탈을 꿈꾸기도 한다. 여행이 일반화되기도 했지만 아직도 여행을 두려워하는 분들이 많다. 동남아시아에서 베트남 여행자가 급증하고 있다. 그중에는 몇 년 전부터 늘어난 다낭을 비롯해 다낭을 다녀온 여행자는 나트랑과 푸꾸옥으로 눈길을 돌리고 있다. 그러나 어떻게 여행을 해야 할지부터 걱정을 하게 된다. 아직 정확한 자료가 부족하기 때문이다. 지금부터 나트랑 & 푸꾸옥 여행을 쉽게 한눈에 정리하는 방법을 알아보자.

일단 관심이 있는 사항을 적고 일정을 짜야 한다. 처음 해외여행을 떠난다면 나트랑, 푸꾸옥 여행도 어떻게 준비할지 몰라 당황하게 된다. 먼저 어떻게 여행을 할지부터 결정해야 한다. 아무것도 모르겠고 준비를 하기 싫다면 패키지여행으로 가는 것이 좋다. 나트랑, 푸꾸옥 여행은 주말을 포함해 3박4일, 4박5일 여행이 가장 일반적이다. 해외여행이라고 이것저것 많은 것을 보려고 하는 데 힘만 들고 남는 게 없는 여행이 될 수도 있으니 욕심을 버리고 준비하는 게 좋다. 여행은 보는 것도 중요하지만 같이 가는 여행의 일원과 같이 잊지 못할 추억을 만드는 것이 더 중요하다.

다음을 보고 전체적인 여행의 밑그림을 그려보자.

결정을 했으면 일단 항공권을 구하는 것이 가장 중요하다. 전체 여행경비에서 항공료와 숙박이 차지하는 비중이 가장 크지만 너무 몰라서 낭패를 보는 경우가 많다. 평일이 저렴하고 주말은 비쌀 수밖에 없다. 저가항공인 제주항공과 베트남 저가항공인 비엣젯 항공부터 확인하면 항공료, 숙박, 현지경비 등 편리하게 확인이 가능하다.

나트랑, 푸꾸옥 숙소에 대한 이해

나트랑, 푸꾸옥 여행이 처음이고 자유여행이면 숙소예약이 의외로 쉽지 않다. 자유여행이라면 숙소에 대한 선택권이 크지만 선택권이 오히려 난감해질 때가 있다. 나트랑, 푸꾸옥 숙소의 전체적인 이해를 해보자.

1. 숙소의 위치
나트랑 시내는 유럽과 달리 주요 관광지가 몰려있지 않다. 따라서 숙소의 위치가 중요하지는 않다. 그러나 베트남의 대부분의 숙소는 도시에 몰려 있기 때문에, 또 시내에서 떨어져 있다면 도시 사이를 이동하는 데 시간이 많이 소요되어 좋은 선택이 아니다. 먼저 시내에서 얼마나 떨어져 있는지 확인하자.

2. 숙소예약 앱의 리뷰를 확인하라.
나트랑, 푸꾸옥 숙소는 몇 년 전만해도 호텔과 호스텔이 전부였다. 하지만 에어비앤비를 이용한 아파트도 있고 다양한 숙박 예약 앱도 생겨났다. 가장 먼저 고려해야 하는 것은 자신의 여행비용이다. 항공권을 예약하고 남은 여행경비가 3박4일에 20만 원 정도라면 호스텔을 이용하라고 추천한다. 나트랑, 푸꾸옥은 많은 호스텔이 있어서 호스텔도 시설에 따라 가격이 조금 달라진다. 숙소예약 앱의 리뷰를 보고 한국인이 많이 가는 호스텔로 선택하면 문제가 되지는 않을 것이다.

3. 내부 사진을 꼭 확인
호텔의 비용은 2~15만 원 정도로 저렴한 편이다. 호텔의 비용은 우리나라호텔보다 저렴하지만 시설이 좋지는 않다. 오래된 건물에 들어선 건물이 아니지만 관리가 잘못된 호텔이 의외로 많다. 반드시 룸 내부의 사진을 확인하고 선택하는 것이 좋다.

4. 에어비앤비를 이용해 아파트 이용방법
시내에서 얼마나 떨어져 있는지를 확인하고 숙소에 도착해 어떻게 주인과 만날 수 있는지 전화번호와 아파트에 도착할 수 있는 방법을 정확히 알고 출발해야 한다. 아파트에 도착했어도 주인과 만나지 못해 아파트에 들어가지 못하고 1~2시간을 기다리면 화가 나고 기운도 빠지기 때문에 여행이 처음부터 쉽지 않아진다.

5. 나트랑, 푸꾸옥 여행에서 민박 이용방법
여행자는 한국인이 운영하는 민박을 찾고 싶어 하는데 민박을 찾기는 쉽지 않다. 민박보다는 호스텔이나 게스트하우스, 홈스테이에 숙박하는 것이 더 좋은 선택이다.

알아두면 좋은 나트랑, 푸꾸옥 이용 팁(Tip)

1. 미리 예약해도 싸지 않다.
일정이 확정되고 호텔에서 머물겠다고 생각했다면 먼저 예약해야 한다. 임박해서 예약하면 같은 기간, 같은 객실이어도 비싼 가격으로 예약을 할 수 밖에 없다는 것이 호텔 예약의 정석이지만 여행일정에 임박해서 숙박예약을 많이 하는 특성을 아는 숙박업소의 주인들은 일찍 예약한다고 미리 저렴하게 숙소를 내놓지는 않는다.

2. 취소된 숙소로 저렴하게 이용한다.
나트랑, 푸꾸옥에서는 숙박당일에도 숙소가 새로 나온다. 예약을 취소하여 당일에 저렴하게 나오는 숙소들이 있다. 베트남 숙소의 취소율이 의외로 높아서 잘 활용할 필요가 있다. .

3. 후기를 참고하자.
호텔의 선택이 고민스러우면 숙박예약 사이트에 나온 후기를 잘 읽어본다. 특히 한국인은 까다로운 편이기에 후기도 적나라하게 숙소에 대해 평을 해놓는 편이라서 숙소의 장, 단점을 파악하기가 쉽다. 베트남 숙소는 의외로 저렴하고 내부 사진도 좋다고 생각해도 직접 머문 여행자의 후기에는 당해낼 수 없다. 호치민 여행자거리의 유명한 호스텔에 내부 사진도 좋고 가격도 저렴하게 책정되어 예약을 하고 가 봤는데 지저분하고 개미가 많아 침대위에 개미를 잡고서야 잠을 청했던 기억도 있다.

3. 미리 예약해도 무료 취소기간을 확인해야 한다.
미리 호텔을 예약하고 있다가 나의 여행이 취소되든지, 다른 숙소로 바꾸고 싶을 때에 무료 취소가 아니면 환불 수수료를 내야 한다. 그러면 아무리 할인을 받고 저렴하게 호텔을 구해도 절대 저렴하지 않으니 미리 확인하는 습관을 가져야 한다.

4. 방갈로에 에어컨이 없다?
베트남의 해안을 보면서 자연적 분위기에서 머물 수 있는 방갈로는 독립된 공간을 사용하여 인기가 많다. 하지만 냉장고도 없는 기본 시설만 있는 것뿐만 아니라 에어컨이 아니고 선풍기만 있는 방갈로가 의외로 많다. 가격이 저렴하다고 무턱대고 예약하지 말고 에어컨이 있는 지 확인하자. 더운 베트남에서는 에어컨이 쾌적한 여행을 하는 데에 중요하다.

숙소 예약 사이트

부킹닷컴(Booking.com)
에어비앤비와 같이 전 세계에서 가장 많이 이용하는 숙박 예약 사이트이다. 베트남에도 많은 숙박이 올라와 있다.

에어비앤비(Airbnb)
전 세계 사람들이 집주인이 되어 숙소를 올리고 여행자는 손님이 되어 자신에게 맞는 집을 골라 숙박을 해결한다. 어디를 가나 비슷한 호텔이 아닌 현지인의 집에서 숙박을 하도록 하여 여행자들이 선호하는 숙박 공유 서비스가 되었다.

Booking.com
부킹닷컴
www.booking.com

airbnb
에어비앤비
www.airbnb.co.kr

패키지여행 VS 자유여행

전 세계적으로 베트남으로 여행을 가려는 여행자가 늘어나고 있다. 대한민국의 여행자는 다낭과 하노이, 호치민에 집중되어 나트랑, 푸꾸옥은 한국인 관광객이 많지 않다. 그래서 더욱 고민하는 것은 여행정보는 어떻게 구하지? 라는 질문이다. 그만큼 나트랑, 푸꾸옥에 대한 정보가 매우 부족한 상황이다. 그래서 처음으로 나트랑, 푸꾸옥을 여행하는 여행자들은 패키지여행을 선호하거나 여행을 포기하는 경우가 많았다.

20~30대 여행자들이 늘어남에 따라 패키지보다 자유여행을 선호하고 있다. 호치민을 여행하고 이어서 나트랑, 푸꾸옥으로 여행을 다녀오는 경우도 상당히 많다. 베트남 남부만의 10일이나, 베트남 중, 남부까지 2주일의 여행 등 새로운 여행형태가 늘어나고 있다. 단 베트남 여행은 무비자로 15일까지이므로 여행 일정은 미리 확인하는 것이 좋다. 베트남 장기 여행자들은 호스텔을 이용하여 친구들과 여행을 즐기는 경우가 있다.

편안하게 다녀오고 싶다면 패키지여행

나트랑, 푸꾸옥가 뜬다고 하니 여행을 가고 싶은데 정보가 없고 나이도 있어서 무작정 떠나는 것이 어려운 여행자들은 편안하게 다녀올 수 있는 패키지여행을 선호한다. 다만 아직까지 많이 가는 여행지는 아니다 보니 패키지 상품의 가격이 저렴하지는 않다. 여행일정과 숙소까지 다 안내하니 몸만 떠나면 된다.

연인끼리, 친구끼리, 가족여행은 자유여행 선호

2주 정도의 긴 여행이나 젊은 여행자들은 패키지여행을 선호하지 않는다. 특히 여행을 몇 번 다녀온 여행자는 나트랑, 푸꾸옥에서 자신이 원하는 관광지와 맛집을 찾아서 다녀오고 싶어 한다. 여행지에서 원하는 것이 바뀌고 여유롭게 이동하며 보고 싶고 먹고 싶은 것을 마음대로 찾아가는 연인, 친구, 가족의 여행은 단연 자유여행이 제격이다.

나트랑 & 푸꾸옥 여행 물가

나트랑, 푸꾸옥 여행의 가장 큰 장점은 매우 저렴한 물가이다. 나트랑, 푸꾸옥 여행에서 큰 비중을 차지하는 것은 항공권과 숙박비이다. 항공권은 제주항공이나 베트남 저가항공인 비엣젯이나 베트남의 호치민까지 가는 항공을 저렴하게 구할 수 있다면 버스를 타고 푸꾸옥로 이동할 수 있다. 숙박은 저렴한 호스텔이 원화로 5,000원대부터 있어서 항공권만 빨리 구입해 저렴하다면 숙박비는 큰 비용이 들지는 않는다. 좋은 호텔에서 머물고 싶다면 더 비싼 비용이 들겠지만 호텔의 비용은 저렴한 편이다.

▶왕복 항공료_ 28~68만 원
▶버스, 기차_ 3~10만 원
▶숙박비(1박)_ 1~10만 원
▶한 끼 식사_ 2천~4만 원
▶입장료_ 2천 7백 원~3만 원

구분	세부 품목	3박 4일	6박 7일
항공권	제주항공, 대한항공	280,000~680,000	
택시, 버스, 기차	택시, 버스, 기차	약4~30,000원	
숙박비	호스텔, 호텔, 아파트	15,000~300,000원	30,000~600,000원
식사비	한 끼	2,000~30,000원	
시내교통	택시, 그랩	2,000~30,000원	
입장료	박물관 등 각종 입장료	2,000~8,000원	
		약 470,000원~	약 790,000원~

나트랑Nha Trang, 푸꾸옥Phu Quoc 여행 계획 짜는 비법

1. 주중 or 주말
나트랑, 푸꾸옥 여행도 일반적인 여행처럼 비수기와 성수기가 있고 요금도 차이가 난다. 7~8월, 12~2월의 성수기를 제외하면 항공과 숙박요금도 차이가 있다. 비수기나 주중에는 할인 혜택이 있어 저렴한 비용으로 조용하고 쾌적한 여행을 할 수 있다. 주말과 국경일을 비롯해 여름 성수기에는 항상 관광객으로 붐빈다. 황금연휴나 여름 휴가철 성수기에는 항공권이 매진되는 경우가 허다하다.

2. 여행기간
나트랑, 푸꾸옥 여행을 안 했다면 "나트랑, 푸꾸옥이 어디야?"라는 말을 할 수 있다. 하지만 일반적인 여행기간인 3박4일의 여행일정으로는 모자란 관광명소가 된 도시가 나트랑, 푸꾸옥이다. 나트랑, 푸꾸옥 여행은 대부분 6박7일이 많지만 나트랑, 푸꾸옥의 깊숙한 면까지 보고 싶다면 2주일 여행은 가야 한다.

3. 숙박
성수기가 아니라면 나트랑, 푸꾸옥의 숙박은 저렴하다. 숙박비는 저렴하고 가격에 비해 시설은 좋다. 주말이나 숙소는 예약이 완료된다. 특히 여름 성수기에는 숙박은 미리 예약을 해야 문제가 발생하지 않는다.

4. 어떻게 여행 계획을 짤까?
먼저 여행일정을 정하고 항공권과 숙박을 예약해야 한다. 여행기간을 정할 때 얼마 남지 않은 일정으로 계획하면 항공권과 숙박비는 비쌀 수밖에 없다. 특히 나트랑, 푸꾸옥처럼 뜨는 여행지는 항공료가 상승한다. 저가 항공이 취항하고 있으니 저가항공을 잘 활용한다. 숙박시설도 호스텔로 정하면 비용이 저렴하게 지낼 수 있다. 유심을 구입해 관광지를 모를 때 구글맵을 사용하면 쉽게 찾을 수 있다.

5. 식사
나트랑, 푸꾸옥 여행의 가장 큰 장점은 물가가 매우 저렴하다는 점이다. 그렇지만 고급 레스토랑은 나트랑, 푸꾸옥도 비싼 편이다. 한 끼 식사는 하루에 한번은 비싸더라도 제대로 식사를 하고 한번은 베트남 사람들처럼 저렴하게 한 끼 식사를 하면 적당하다.

시내의 관광지는 거의 걸어서 다닐 수 있기 때문에 투어비용은 도시를 벗어난 투어를 갈 때만 교통비가 추가된다.

NHA TRANG • PHÙ QUỐC

베트남의 남부 지방인 나트랑Nha Trang, 달랏Dalat, 푸꾸옥Phu Quoc, 호치민Hochimin 여행에 대한 정보가 부족한 상황에서 어떻게 여행계획을 세울까? 라는 걱정은 누구나 가지고 있다. 하지만 베트남 남부 지방도 다른 나라를 여행하는 것과 동일하게 도시를 중심으로 여행을 한다고 생각하면 여행계획을 세우는 데에 큰 문제는 없을 것이다.

1. 먼저 지도를 보면서 입국하는 도시와 출국하는 도시를 항공권과 같이 연계하여 결정해야 한다. 패키지 상품은 나트랑부터 여행을 시작하고 배낭 여행자는 베트남 전국 여행과 연계하기 위해 호치민에서 여행을 시작한다.

대부분의 패키지 상품은 저가항공을 주로 이용하므로 저녁 늦게 출발하여 새벽에 나트랑에 도착한다. 베트남은 세로로 긴 국토를 가진 나라이기 때문에 남부 지방에 집중적인 여행을 통해 호치민으로 입국을 한다면 남쪽에서 북쪽으로 올라가면서 베트남 여행을 하는 방법과 중부 지방인 다낭에서 시작해 나트랑으로 이동해 달랏과 푸꾸옥을 둘러보고 호치민으로 이동해 대한민국으로 돌아오는 루트가 만들어진다.

2. 곧바로 나트랑Nha Trang이나 호치민Hochimin으로 입국을 한다면 베트남의 어느 도시에서 돌아올 것인지를 판단해야 한다. 도시간의 이동은 대부분은 버스를 이용하지만 기차로 이동하려고 한다면 기차시간을 확인하고 이동해야 한다. 버스는 숙소로 픽업을 하여 버스까지 이동하므로 놓치는 상황이 발생하지 않지만 기차는 홀로 이동해야 하므로 놓치는 일이 종종 발생한다.

3. 입국 도시가 결정되었다면 여행기간을 결정해야 한다. 세로로 긴 베트남은 의외로 볼거리가 많아 여행기간이 길어질 수 있다.

4. 베트남의 각 도시 중에서 나트랑에 2일, 호치민에 1일 정도를 배정하고 IN/OUT을 결정하면 여행하는 코스는 쉽게 만들어진다. 뒤에 나와있는 추천여행일정을 활용하자.

5. 3박5일~5박 7일 정도의 기간이 베트남 남부의 나트랑Nha Trang, 달랏Dalat, 푸꾸옥Phu Quoc, 호치민Hochimin을 여행하는데 가장 기본적인 여행기간이다. 물론 15일 이내의 기간이라면 베트남 중부지방인 다낭, 호이안, 후에까지 볼 수 있지만 개인적인 여행기간이 있기 때문에 각자의 여행시간을 고려해 결정하면 된다.

나트랑Nha Trang, 달랏Đà Lạt, 무이네Mũi Né, 호치민Hồ Chí Minh 추천일정

나트랑Nha Trang, 달랏Dalat 코스

3박 5일 | 나트랑 – 달랏 – 나트랑
나트랑(Nha Trang) 입국, 숙소휴식(1일) → 나트랑 빈펄 랜드, 호핑 투어(2일) → 달랏(Dalat) 이동, 시내관광(타따라 폭포, 크레이지 하우스/3일) → 나트랑(Nha Trang) 이동, 시내관광, 공항이동(4일) → 인천도착(5일)

4박 6일 | 나트랑 – 달랏 – 나트랑
나트랑(Nha Trang) 입국, 숙소휴식(1일) → 나트랑 빈펄 랜드, 호핑 투어(2일) → 달랏(Dalat) 이동, 시내관광(크레이지 하우스/3일) – 달랏 엑티비티(캐녀닝 등 엑티비티/4일) – 나트랑(Nha Trang) 이동, 시내관광, 공항이동(5일) – 인천도착(6일)

나트랑Nha Trang, 무이네Mui Ne 코스

3박 5일 | 나트랑 - 무이네 - 나트랑

나트랑(Nha Trang) 입국, 숙소휴식(1일) - 나트랑 빈펄 랜드, 호핑 투어(2일) - 무이네(Mui Ne) 이동, 관광(화이트 샌듄, 레드 샌듄, 요정의 샘, 어촌마을/3일) - 무이네 해양스포츠(서핑, 카이트 서핑 평균 3일, 배우는 기간만큼 일정이 늘어남/4일) - 나트랑(Nha Trang) 이동, 시내관광, 공항이동(5일) - 인천도착(6일)

4박 6일~6박 8일 | 나트랑 - 무이네 - 나트랑

나트랑(Nha Trang) 입국, 숙소휴식(1일) - 나트랑 빈펄 랜드, 호핑 투어(2일) - 무이네(Mui Ne) 이동, 관광(화이트 샌듄, 레드 샌듄, 요정의 샘, 어촌마을/3일) - 무이네 해양스포츠(서핑, 카이트 서핑 평균 3일, 배우는 기간만큼 일정이 늘어남/4일) - 나트랑(Nha Trang) 이동, 시내관광, 공항이동(5일) - 인천도착(6일)

나트랑Nha Trang, 달랏Dalat, 무이네Mui Ne 코스

4박 6일 | 나트랑 - 달랏 - 무이네 - 나트랑

나트랑(Nha Trang) 입국, 숙소휴식(1일) - 나트랑 빈펄 랜드, 호핑 투어(2일) - 달랏(Dalat) 이동, 시내관광(타딴라 폭포, 크레이지 하우스/3일) - 무이네(Mui Ne) 이동, 관광(화이트 샌듄, 레드 샌듄, 요정의 샘, 어촌마을/4일) - 나트랑(Nha Trang) 이동, 시내관광, 공항이동(5일) - 인천도착(6일)

5박 7일 |
나트랑 - 달랏 - 무이네 - 나트랑

나트랑(Nha Trang) 입국, 숙소휴식(1일) - 나트랑 빈펄 랜드, 호핑 투어(2일) - 달랏(Dalat) 이동, 시내관광(타딴라 폭포, 크레이지 하우스/3일) - 달랏 엑티비티(캐녀닝 등 엑티비티/4일) - 무이네(Mui Ne) 이동, 관광(화이트 샌듄, 레드 샌듄, 요정의 샘, 어촌마을/5일) - 나트랑(Nha Trang) 이동, 시내관광, 공항이동(6일) - 인천도착(7일)

나트랑Nha Trang, 달랏Dalat, 무이네Mui Ne, 호치민Ho Chi Minh 코스

3박 5일 | 나트랑 – 달랏 – 호치민
나트랑(Nha Trang) 입국, 숙소휴식(1일) – 나트랑 빈펄 랜드, 호핑 투어(2일) – 달랏(Dalat) 이동, 시내관광(타딴라 폭포, 크레이지 하우스/3일) – 호치민(Mui Ne) 이동, 시내관광(시청, 중앙우체국, 노트르담 성당, 벤탄시장), 공항이동(4일) – 인천도착(5일)

4박 6일 | 나트랑 – 달랏 – 호치민
나트랑(Nha Trang) 입국, 숙소휴식(1일) – 나트랑 빈펄 랜드, 호핑 투어(2일) – 나트랑 시내관광(3일) – 달랏(Dalat) 이동, 시내관광(타딴라 폭포, 크레이지 하우스/4일) – 호치민(Mui Ne) 이동, 시내관광(시청, 중앙우체국, 노트르담 성당, 벤탄시장), 공항이동(5일) – 인천도착(6일)

3박 5일 | 나트랑 – 무이네 – 호치민
나트랑(Nha Trang) 입국, 숙소휴식(1일) – 나트랑 빈펄 랜드, 호핑 투어(2일) – 무이네(Mui Ne) 이동, 관광(화이트 샌듄, 레드 샌듄, 요정의 샘, 어촌마을/3일) – 호치민(Mui Ne) 이동, 시내관광(시청, 중앙우체국, 노트르담 성당, 벤탄시장), 공항이동(4일) – 인천도착(5일)

4박 6일 | 나트랑 – 무이네 – 호치민
나트랑(Nha Trang) 입국, 숙소휴식(1일) – 나트랑 빈펄 랜드, 호핑 투어(2일) – 나트랑 시내관광(3일) – 무이네(Mui Ne) 이동, 관광(화이트 샌듄, 레드 샌듄, 요정의 샘, 어촌마을/4일) – 호치민(Mui Ne) 이동, 시내관광(시청, 중앙우체국, 노트르담 성당, 벤탄시장),

5박 7일 | 나트랑 – 달랏 – 무이네 – 호치민

나트랑(Nha Trang) 입국, 숙소휴식(1일) – 나트랑 빈펄 랜드, 호핑 투어(2일) – 달랏(Dalat) 이동, 시내관광(타딴라 폭포, 크레이지 하우스/3일) – 달랏 엑티비티(캐녀닝 등 엑티비티/4일) – 무이네(Mui Ne) 이동, 관광(화이트 샌듄, 레드 샌듄, 요정의 샘, 어촌마을/5일) – 나트랑(Nha Trang) 이동, 시내관광, 공항이동(6일) – 인천도착(7일)

7박 9일~9박 11일 | 나트랑 – 달랏 – 무이네 – 호치민

나트랑(Nha Trang) 입국, 숙소휴식(1일) – 나트랑 빈펄 랜드, 호핑 투어(2일) – 나트랑 시내관광(3일) – 달랏(Dalat) 이동, 시내관광(타딴라 폭포, 크레이지 하우스/4일) – 달랏 엑티비티(캐녀닝 등 엑티비티 /5일) – 무이네(Mui N) 이동, 관광(화이트 샌듄, 레드 샌듄, 요정의 샘, 어촌마을/6일) – 무이네 해양스포츠(서핑, 카이트 서핑 평균 3일, 배우는 기간만큼 일정이 늘어남/7일) – 나트랑(Nha Trang) 이동, 시내관광, 공항이동(8일) – 인천도착(9일)

베트남은 안전한가요?

나 홀로 여행도 가능한 치안

사회주의 국가인 베트남은 동남아시아에서 가장 안전하다고 손꼽히는 치안이 좋은 국가이다. 혼자 여행하거나 여성이라도 안심하고 여행할 수 있다.
물론 관광객을 노리는 소매치기 등의 사건은 발생하지만 치안 때문에 여행하기 힘들다는 이야기는 듣기 힘들 정도이며 밤에 돌아다녀도 위험하다고 생각하지 않는 여행자가 대부분이다.

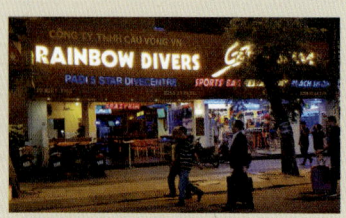

숙소의 보이는 장소에 돈을 두지 말자.

호텔이든 홈스테이든 어디에서나 돈이 될 만한 물품은 숙소의 보이는 곳에 놓지 말아야 한다. 금고가 있으면 금고에 넣어두면 되지만 금고가 없다면 여행용 캐리어에 잠금장치를 하고 두는 것이 도난사고를 방지할 수 있다. 도난 사고가 나면 5성급 호텔도 모른다고 말만 하기 때문에 자신이 직접 조심하는 것이 좋다.

슬리핑 버스에서 중요한 물품은 가지고 타야 한다.

슬리핑 버스를 타면 버스 밑에 짐을 모두 싣고 탑승을 하는 데 이때 가방이 없어지는 사고가 발생하기도 한다. 자신의 짐인지 알고 잘못 바꿔가는 사고도 있지만 대부분은 가방을 가지고 도망을 가는 도난 사고이다. 중요한 귀중품은 몸에 가까이 두어야 계속 확인이 가능하다.

환전소와 ATM

베트남에서 문제가 많이 발생하는 장소는 택시와 환전에 관련한 사항이다. 오토바이를 이용한 날치기는 가끔씩 방심할 때에 발생한다. 그러므로 환전소나 ATM에서는 반드시 가방이나 주머니에 확실하게 돈을 넣어두고 좌우를 확인하고 나서 나오는 것이 좋다. 또한 중요한 짐은 몸에 지니는 것이 좋다. 가방은 날치기가 가장 쉬운 물건이다.

환전

베트남 통화는 '동(VND)'으로 1만 동이 약 532원이고 자주 환율이 조금씩 변화되고 있다. 기본 통화의 계산 단위가 1천동 이상부터 시작하는 높은 환율에 생각보다 계산이 쉽지 않다. 한국 돈으로 빠르게 환산하여 금액이 얼마인지 확인하는 것이 중요하다.

누구나 베트남 동(VND)을 원화로 환산하는 계산법은 이보다 더 좋은 방법은 없다. 베트남 물품의 금액에서 '0'을 빼고 2로 나누면 대략의 금액을 파악할 수 있다. 처음에는 어렵다고 느껴질 수도 있지만 하루만 계산을 하다보면 쉽게 알 수 있는 방법이다. 즉 계산금액이 120,000동이라면 '0'을 뺀 12,000이 되고 '÷2'를 하면 6,000원이 된다.

미국달러로 환전해 가는 관광객도 있다. 대한민국에서 미국 달러로 환전한 후 베트남 현지에 도착해 달러를 동(VND)으로 환전하는 것이 금전적으로 약간의 이득을 보기 때문이다. 은행에서 환전을 하면 주요통화가 아니라서 환율 우대를 받지 못하기 때문에 환전 금액이 크다면 미국달러로 환전을 하는 것이 좋다. 달러 환전은 환율 우대를 각 은행에서 받을 수 있고 사이버 환전을 이용하거나 각 은행의 어플리케이션을 사용하면 최대 90%까지 우대를 받을 수 있기 때문에 환전을 할 때마다 이득을 보므로 베트남에서 사용하는 금액이 크다면 달러로 반드시 환전해야 한다.

소액을 환전할 경우 원화에서 동으로 바꾸거나 원화에서 달러로 바꾸었다가 동(VND)으로 바꾸어도 큰 차이가 나는 것은 아니다. 또한 베트남 현지에서 환전이 가장 쉽고 유통이 많이 되는 100달러를 선호하기 때문에 100달러로 환전해 베트남으로 여행을 하는 것이 최선의 방법이다.

베트남 현지의 주요 관광지에서는 미국달러로도 대부분 계산이 가능하다.

> **1$의 유용성**
> 베트남 여행에서 호텔이나 마사지숍을 가거나 택시기사 등에게 팁을 줘야 할 때가 있다. 이때 1$를 팁으로 주면 베트남 동을 팁으로 줄 때보다 더 기쁘게 웃으면서 좋아하는 베트남 인들을 보게 된다. 그만큼 베트남에서 가장 유용하게 유통이 되는 통화는 미국달러이다.

베트남 여행경비를 모두 환전해야 하나요?

베트남에서 사용하는 여행경비는 실제로 가늠하기가 쉽지 않다. 왜냐하면 다양한 목적으로 베트남을 방문하는 관광객이 너무 많아서 그들이 사용하는 경비는 개인마다 천차만별로 달라지고 있다. 하지만 사용할 금액이 많다고 베트남 동(VND)으로 두둑하게 환전하는 것은 좋지 않다. 남아서 다시 인천공항에서 원화로 환전하면 환전 수수료 내고 재환전해야 하므로 손해이다. 그러므로 달러로 바꾸었다가 필요한 만큼 현지에서 환전하면서 사용하는 것이 최선의 방법이다.

어디에서 환전을 해야 하나요?

베트남 여행에서 환전을 어디에서 해야 하는지 질문을 하는 사람들이 많다. 베트남은 공항의 환전율이 좋지 않다. 그러므로 공항에서는 숙소까지 가는 비용이나 하루 동안 사용할 금액만 환전하고 다음날 환전소에 가서 환전을 하는 것이 좋은 방법이다.

시내의 환전소는 매우 많다. 주로 베트남 주요도시에 다 있는 롯데마트 내에 있는 환전소가 환율이 좋다. 또한 한국인들이 주로 찾는 관광지 인근이 환율을 좋게 평가해준다. 또한 환전을 하면 반드시 맞게 받았는지 그

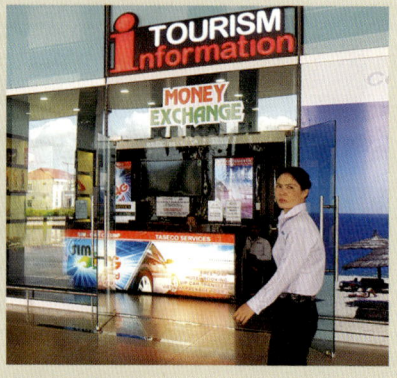

자리에서 확인을 하고 가야 한다. 시내 환전소에서 환율을 높게 쳐주었다고 고마워했는데 실제로 확인을 안했다가 적은 금액을 받았다면 아무 소용이 없을 것이다. 그런데 이런 일은 빈번하게 발생하는 소액사기의 한 방법이므로 반드시 환전하고 확인하는 습관을 갖는 것이 좋다.

ATM사용

가지고 간 여행경비를 모두 사용하면 ATM에서 현금을 인출해야 할 때가 있다. 신용카드나 체크카드 모두 출금이 가능하다. 인출하는 방법은 전 세계 어디에서나 동일하므로 현금인출기에서 영어로 언어를 바꾸고 나서 인출하면 된다. 수수료는 카드마다 다르고 금액과 상관없이 1회 인출할 때 수수료가 같이 빠져나가게 된다.

베트남에 오래 머물게 되면 적당한 금액만 환전하고 현금인출기에서 필요한 금액을 인출해 사용하는 것이 더 요긴할 때가 많다. 도난 사고도 방지하고 생활하는 것처럼 아끼면서 사용하는 것이 환전이득을 보는 것보다 적게

나트랑 캄란 공항의 현금인출기ATM는 공항을 나가 정면으로 걸어가 도로가 나오면 왼쪽을 바라보면 나온다. 벽에 가려있기 때문에 찾기가 쉽지 않다.

경비를 사용할 때도 많기 때문에 장기여행자는 환전보다 인출하는 것이 좋은 방법이다.

인출하는 방법

① 카드를 ATM에 넣는다.
② 언어를 영어로 선택한다.
③ 비밀번호를 입력한다. 이때 반드시 손으로 가리고 입력해 비밀번호가 노출되지 않도록 한다. 비밀번호는 대부분 4자리를 사용하는 데 가끔 현금인출기에서 6자리를 원한다면 자신의 비밀번호 앞에 '00'을 붙여 입력하면 된다.
④ 영어로 현금인출이라는 뜻의 'Withdrawel'이나 'Cash Withdrawel' 선택한다.
⑤ 그리고 현금 계좌인 Savings Account를 누른다.
⑥ 베트남 현지 통화인 동(VND)을 선택하게 되는 데 최대금액이 3,000,000동(VND)까지 인출할 수 있는 현금인출기가 많다. 최대 5,000,000동(VND)까지 인출하는 현금인출기도 있으므로 인출할 때 확인할 수 있다.

주의사항

현금을 인출하고 나서 나갔을 때 아침이나 어두운 저녁 이후에 소매치기를 당하지 않도록 주머니나 가방에 잘 넣어서 조심히 나가는 것이 좋다. 대부분 신용카드와 통장의 계좌를 같이 사용하기 때문에 비밀번호가 노출되면 카드도용 같은 사고가 발생하고 있으므로 조심해야 한다.

심 카드(Sim Card)

베트남은 휴대폰 요금이 매우 저렴해서 4G 심 카드^{Sim Card}를 구입해 한달 동안 무제한데이터를 등록해서 사용하면 편리하다. 다 사용하면 휴대폰 매장에 가서 충전을 해달라고 하면 50,000동과 100,000동 정도를 다시 구입해 1달 정도 이상 없이 사용할 수 있다.

공항에서 심 카드^{Sim Card}를 구입하면 여권을 제시해야 한다. 이때 사기가 아닌지 걱정하는 관광객이 많은데 법으로 심 카드^{Sim Card}를 구입할 때 이용자등록을 해야 한다. 그래서 여권을 잃어버리지 않으려면 공항에서 사는 것이 가장 안전한 방법이다. 구입을 하고 나면 충전만 하면 되기 때문에 여권은 필요가 없다. 공항에서 구입하는 것이 가장 편리하고 여권을 잃어버리거나 현금을 잃어버리는 일이 없기 때문에 공항이 비싸다고 해도 공항을 이용하는 것이 현명하다.

충전을 하면 이렇게 종이로 된
입력 번호를 받고 입력하면 된다.

무제한 데이터

대한민국에서 신청을 하고 오는 관광객은 그대로 핸드폰을 켜면 무제한 데이터가 시작이 되고 문자가 자신의 핸드폰으로 발송이 되므로 이상 없이 사용할 수 있다. 예전처럼 무제한 데이터를 사용하지 않아도 많은 금액이 자신에게 피해가 되어 돌아오지 않기 때문에 걱정할 필요가 없게 되었다. 또한 하루동안 무제한 사용할 수 있는 금액이 매일 10,000원 정도였지만 하루 동안 통신사마다 베트남에서 무제한 데이터 사용금액이 달라졌기 때문에 사전에 확인을 하고 이용하는 것이 좋다.

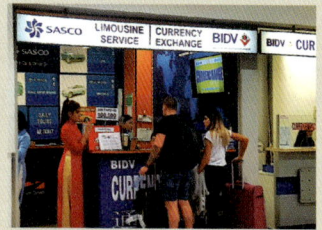

베트남여행 긴급 사항

베트남 내 일부 약품(감기약, 지사제 등)은 처방전이 없어도 구입이 가능하나 전문적인 치료약의 경우에는 처방전이 있어야만 구입이 가능하다. 몸이 아플 경우, 말이 잘 통하지 않는 상태에서 약국 약사의 조언만으로 약을 복용하는 것보다 가능하면 전문의의 진료를 받은 후 처방전을 받아 약을 구입·복용하는 것이 타국에서의 2차 질병을 예방하는 길이다.

긴급 연락처
범죄신고 : 113
화재신고 : 114
응급환자(앰뷸런스) : 115
하노이 이민국 : 04) 3934-5609
하노이 경찰서 : 04) 3942-4244
Korea Clinic : 04) 3843-7231, 04) 3734-6837
베트남-한국 치과 : 04) 3794-0471
SOS International 병원 : 04) 3934-0555(응급실), 04) 3934-0666(일반진료상담)
베트남 국제병원(프랑스 병원) : 04) 3577-1100
Family Medical Practice : 04) 3726-5222 (한국인 간호사 및 통역원 상주)

의료기관 연락처
베트남 내에서 응급환자가 생겼을 경우, 115번으로 전화하여 구급차를 부를 수 있으나 거의 대부분의 115번 전화 안내원이 베트남어 구사만 가능하기 때문에 실질적으로 외국인이 이 서비스를 이용하기에는 결코 쉬운 일이 아니다.

베트남여행 사기 유형

환전

베트남 화폐의 단위가 크기 때문에 혼동되는 것을 이용하는 사기이다. 환율을 제대로 알려주지 않고 환전을 하는 것과 제대로 금액을 확인 시켜주지 않고 환전을 하면서 대충 그냥 넘어가려고 한다. 금액을 확인하려고 하면 환전수수료(Fee)를 요청하지만 환전에는 수수료가 포함되는 것이니 환전수수료는 존재하지 않는다는 사실을 알고 정확하게 금액을 알려달라고 똑 부러지게 이야기해야 한다. 공항에서부터 기분이 나빠지는 가장 많은 유형으로 미국달러를 가지고 가서 환전해도 사기를 당하면 아무 소용이 없어진다. 은행에서 환전을 하는 것이 가장 안전하고 사설 환전소는 사람에 따라 환전사기를 하기 때문에 반드시 확인하는 습관을 길러야 한다.

택시

택시는 비나선Vinasun, 마일린Mailin이 모범택시에 가깝다. 공항에서 내리면 다양한 택시 회사가 있어서 타게 되면 요금이 2배로 비싸지기도 하여 조심해야 한다. 상대적으로 공항이용객이 많지 않은 나트랑의 캄란 국제공항에서는 택시사기가 많지 않으나 조심해야 한다.

주위의 접근은 다 거절하고 택시를 타는 곳에 있는 하얀 와이셔츠와 검은 바지를 입고 마일린 택시나 마일린 잡아주는 택시를 타는 것이 안전하다. 때로는 택시 기사에 따라 소액의 사기를 당하는 경우도

있다. 공항에서 나와 시내로 이동할 때 당하는 수법으로 마일린Mailin, 비나선Vinasun 택시를 타면 이상이 없다고 말하지만 때로는 회사가 비나선Vinasun이나 마일린Mailin이라도 택시기사에 따라 달라진다. 공항에서 시내는 미터기를 이야기하면서 이상 없다고 타게 되는데 사전에 얼마의 금액이 나오는지 미리 알고 싶다고 이야기하고 확인하고 탑승을 해야 한다. 거스름돈을 주지 않는 택시기사가 대부분이므로 거스름돈을 팁Tip으로 줄려고 하지 않는다면 반드시 달라고 해야 한다.

나트랑Nha Trang의 택시 대신에 그랩Grab을 이용하면 사기는 막을 수 있다. 그랩Grab은 사전에 제시한 금액 이외에는 지급을 하지 않아도 되기 때문이다. 그랩Grab이 반드시 택시보다 저렴하지 않으므로 택시를 정확하게 확인만 한다면 시내까지 이상 없이 이동할 수 있다. 요즈음 차량 공유서비스인 그랩Grab을 많이 사용하고 있어서 자신이 그랩Grab의 기사라고 하면서 접근하는 경우도 있는데 그랩은 절대 먼저 접근하지 않는다.

빈도가 높은 유형

많이 사기를 당하는 유형은 많이 알려져 있지만 다시 한번 상기를 하는 것이 좋아 소개한다.
공항에서 내려서 짐을 들고 나오면 택시기사들이 마일린(Mailin) 명함을 보여주며, 자신이 마일린Mailin 택시기사라고 하면서 따라오라고 하는 것이다. 따라가면 공항내의 주차장에 세워진 일반 승용차에 타라고 한다. 미터기는 없으니 수상하여 거절하고 공항으로 다시 가려고 하면 짐을 빼앗아 가기도 한다. 이때는 당황하지 말고 탄다고 하면서 어떻게든 짐을 돌려받아야 한다. 짐을 받으면 그때부터 따지면서 타지 말고 공항으로 돌아가야 한다.

가장 많은 사기 유형은 미터기가 없냐고 물어보면 괜찮다고 하면서 어디까지 가느냐고 물으면서 도착 지점까지 20만동에 가주겠다고 흥정을 한다. 그런데 이 흥정부터 받아주면 안 된다. 받아주는 순간부터 계속 끈질기게 다가오면서 흥정으로 마음을 빼앗으려고 계속 말을 걸어온다. 당연히 가보면 200만동을 달라고 하는 어처구니없는 일이 발생하게 된다. 안 주려고 하면 내놓으라고 억지를 쓰고 경찰을 부른다는 협박까지 하게 된다. 그러면 무서워 울며 겨자 먹기로 돈을 주는 관광객이 발생하게 된다.
최근에는 이런 사기 유형은 많이 없어지고 있다. 명함을 주는 택시기사는 없다. 그들은 명함을 위조하여 가지고 있지만 관광객이 모를 뿐이다. 그들은 택시회사의 종류별로 다 가지고 있다. 또한 차가 승용차 같다면 바로 거절하여야 하고 미터기가 없으면 거절하여야 한다.

택시비 사기 유형과 대비법

마일린Mailin, 비나선Vinasun 택시를 타도 기사가 나쁜 사람이라면 어쩔 수가 없다. 택시비를 계산하려고 지갑에서 돈을 꺼내려 하면 다른 잔돈이 없냐고 물어보면서 지갑을 낚아채 간다. 당연히 내놓으라고 소리도 치고 겁박도 하면 지갑을 되돌려 받는데, 낚아채가는 짧은 순간에 이미 돈이 일부 사라져있다.
택시기사가 전 세계의 지폐에 관심이 많다고 하면서 대한민국 화폐를 보여 달라고 하면서 친근하게 말을 거는 경우이다. 이것도 똑같이 지갑을 손에 잡는 순간, "이거야?" 하면서 지갑을 빼앗아가고, 지갑을 돌려받아 확인하면 돈이 없어지는 상황이 발생한다.
택시를 탈 때 20만 동이나 50만 동 지폐는 꺼내지 않는 것이 좋다. 편의점이나 작은 상점에서 꼭 잔돈으로 바꾸고 택시를 타야 한다. 미리 예상비용에서 5~10만 동 정도만 더 준비하여 주머니에 넣어놓고 내릴 때 요금에 맞춰서 내면 문제가 발생하지 않는다.

소매치기

이 소매치기는 전 세계 어디에서나 마찬가지인데 정말 당할 사람은 당하고, 의심이 많고 조심하면 안 당하게 되는 것 같다. 베트남에 6개월이 넘는 기간 동안 머물고 있지만 한 번도 본적도 없고 당한 적도 없다. 하지만 크로스백에 필요한 물품만 들고 다니기 때문에 표적이 될 가능성이 적다. 또한 여행하는 날, 당일에 필요한 돈만 가지고 다닌다. 그래도 소매치기를 당하는 이야기를 들었기 때문에 조심하도록 알려드린다.

가장 많이 당하는 유형은 그랩Grab의 오토바이를 타고 이동하는 중에 배 앞에 놓인 가방을 노리고 오토바이로 다가와 갑자기 손으로 낚아채 가는 것으로 호치민이나 하노이 같은 대형도시에서 많이 일어난다. 아니면 길을 건널 때 다가와서 갑자기 가방의 팔을 치고 빠르게 달아난다. 소매치기를 시도해도 당하지 않으려면 소매치기가 가방을 움켜쥐어도 몸에서 떨어지지 않도록 대비하는 것이 유일한 방법이다. 요즈음은 가방도 잘 안 들고 다니는데 없는 게 더 안전한 방법일 것이다.

옆으로 메는 크로스백(Cross Bag)
끈을 잘라서 훔쳐간다. 벤탄 시장 같은 큰 시장의 많은 사람들이 몰리는 곳은 한번 들어갔다가 나오면 열려있는 주머니를 발견할 수도 있다.

뒤로 메는 백팩(Back Pack)
제일 당하기 쉬워서 시장에서 신나게 흥정을 하고 있을 때에 표적이 된다. 뒤에서 조심조심 물건을 빼 가는 데 휴대폰이나 패드, 스마트폰이 표적이 된다. 사람이 많이 몰리는 곳에서는 백팩은 앞으로 매고 다니는 것이 좋다. 백팩은 버스 같은 대중교통을 이용할 때에 많이 당하게 된다. 버스를 타고 내릴 때 지갑만 없어져 버리기도 한다.

허리에 메는 전대
허리에 메고 다니는 전대는 베트남 사람들은 전혀 안하는 스타일의 가방이라서 많이 쳐다보게 된다. 허리에 있으나 역시 사람들이 많이 있으면 허리에 있는 전대는 보이지 않으므로 소매치기의 표적이 된다.

도로, 길

대한민국처럼 핸드폰을 보면서 길을 걸으면 사고위험도 높아지고 소매치기의 좋은 타깃이 된다. 길에서 핸드폰의 사용은 자제하고 꼭 봐야한다면 도로의 안쪽에서 두 손으로 꼭 잡고 하는 것이 안전하다. 특히 대도시의 작은 골목에서 사진을 남기고 싶은 마음에 사진을 찍다가 핸드폰을 소매치기에게 빼앗긴 관광객이 많다. 그러면 카메라를 쓰면 소매치기의 표적이 안 되느냐 하면 그것도 아니다. 정겨운 골목길의 사진을 찍고 싶은 마음에 사람

이 없는 골목으로 들어가서 사진을 찍고 있으면 골목 어디에선가 갑자기 오토바이가 '부응~~~'하고 다가와서 핸드폰을 채고 가버린다. 그러니 항상 조심하도록 하자. 현지인들이 사는 골목에 외국인 관광객이 들어가면 그들도 이상하여 쳐다보게 된다. 또한 소매치기가 어디에서인가 주시하고 있다.

핸드폰은 카페의 안에 앉아 사용하거나 사진을 찍고 싶으면 혼자가 아닌 2명이상 같이 다녀서 표적이 되지 않도록 조심해야 하고 도로를 걷고 있으면 휴대폰은 안쪽으로 들고 있거나 휴대폰을 안쪽에서 보도록 조심해야 한다. 또한 오토바이 소리가 난다 싶으면 핸드폰을 꼭 잡고 조심하도록 해야 한다.

인력거인 '릭샤Rickshaw'를 타고 가다가 기념하고 싶어서 긴 셀카봉에 핸드폰을 달아서 셀카를 찍고 있으면 인력거 밖에서 오토바이를 타고 셀카봉을 채가는 일이 최근에 많이 발생하고 있다.

카메라

최근에는 핸드폰으로 많이 사진을 찍기 때문에 빈도는 높지 않다. 커다란 카메라를 목에 걸고 다니는 관광객이 표적이 된다. 베트남 소매치기는 목에 걸고 다니든 허리에 걸고 다니든 상관을 안 한다.

오토바이로 채가면서 목에 걸고 있는 카메라를 빼앗기는 상황에서 넘어지게 되는데 카메라 줄이 목이 졸리게 되든지 다른 오토바이에 치이든지 상관을 안 하게 되므로 사고의 위험이 높다.

목에 걸고 있으면 위험하다. 사진을 찍고 나서 가방에 잘 넣어놔야 한다. 삼각대를 사용해 사진을 찍는 관광객은 대도시의 관광지에서는 삼각대에 놓는 순간 사라질 수 있다는 사실을 알고 조심해야 한다.

베트남 여행의 주의사항과 대처방법

로컬 시장

시장이 활기차고 흥정하는 맛도 있어서 시장을 선호하는 관광객도 많다. 시장에서는 늘 돈을 분산해서 가지고 다니는 것이 안전하다. 베트남사람들 앞에서 돈의 액수가 얼마나 있는지 보여 주는 것은 좋지 않다. 의심이라고 할 수도 있지만 문제가 발생하기 때문에 어쩔 수가 없다. 시장을 갈 일이 생기면 예상되는 이동거 리의 왕복 택시비를 주머니에 넣고 혹시 모르는 택시비의 추가 경비로 10만동정도를 가지고 시장에서 쓸 돈은 주머니에 넣는다. 지폐는 손에 들고 다녀도 된다.

레스토랑 / 식당

음식점에서 음식값이 다르게 계산되는 일은 빈번히 일어난다. 가장 빈번한 유형은 내가 주문하지 않은 음식이 청구되어 계산서에 금액이 올라서 놀라는 것이다. 2,000동 정도이면 물수건 사용금액이고, 10,000동이면 테이블위에 있는 서비스로 된 땅콩 등이 청구되는 것이지만 계산서에는 150,000~200,000동 정도가 추가되 어 있는 것이다. 그러므로 계산을 할때는 반드시 나가기 전에 확인을 하고 하나하나 확인하는 것이 유일한 대비법이다.

다른 관광객은 "뭐 그렇게 따지냐?"하고 생각할 수 있지만 당하지 않으면 기분이 나쁜 것을 모른다. 그러므로 반드시 확인해야 한다. 베트남에 오랜 시간 동안 있었지만 이것은 오래였던지 처음이던지 상관없이 어디에서나 일어나는 일이고 베트남 사람들도 반드시 계산할 때에 확인하는 습관이 있다는 사실을 알고 있다면 일일이 따지는 것은 문제가 되지 않는 행동이며 당연하게 확인해야 하는 습관이다.

레스토랑이 고급이던지 아니던지 상관없이 당당하게 과다청구 하는 경우는 흔하다. 만약 영수증이 베트남어로 되어 있다면 확인은 어렵지만 일일이 물어보면 확인할 수 있다.

베트남은 해산물 음식이 저렴하지 않다. 관광객은 동남아 국가이기 때문에 막연하게 해산물이 저렴하다고 생각하지만 저렴하지 않기 때문에 청구되는 음식가격도 만만치 않은 금액이 된다. 가격을 확인하지 않고 주문하면 계산서에 나오는 금액은 폭탄맞은 상황이 될 수 있어서 주문할 때도 확인을 하면서 해산물을 주문하는 것이 좋다. 늘 주문하기 전에 가격을 확인하는 습관이 필요하다.

팁TIP 문화

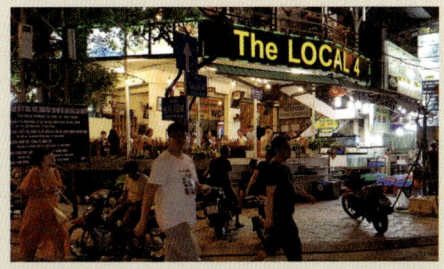

원래부터 베트남에 팁TIP문화가 있었던 것은 아니지만, 최근에 해외 관광객의 증가로 인해 차츰 팁을 주는 분위기가 생겨나고 있다. 호텔이나 고급 레스토랑 등에서 일하는 종업원들은 손님으로부터 약간의 팁을 받는 것을 기대하고 있다. 그럴 때 팁 금액이 크지 않으므로 적당하게 팁을 주는 것이 더 좋은 서비스를 받을 수 있는 방법이기도 하다. 팁TIP 금액은 호텔 포터는 10,000~20,000동, 침실 청소원은 10,000~20,000동, 고급 레스토랑은 음식가격의 5%이내 정도이다.

신용카드

해외에서 여행을 하면 해외에서도 사용이 가능한 비자와 마스터 카드 등을 가지고 온다. 베트남에서 유명한 호텔이나 롯데마트 등에서 비자카드 사용은 괜찮다. 그런데 이중결제가 되는 경우가 은근이 많다. 어제, 결제했는데 갑자기 오늘 또 결제된 문자가 날아오는 경우도 있다. 수상한 문자가 계속 오기 때문에 기분이 찜찜한 것은 어쩔 수 없다. 레스토랑에서 신용카드로 결제하고 이중결제가 된 경험 이후에는 반드시 현금으로 결제를 하는 습관이 생겼다. 음식 가격이 부족하다면 인근의 ATM에서 현금인출을 하고 현금으로 주게 된다.

그랩(Grab)

그랩Grab은 동남아시아 여행에서 반드시 필요한 어플이다. 차량 공유서비스인 그랩Grab으로 위치와 금액을 확인하고, 확인된 기사와 타면 된다. 간혹 관광지에서 그랩Grab의 기사를 찾는 것이 택시기사 찾는 것 보다 힘든 경우가 있지만 대부분의 상황에서 그랩Grab은 편리한 이동 서비스이다.

가끔 이동하는 장소까지 택시를 타려고 하면, "지금 시간이 막히는 시간이라 2배 이상의 가격을 달라"는 것은 베트남에서 현지인에게도 흔하게 발생하는 일이다. 그래서 "안탄다." 하고 내리면 흥정을 하면서 타고고 하는 경우가 흔하다. 그래서 현지인들도 그랩Grab을 상당히 많이 이용하고 있다. 꼭 택시를 타야 하는 상황이 아니면 그랩Grab 오토바이도 나쁘지 않다. 그랩Grab으로 아르바이트를 하는 학생들도 있어서 택시보다 잘 잡힌다. 그랩Grab 어플에 결제수단으로 카드를 등록해놓는 데 비양심적인 기사가 가격을 부풀려서 결제해버리는 경우가 있다. 그래서 반드시 현금으로 결제를 하는 것이 좋은 방법이다.

버스 이동 간 거리와 시간(Time Table)

베트남은 남북으로 길게 해안을 따라 이어진 국토를 가지고 있어서 북부의 하노이^(Hanoi)와 남부의 호치민^(Ho Chi Minh)은 역사적으로나 문화적으로 다른 특징을 가지고 있었다. 프랑스의 식민지가 되면서 베트남이라는 나라로 형성되면서 현대 베트남의 기초가 만들어졌다. 호치민이 베트남전쟁을 통해 남북을 통일하면서 하나의 베트남이 탄생하게 되었다.

그러므로 베트남 전체를 여행하려면 남북으로 길게 이어진 도시들을 한꺼번에 여행하기는 쉽지 않다. 그래서 베트남 도시들은 북부의 하노이^(Hanoi), 중부의 다낭^(Da Nang), 중남부의 나트랑^(Nha Trang), 남부의 호치민^(Ho Chi Minh)이 거점도시가 된다. 이 도시들은 기본 도시로 약12시간이상 소요되는 도시들로 베트남의 대도시라고 할 수 있다. 중간의 작은 도시들이 4~8시간을 단위로 묶여서 하루 동안 많은 버스들이 오고 가고 있다.

남부의 호치민^(Ho Chi Minh)과 중남부의 나트랑^(Nha Trang)은 10시간을 이동하는 도시로 해안을 따라 이동하므로 이동거리가 길지만 시간은 오래 걸리지 않는다. 하지만 호치민^(Ho Chi Minh)에서 고원도시인 달랏^(đà lạt)까지 거리는 짧지만 이동시간은 길다.

각 도시를 연결하는 버스들은 현재 4개 회사가 운행 중이지만 넘쳐나는 베트남 관광객으로 실제로는 더 많은 버스회사들이 운행을 하고 있다. 호치민에서 달랏, 푸꾸옥과 나트랑에서 푸꾸옥까지는 매시간 다양한 버스회사의 코치버스가 운행을 하고 있다.

베트남의 각 도시를 이어주는 코치버스는 일반적으로 앉아서 가는 버스도 있지만 이동거리가 길어서 누워서 가는 슬리핑 버스가 대부분이다. 예전에는 앉아서 가는 버스도 많았지만 점차 슬리핑버스로 대체되고 있는 상황이다.

나트랑 IN

대한민국의 여행자는 까다롭게 여행지를 선택한다. 여행지를 선택하는 것에 있어서 여행 경비가 중요한 선택 요소로 작용하기 때문에 최근 베트남여행을 선택하는 여행자들은 더욱 늘어나고 있다. 현지 물가만 저렴하다고 선택하지 않는다.
관광지와 휴양지가 적절하게 조화가 되어야 여행지로 선택되고 여행을 떠나게 된다. 그 중에서도 소개할 나트랑Nha Trang이 다낭을 이어 신흥 강자로 떠오르고 있다. 1월부터 8월까지가 여행하기에 좋은 건기, 9월부터 12월까지가 우기이기 때문에 대한민국이 추운 겨울일 때 따뜻한 베트남으로 떠나는 관광객은 계속 늘어나고 있다. 현지에서는 '냐짱'으로 불리며 전 세계 여행자들을 유혹하는 베트남 나트랑 여행자는 대한민국을 넘어 전 세계로 확대되고 있다.

비행기

인천에서 출발해 나트랑까지는 약5~5시간 15분이 소요된다. 대한항공은 20시 35분이며 제주항공은 22시 10분으로 저녁에 출발한다.
비엣젯항공은 새벽 1시 50분에 출발하므로 직장인도 퇴근하고 바로 공항으로 이동해 출발할 수 있는 일정이지만 나트랑에 도착하면 23시 45분, 1시 35분, 5시 25분으로 밤 늦거나 새벽에 도착하여 공항에는 아무도 없을 때에 도착하는 단점이 있다. 그래서 공항버스를 이용하는 경우가 거의 없고 택시나 그랩Grab을 이용하거나 차량 픽업서비스를 이용할 수밖에 없다. 피곤한 시간에 도착하므로 최근에 미리 연락을 해두고 차량픽업서비스를 이용하는 관광객이 많아졌다.

NHA TRANG • PHÙ QUỐC

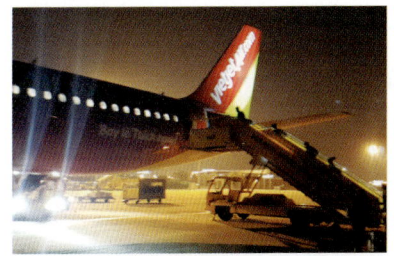

깜 란(Cam Ranh) 국제 공항

나트랑Nha Trang은 베트남 남부에 위치한 카인호아 성의 성도로, 호치민에서 북동쪽으로 약 450km 떨어져 있다. 깜 란Cam Ranh 국제공항이 나트랑Nha Trang 베트남 카인호아 성과 깜라인 만에 위치한 국제공항으로 시내에서 남쪽으로 35km 정도 떨어져 있다.

국내에서 베트남 나트랑Nha Trang으로 가는 비행기는 대한항공과 제주항공으로 모두 직항으로 가능하다.

베트남 국적기인 베트남항공과 최근 새롭게 인기를 끌고 있는 저가 항공사로 비엣젯 항공Vietjet Air이 있다. 저가항공은 합리적인 가격을 무기로 계속 취항하는 항공사가 늘어날 것으로 보인다. 앞으로 나트랑Nha Trang을 지속적으로 운항하는 항공사와 항공 편수는 지속적으로 늘어날 것으로 보인다.

깜 란Cam Ranh 국제공항의 새로운 공항이 면적이 13,995㎡으로 현대적이면서도 환경 친화적으로 설계되었다. 주차장

베트남 항공(Vietnam Airlines)

대한항공이 대한민국의 국적기라면 베트남항공은 베트남의 국적기이다. 베트남 전역의 19개 도시와 아시아, 호주, 유럽, 북미 등 19개국 46개 지역에 취항하고 있는 항공사이다. 의외로 기내식이 맛있고 좌석도 넓은 편이라서 편하다는 느낌을 받는다. 새벽6시10분에 출발해 9시 20분(월, 수, 목, 일)에 도착, 밤 21시40분에 출발해 새벽 4시 30분(화, 수, 토, 일)에 도착하는 2편을 운항하고 있다. 오전에 도착하는 유일한 항공편이다. 하노이나 호치민을 거쳐서 1회 경유하는 항공편도 매일 운항하고 있다. 돌아오는 항공편은 21시 40분에 나트랑에서 출발해 인천 국제공항에는 새벽 4시 30분에 도착한다.

비엣젯 항공(Vietjet Air.com)

베트남의 저가항공사인 비엣젯 항공은 베트남의 경제성장과 함께 무섭게 동남아시아의 저가항공의 강자로 부상하고 있는 항공사이다. 2007년 에어아시아의 자회사로 시작해 2011년 에어아시아에서 지분을 매각하자 비엣젯Vietjet으로 사명을 변경하고 난 후에 베트남을 대표하는 저가항공사로 성장했다. 에어아시아와 로고와 사이트, 빨강색의 '레드'컬러를 강조하는 것도 비슷하다. 새벽에 출발하기 때문에 나트랑에 도착하면 아침까지 기다렸다가 시내로 들어가는 여행자도 있어서 불편한 시간대라는 여행자도 있지만 돌아오는 항공편은 오후4시 5분으로 무난하다.

과 면적이 33,920㎡으로 완료하여 2018년 6월에 오픈되었다. 러시아워에 승객의 이용인원은 800명 정도 된다. 그중에 국내 역에 러시아워 시간에 승객의 600명, 국제 역에 200명이 된다.

현재 깜 란$^{Cam Ranh}$ 국제공항에는 국내 항공회사 3개와 국재 항공회사의 4개가 사업을 하고 있다. 대한항공, 제주항공과 베트남 저가항공인 비엣젯 항공, 베트남 항공이 운항을 하고 있다. 공항 주변에는 두엔하 리조트, 노보텔, 더아남 리조트, 미아 리조트, 나트랑 빈펄리조트 풀빌라 선착장 등 나트랑의 인기 호텔 및 리조트를 하차 포인트로 지정해 편의성을 높였다.

이전의 나트랑 국제공항

과거 공군 비행장으로 이용되었으며 2004년 민간공항으로 전환되었다. 나트랑의 활주로 길이는 3,048m이며 2007년 국제공항으로 승격되었다. 새로운 공항이 생기면서 국내선 공항으로 활용하고 있다.

공항버스(18번 / 50,000동)

공항에서 50,000동(약2,500원)으로 가장 저렴하게 시내로 가는 방법은 공항버스를 이용하는 것이지만 버스가 운행하지 않는 시간에 도착하는 대부분의 대한민국 관광객은 이용률이 낮다.

배차간격이 20~30분 간격으로 길어서 한번 버스를 놓치면 기다리는 시간이 길다는 단점과 정차회수에 따라 1시간까지 소요되는 시내도착 시간은 상당히 지루하다. 새벽 5시부터 밤 10시까지 48회를 운행한다고 한다. 막차는 비슷한 시간대에 도착하는 항공편이 늦더라도 30분 정도는 기다리기 때문에 유동적으로 막차 시간은 달라진다.

버스를 타면 차량에 있는 버스직원이 숙소나 목적지를 물어보고 목적지 근처에서 직원이 알려주며 출, 퇴근 시간대가 아니면 약 40분 정도면 시내에 도착하므로 택시와 도착시간이 상당히 달라지지는 않는다는 것과 생수 1병을 제공하는 장점이 있다.

티켓구입

공항을 나와 횡단보도를 건너 오른쪽으로 돌아가면 빨간색 원으로 티켓 구입 장소에 책상이 있고 여성이 의자에 앉아 판매한다고 표시되어 있다.

택시

나트랑 깜란 국제공항은 나트랑 시내와 35㎞정도 떨어진 상당히 먼 공항이다. 그래서 시내까지 이동비용이 비싸다. 보통 450,000~550,000동까지 금액을 택시기사들이 부르고 있다. 호치민이나 하노이에 비해 2배정도의 금액이다. 그 이유는

공항이 시내에서 멀기 때문에 비용이 비싼 것이다. 금액도 비싼 데 바가지까지 쓴다면 정말 화가 날 수 있다. 그러므로 사전에 택시비를 준비하고 그 금액에서 흥정을 해야 한다. 또한 잔돈을 미리 준비해 택시기사에게 정확한 금액을 주는 것이 좋다. 대부분 잔돈은 돌려주지 않으려고 한다.

차량 픽업 서비스

나트랑 깜란 국제공항은 나트랑 시내와 35km정도 떨어진 상당히 먼 공항이다. 그래서 시내까지 이동비용이 비싸다. 인원이 5명 이상이라면 차량픽업 서비스도 비용이 비싸기는 하지만 택시와 비슷하여 이용하면 편리하고 차량이 미리 와서 대기를 하고 있기 때문에 기다리지 않는 장점이 있다.

가격이 450,000동이기 때문에 비싸다고 생각하지만 5명 정도면 나누어서 5천 원 이내의 비용이기 때문에 비싸다는 느낌이 없다면 사용할 만하다. 나트랑에 늦게 도착하여 피곤할 것 같다면 미리 예약을 하고 이용하는 것도 좋은 방법이다.

공항 픽업 서비스는 택시보다 저렴하면서 동시에 그랩^{Grab}보다 안전하다는 장점이 있다. 늦은 밤이나 새벽에 도착하는 여행자는 피곤하여 숙소로 바로 이동하고 싶을 때에 기다리므로 쉽고 편안하게 이용이 가능하다는 장점이 있다.

픽업서비스 회사, 베나자

여행 프로그램인 KBS의 배틀트립에서 이용한 후에 급격하게 사용률이 늘어난 차량 픽업 서비스회사이다. 미리 카카오톡이나 전화(ID : HSH1010 / 070-7436-1111~2)로 신청을 하고 입금을 하면 만나는 장소를 알려주고 기다리기 때문에 편리하다. 전화보다는 카카오톡으로 대화를 나누고 현지에서 찾지 못하면 톡으로 연락하는 것이 편리하다. 출발날짜, 도착시간, 항공편명, 대표성함, 연락처, 전체 인원을 알려주면 된다. 편리하다는 장점과 지연되거나 출발 전날까지 일정과 시간변경이 자유롭기 때문에 안전하다.

픽업서비스 요금

	4인승	7인승	16인승	30인승	45인승
픽업	20$	30$	45$	70$	90$
샌딩	20$	30$	45$	70$	90$
왕복	36$	55$	80$	130$	160$

샌딩 버스 서비스

여행을 마치고 공항으로 이동하는 여행객들을 위한 샌딩 버스 서비스도 주목할 만하다. 단, 샌딩(Sanding) 서비스는 픽업과 달리 나트랑(Nha Trang) 센터, 빈펄(Vine Pearl) 선착장의 2지점에서만 탑승할 수 있다. 따라서 사전에 동선을 파악해 미리 계획해두는 것이 좋다.

골프 여행자의 장비 이동

추가 요금을 지불해야 하지만 골프 장비나 유모차를 실을 수도 있어 짐이 많은 관광객이나 어린아이와 함께하는 가족여행자도 이용할 수 있다.

나트랑 캄란 국제 공항 미리보기

현재 개발 중인 나트랑 캄란 국제공항은 커다란 도로가 뻥 뚫려있어 시원스러운 느낌이다.

환영한다는 문구가 있는 공항

베트남 공항 입국시 주의사항

1. 베트남 출입국시에는 출입국신고서 작성 없이 여권으로만 출입국심사 받으면 된다. 단 귀국하는 항공편은 반드시 발권이 되어 있어야 한다. 가끔씩 입국시 왕복하는 리턴 티켓을 보여 달라는 세관원이 있으므로 리턴 티켓을 스마트폰으로 찍어서 가지고 있는 것이 좋다.
2. 최종 베트남 출국일로부터 30일 이내에 다시 방문하는 경우에는 반드시 비자를 새로 발급 받아야 한다.
3. 만 14세 미만 아동과 유아 입국 시에는 부모와 함께 동반해야 한다. 제3자와 입국하는 경우에 반드시 사전에 부모동의서를 번역과 공증 후 지참해서 입국해야 한다.
4. 엄마와 입국하는 아동은 종종 영문등본을 보여 달라는 세관원도 있으므로 지참하는 것이 좋다.

NHA TRANG • PHÙ QUỐC

나트랑 캄란 국제공항에는 롯데면세점이 입점해 있어 마치 대한민국의 공항에 도착하는 느낌을 받는다.

입국 심사를 하고 내려오면 짐을 찾을 수 있는 레일이 보인다.

심카드 구매처

현금인출기에서 돈을 인출하려고 해도 어디인지 혼동되는 ATM은 밖으로 나가 4번의 오른쪽으로 보면 나온다.

새롭게 바뀌고 있는 공항, 무인화 시스템

베트남은 저가항공사인 비엣젯 항공(Vietjet Air)이 지속적으로 성장하고 있다. 국토가 남북으로 긴 베트남은 도시 간 이동에서 중요한 역할을 하고 있고 그 비중이 늘어나고 있는 것이 항공수요의 증가이다. 심지어 하노이에서 나트랑(Nha Trang)까지의 이동비용은 기차보다 항공기가 저렴하다. 그러나 비용이 저렴하다고 마냥 좋아할 것이 아니다. 공항에서 보딩패스를 비롯해 심지어 짐을 싣는 순간까지 무인화시스템으로 만들어져 있다.

비엣젯 보딩패스 무인화 시스템

무인화에 익숙하지 않은 저가항공 승객들은 당혹해 하는 데 사전에 사용방법을 확인하고 공항으로 이동하는 것이 좋다.

무인화 시스템 사용방법

1. 순서를 기다렸다가 무인화 기계에서 받은 태그(Tag)를 가방에 부착하고 끝에 있는 조그만 짐 번호표를 1개는 가방에 붙이고, 2번째는 자신이 소지하며, 3번째는 태그(Tag)에 붙어 있어야 한다.

2. 짐을 레인에 올리면 무게가 확인되면서 20kg을 넘으면 절대 이동되지 않는다. 그러므로 20kg이 넘었다면 빨리 여행용 가방에서 일부 짐을 빼서 무게를 맞추어야 한다.

3. 태그(Tag)의 바코드를 기계로 스캔시키면 읽혀지면서 가방은 안으로 이동한다. 다 들어가는 순간까지 기다렸다가 확인하고 출국심사장으로 이동하면 된다.

NHA TRANG • PHÙ QUỐC

주요 항공사 운항 정보

베트남항공 | 인천 → 하노이 → 나트랑 / VN0417 / 10:05~14:15
　　　　　　 인천 → 하노이 → 나트랑 / VN0427 / 10:30~16:40

베트남항공 | 인천 → 호치민 → 나트랑 / VN0409 / 10:15~15:10
　　　　　　 인천 → 호치민 → 나트랑 / VN0423 / 10:00~15:55

대한항공 | 인천 → 나트랑 / KE467 / 20:30~23:45
제주항공 | 인천 → 나트랑 / 7C4903 / 22:10~01:35
비엣젯항공 | 인천 → 나트랑 / VJ839 / 01:50~05:25
베트남항공 | 인천 → 나트랑 / VN144 / 06:20~09:20
　　　　　　 인천 → 나트랑 / VN3409 / 20:35~23:45
티웨이 항공 | 인천 → 나트랑 / TW157 / 22:50~01:50

비엣젯 항공　　　베트남 항공

제주 항공　　　대한항공

시내교통

여행자들의 관심은 대부분 시내와 해변에 몰려 있다. 시내를 다닐 수 있는 교통수단은 다양하고 장단점이 분명하다. 여행자의 이동 목적에 따라 교통수단을 선택하는 것이 좋다.

시내버스

나트랑Nha Trang 버스 노선이 많지 않지만 나트랑 시내를 다니는 시내버스는 1, 2, 7번 버스이다. 대부분의 나트랑Nha Trang 시민들은 나트랑 시내 도심에서 떨어져 있는 외곽에서 살기 때문에 대부분 시민들이 사용하고 있다.

오토바이를 이용해 출 퇴근을 하는 경우도 있지만 먼 거리라면 오토바이 대신 시내버스를 이용하고 있다.

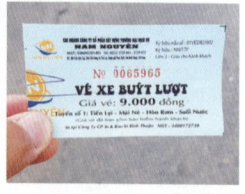

버스 정류장이 있어서 손을 흔들어 세울 수 있고 원하는 정류장에서 내릴 때는 미리 차장에게 말을 하면 세워준다. 버스는 콤비버스 크기로 크지 않고 에어컨도 나오지 않는다. 또한 자리가 부족하기 때문에 서 있거나 바닥에 앉는 경우도 상당수다.

버스는 많은 시민들이 타기 때문에 복잡하고 물건도 많이 가지고 탑승한다. 그래서 내려달라고 'Stop'이라고 크게 외쳐야 한다. 또한 간혹 혼잡한 버스에서 현금이나 지갑을 잃어버리는 일도 발생하므로 현금만 일정금액을 가지고 탑승하는 것이 좋다.

01, 02, 07번 버스 노선도

1번 버스

2번 버스

NHA TRANG • PHÙ QUỐC

택시

아시아택시

베트남에서 실질적으로 여행자의 발이 되는 가장 편한 교통수단은 택시이다. 나트랑Nha Trang 택시의 특징은 택시의 종류가 많아서 마일린Maillin이나 비나선Binasun 택시만 있는 것이 아니다. 아시아 택시, 쿽테 택시도 있다.

마일린Maillin이나 비나선만 바가지를 쓰지 않는 택시라고 알려져 있기도 하지만 이 모든 택시가 나트랑Nha Trang에서 운행하고 있다. 실제로 택시를 오래타면 미터기로 제대로 오가는 택시기사는 회사와 상관이 없다는 사실이다. 오히려 미터기를 정확하게 보고 그 비용만 지불하는 것이 좋다. 물론 미터기까지 조작한다면 당해낼 수 있는 방법은 없다.

택시의 종류

비나선(Binasun)
하얀 색과 빨강, 초록 무늬로 친숙한 대표적인 베트남의 택시회사로 뒷문에 광고가 있다. 마일린(Maillin)과 함께 베트남 택시의 대명사로 나트랑(Nha Trang)에서 가장 많이 타는 교통수단이다.

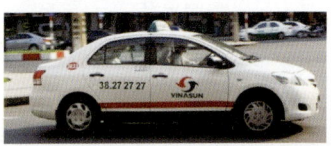

마일린(Maillin)
비나선(Binasun)과 함께 베트남에서 가장 많이 볼 수 있는 택시회사로 바가지가 없는 택시로 알려져 있다. 4, 8인승 택시가 있으며 공항에서부터 볼 수 있는 친숙한 택시이다. 관광지에는 택시를 잡아주는 직원이 있을 정도로 대표적인 택시라고 볼 수 있다.

쿽테 택시(Quốc Tế)
파란색 줄무늬가 있어 일반 택시와 혼동하는 관광객도 있지만 나트랑(Nha Trang) 공항부터 시내까지 많이 볼 수 있는 택시이다. 기본요금이 5,000동부터 시작해 다른 택시에 비해 비싸다고 알려져 있다. 공항에서는 택시에 탑승할 때 미리 금액을 결정하고 탑승하면 택시비는 비싸지 않다. 또한 시내에서는 택시비의 기본요금이 비싸다고 택시비가 과도하게 비싸게 나오지는 않는다.

택시미터기 바로 보기

베트남 여행에서 가끔씩 미터기로 계산을 한다고 했는데 과도하게 계산이 되는 경우도 있다고 하지만 매우 드문 상황이다. 오히려 택시미터기 보는 방법을 잘 몰라서 과도한 택시비를 지불하는 경우가 발생한다.

택시 미터기에는 점이 찍혀 있는데 '50.'이라고 보았다면 천 단위를 삭제한 50,000동이 택시요금이다. 물론 미터기에 천 단위까지 표시되는 택시도 있다. 그래서 소수점이 어디에 있는지를 보는 것이 중요하다.

택시 바가지 쓰지 않는 방법

1. 흥정

반드시 택시를 탑승할 때는 흥정을 해서 금액을 정하고 이동하는 것이 좋다.

2. 잔돈

잔돈은 대부분 주지 않으려고 한다. 택시에 탑승할 때는 사전에 잔돈을 준비하는 것이 기분이 나쁘지 않다. 간혹 50,00동의 택시비에 10만 동만 있다고 택시비를 주면 잔돈은 주지 않고 떠나버리는 경우도 있다. 공항에서 택시를 탑승할 때도 환전한 베트남 돈에서 상점을 들어가 저렴한 물품을 구입하고 잔돈을 준비하자.

씨클로(CYCLO)

자전거를 개조하여 앞부분에 손님을 태우고 관광객을 태우는 교통수단이다. 오토바이를 개조해 만들기도 하지만 대부분

은 자전거를 개조해 다니는 데 대부분 관광객을 태우는 관광 상품이 되었다. 길 가에 대기하고 있거나 골목 모퉁이에 씨클로Cyclo 기사가 대기하는 장면을 쉽게 보게 된다. 더운 한 낮에 힘들어 씨클로Cyclo 의자 위에서 낮잠을 청하는 기사도 쉽게 보게 된다. 또한 왜소한 씨클로Cyclo 기사가 무거운 관광객을 태우고 가는 장면을 볼 때는 안타까운 생각이 들 때도 있다.

나트랑Nha Trang에는 다른 베트남의 도시보다 더 많은 씨클로Cyclo를 보게 된다. 왜냐하면 대부분의 관광지는 씨클로Cyclo로 여행을 할 수 있으므로 쉽게 베트남을 느끼면서 여행하는 기분을 만끽할 수 있기 때문이다. 5번 정도 씨클로를 타봤지만 요금은 구간과 기사에 따라 다르기 때문에 정확한 금액은 알 수 없다.

택시 이용시 주의사항

타기 전에 요금을 흥정하고 타야 하는데 기사가 제시한 금액의 절반 정도에서 흥정을 하라는 것은 옛날 베트남 이야기이다. 대부분은 다 금액이 결정되어 있으므로 몇 명의 기사에게 가격을 물어본 후 대략의 타는 금액을 파악하고 나서 흥정을 해야 한다. 주의해야 할 것은 터무니 없는 금액을 부른다면 무조건 절반 이하로 금액을 부르고 흥정을 해야 금액이 줄어들기 시작하니 흥정을 잘해야 한다. 아니면 사기 당했다는 기분이 드는 것은 어쩔 수 없는 일이다.

나트랑 자전거 여행 VS 오토바이 투어

나트랑 시내를 다니다보면 유럽여행자들은 자전거로 관광지를 오고 가는 장면을 쉽게 보게 된다. 그래서 자전거를 무료나 유료로 빌려주는 숙소도 많다. 그러나 동양의 여행자들은 자전거 여행을 많이 이용하지 않는다.

나트랑의 시내뿐만 아니라 먼 거리의 관광지까지 다닐 수 있는 오토바이 투어도 인기 상품이다. 오토바이를 대여해 다닐 수도 있지만 어디인지 모르기 때문에 오토바이는 대여만 하지 않고 투어로 몇 명의 여행자가 같이 다녀온다. 1일 투어로(250,000동~) 진행되며 여행사마다 다양한 코스로 만들어져 있어서 투어상품을 상담하고 예약하면 된다. 다만 오토바이는 위험성이 높은 교통수단이므로 주의를 기울여야 하며 속도를 높이면 다칠 확률이 더욱 높다는 사실을 인지하고 적당한 속도로 여행하기 바란다.

나트랑 거리의 다양한 모습들

씨클로

거리에는 자동차와 오토바이, 자전거가 혼재되어 달리고 있지만 나름대로의 질서가 있다.

찐푸거리에는 1, 2번 버스가 지나가는 데 나트랑 외곽에 사는 시민들이 출퇴근을 위해 이용한다.

2번 버스는 롱선사와 롯데마트를 지난다.

4번 버스는 나트랑 시내를 관통하는 데 나트랑 대성당과 덤시장, 포나가르 탑을 지나가기 때문에 관광객이 많이 타는 버스이다.

공항버스

나트랑 거리의 다양한 택시

깐 후아 택시

퀵테택시

마이린택시

선택시

선택시

딴 홍

아시아택시

에마스코 택시

택시(Taxi) VS 그랩(Grab)

베트남의 공항에 도착하면 어떻게 숙소까지 이동할 것인지 고민스럽다. 공항버스가 발달되어 있지 않은 베트남에서는 택시를 타고 숙소로 이동하는 경우가 많다. 나트랑Nha Trang도 마찬가지여서 40분 정도 택시를 타고 이동해야 하는데 베트남 택시에 대해 좋지 않은 이야기를 많이 들었기 때문에 고민스러워한다. 이에 요즈음 공항에서 차량공유서비스인 그랩Grab을 이용해 숙소로 이동하는 경우가 많아졌다.
상대적으로 바가지요금을 내지 않아도 되는 특성상 고민할 것 없이 타고 이동하면 되는데 어떻게 그랩Grab을 이용할지에 대해 걱정하는 여행자가 있다. 특히 나이가 40대를 넘어 새로운 어플 서비스를 막연하게 어려워하는 경우가 많다.

택시

바가지가 유독 심한 베트남에서 택시를 탑승하면서 기분이 썩 유쾌하지 않은 것이 현실이다. 첫 기분을 좌우하는 택시와의 만남이 나쁘면서 베트남에 온 것을 후회하게 만들기도 한다. 하지만 나트랑Nha Trang은 호찌민이나 하노이에 비하면 택시는 비교적 양호한 편이다. 물론 나트랑Nha Trang에도 당연히 바가지 씌우는 택시가 있지만, 우리가 아는 공인된 비나선Vinasun과 마일린Mailinh 회사의 택시를 이용하면 불쾌한 일은 어느 정도 사라지고 있는 것이 많이 개선된 베트남 택시의 위로가 아닐까 생각한다.
누구나 추천하는 택시 회사는 비나선Vinasun과 마일린Mailinh인데 가끔씩 비슷한 글자를 사용한 택시가 있다. 정확하게 안 보고 대충 보는 여행자들을 노리고 바가지를 씌우는 일도 있으니 조심하자. 택시기사들은 여행자에게 양심적이고 친절하게 다가가 택시에 대한 안 좋은 이야기를 없애고 싶어 하지만 당분간 없어질 일은 아니다.

▶기본요금 14,000동~　▶비나선 www.vinasuntaxi.com, 마일린 www.mailinh.vn

그랩(Grab)

차량 공유서비스인 그랩^{Grab}을 이용할 때에 어플로 차량을 불러서 확인하고 만나야 하는데 문제가 발생한다. 그랩^{Grab}은 일반 공항 내의 주차장을 사용하지 못한다. 그래서 그랩이 주차를 할 수 있는 위치로 이동해야 한다. 대부분 공항의 주차장 내에 그랩^{Grab}의 기사와 만나는 위치가 있다. 나트랑$^{Nha\ Trang}$은 3층의 주차장에서 만나야 한다.

그랩 사용방법

1. 스마트폰에 설치를 하고 핸드폰 인증을 해야 한다.

2. 나트랑$^{Nha\ Trang}$에서 그랩 어플을 실행하면 나트랑$^{Nha\ Trang}$위치를 잡아서 실행을 하므로 이상 없이 사용할 수 있다. (대한민국에서 실행하면 안 된다고 걱정할 필요가 없다. 그랩^{Grab}은 동남아시아에서 사용할 수 있어서 한국에서는 실행이 안 돼서 'Sorry, Grab is not available in this region'이라는 문구가 뜨기 때문에 걱정하지만 한국에서는 사용이 안 된다는 것을 알아야 한다.)

3. 출발, 도착지점을 정해야 한다. 출발지는 현재 있는 위치가 자동으로 표시되므로 출발지 아래의 도착지만 지명을 정확하게 입력하면 된다.
숙소이름을 미리 확인하여 영어로 입력하면 되므로 위치는 확인하지 않아도 된다. 영어철자를 입력하면 도착지에 대한 검색을 할 수 있는 창이 나타나면서 자신의 숙소를 확인하고 터치를 하면 된다.

4. 1~5분 사이에 도착할 수 있는 차량들이 나오면서 보이므로 선택하면 차량번호, 기사이름 등이 표시되고, 전화를 하거나 메시지를 나눌 수 있도록 되어 있다. 대부분 메시지를 통해 확인할 수 있다.
영어로 대화를 나눈다고 걱정할 필요가 없다. 한글로 표시가 되기 때문이다.

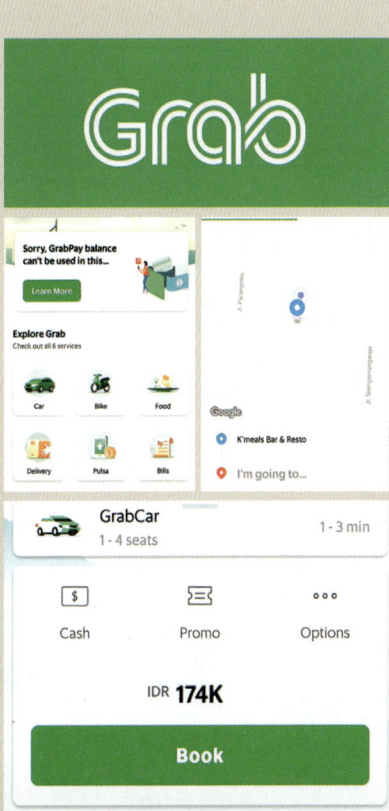

나트랑(Nha Trang) 한눈에 파악하기

나트랑$^{Nha\ Trang}$은 베트남에서 가장 유명한 해안 도시 중 하나로 카페, 역사 유적지, 맛있는 별미를 제공하는 식당 가까이에 백사장과 청록색 바다가 있다. 나트랑$^{Nha\ Trang}$은 20세기 동안 인기 있는 해변 휴가지가 되어, 오늘날에는 전 세계에서 관광객들이 찾아오며 최근에 급격히 성장했다. 고층 건물과 고급 호텔은 이제 나트랑$^{Nha\ Trang}$ 해변과 관광지에서 흔히 볼 수 있는 광경이지만, 조금만 걸어가면 좁은 골목길과 냐짱의 오래된 집들을 찾을 수 있다.

나트랑$^{Nha\ Trang}$의 해변은 지금도 가장 큰 자산이며, 명성에 걸맞은 아름다움을 지니고 있다. 오히려 인파를 피하고 싶으면, 다리를 건너 바이 둥 해변으로 가면 된다. 이곳 바다는 더 잔잔하고, 모래는 훨씬 깨끗하며, 사람도 적어 풍경을 감상하기도 좋다.

파도 밑 세계를 탐험하고 싶다면 또는 파도를 따라 다니고 싶다면, 서핑이나 다이빙 교실이 많이 있으므로 해양스포츠를 배울 수 있는 것도 큰 장점이다. 강사들은 뛰어나지만 비용은 저렴하다. 스노클링을 하러 보트를 타고 가까운 섬으로 나가서 다양한 해양 생태계를 직접 눈으로 볼 수 있다. 서핑은 가장 쉽게 해양 스포츠를 접할 수 있는 방법이므로 해보고 싶다면 누구나 강습을 받으러 가면 된다. 하루만 배워도 보드를 빌려서 바다로 뛰어들 수도 있게 될 것이다.

나트랑Nha Trang의 기후는 10월부터 12월 중순까지를 제외하면 따뜻하고 무난하다. 겨울을 포함한 우기에 방문하면, 비 정도는 신경 쓰지 않아도 될 정도로 다양한 실내의 명소와 활동이 기다리고 있다. 베트남 국립 해양 박물관과 세균학자 알렉상드로 예르생에게 헌정한 박물관은 가장 유명한 박물관이다.

8세기 참Cham 문명의 유적인 포 나가르 사원에는 아직도 참배하러 찾아오는 사람들이 있다. 인상적인 건축물인 롱손 탑과 뛰어난 프랑스 신고딕 양식 건축물인 나트랑 대성당에는 항상 관광객이 넘쳐난다.

밤에는 많은 식당과 바를 마음껏 즐겨야 한다. 10시 30분만 되도 하나둘씩 문을 닫기 시작해 11시면 대부분 영업이 종료되기 때문이다. 나트랑Nha Trang은 뜨거운 여름날 해변에서 시간을 보내거나 카페에 앉아 시원한 음료를 홀짝이기 좋은 곳이다. 해변에서 벗어나 휴식을 취하고 싶으면, 안쪽에도 언제든지 보고 즐길 거리가 수없이 많다.

나트랑 여행을 계획하는 5가지 핵심 포인트

나트랑Nha Trang은 의외로 여행을 계획하기가 쉽지 않다. 시내는 둘러봐도 고층빌딩에 많은 사람들은 왔다 갔다 하지만 어디를 가야할지는 모르겠다. 숙소에 물어보니 역사유적지는 시내에서 떨어져 있다는 답변에 "그럼 어디를 가야하냐"는 물음에는 투어를 소개하는 팜플렛을 내민다. "어떤 것이 좋아요?" 질문에 "다 좋다"라는 답만 온다. 어떻게 나트랑Nha Trang을 여행해야 하는 것일까?

나트랑Nha Trang은 2차 세계대전의 초기인 1940년대에 일본군이 주둔하면서 '나트랑Nha Trang'이라고 부르고 태평양 전쟁의 물자를 조달하기 위한 전초기지로 개발하면서 해안가는 하루가 다르게 변하게 되었다. 밀레니엄 시대를 맞아 남부 휴양도시로 개발을 시작하여 초기에는 러시아 관광객이 많았지만 지금은 중국인 관광객이 가장 많이 방문하는 도시이다. 나트랑Nha Trang 시내에 있는 고층 빌딩에는 호텔과 오피스, 쇼핑센터들이 들어서 있다. 이 많은 건물들이 모자를 정도로 나트랑Nha Trang은 발전을 거듭하고 있다. 2000년을 맞이하며 허허벌판인 해변에 도시를 만들기 시작한 것이 나트랑Nha Trang 도시개발의 시작이다.

그래서 쇼핑이나 앞에 보이는 비치를 즐기는 것이 시내에서 하는 관광이다. 역사유적지는 대부분 나트랑Nha Trang 북부와 외곽에 있다. 호핑 투어는 혼쫑 곶의 잔잔한 파도에 깨끗한 휴양지로 개발된 포인트에서 즐기게 된다. 이곳은 현재 빈펄 랜드Vinpearl Land가 들어서 있어 빈펄 랜드Vinpearl Land에서만 즐기다가 나오는 관광객도 상당히 많다.

1. 시내 관광, 쇼핑

시내는 노보텔 나트랑 호텔이 남북을 나누는 구분 건물이라고 생각하면 된다. 거리로는 누엔 티 민 카이^{Nguyễn Thi Minh Khai}가 구분하는 도로이다.

북부에는 유명호텔이 해변을 중심으로 자리를 잡고 있고 기차역이 있는 르 탄 톤^{Lê Thành Tôn}거리를 중심으로 롱선사^{Chùa Long Sơn}와 나트랑 대성당^{Nhà thờ Chánh Tòa Kitô Vua}이 기차역을 사이에 끼고 자리하고 있으며 롯데마트, 빅C 마트 같은 쇼핑가가 형성되어 있다.

노보텔 남부는 해안과 안으로 형성된 거리에는 여행자거리라고 부르는 곳으로 다양한 호스텔, 호텔, 아파트들이 즐비하고 맛집들이 많다. 랜턴스^{Lanterns}, 옌스^{Yen's}, 갈랑가^{Galangal}, 아이스드 커피^{Iced Coffee}, 콩 카페^{Công Càphê} 등이 몰려 있어 여행자거리에서만 오랫동안 머무는 여행자도 많다.

2. 나트랑(Nha Trang) 비치 즐기기

대부분의 숙소는 해변과 가깝게 형성되어 있어서 숙소와 가까운 해변에서 즐기는 것이 좋다. 여행자거리가 있는 남부 해안에는 서핑이나 카이트 서핑, 윈드서핑을 배우는 여행자도 늘고 있는 추세이다. 세일링 클럽 인근 비치에는 나트랑$^{Nha\,Trang}$에서 많이 알려진 레스토랑과 카페들이 많다.

동양의 나폴리라 불리며 끝없이 펼쳐진 백사장과 푸른 바다로 매년 이곳을 찾는 여행자들이 늘고 있다. 때 묻지 않은 자연을 만날 수 있는 신비로운 도시, 나트랑$^{Nha\,Trang}$에서도 나트랑$^{Nha\,Trang}$ 해변은 나트랑$^{Nha\,Trang}$ 여행에서 빼놓을 수 없는 필수 코스로 알려져 있다.

약 6km 길이의 백사장을 가진 나트랑$^{Nha\,Trang}$ 해변은 코코넛 나무가 선사하는 시원한 그늘 아래에서 달콤한 휴식을 취할 수 있다. 신비로운 분위기와 천혜의 자연환경을 자랑하는 나트랑$^{Nha\,Trang}$ 해변은 헤엄치기에 딱 좋은 물 온도를 가지고 있다. 또한 근처 로컬 식당과 바, 카페 등이 많이 생겨 휴식하기에 그만인 곳이다.

멀리 보이는 포나가르 사원

3. 역사 유적지

참파가 통치하던 까우타라Kauthara로 알려진 나트랑에는 참파족에 의해 세워진 유명한 포나가르 사원이 있다. 시내에서 가장 멀리 떨어진 곳이기에 택시나 그랩Grab을 이용해서 날씨가 무더운 특성상 오후에는 이동하는 것이 힘들어서 오전에 가서 보는 것이 가장 좋다. 이어서 롱선사Chùa Long Sôn, 기차역Train Station, 나트랑 대성당Nhà thờ Chánh Tòa Kitô Vua는 걸어서도 이동하며 볼 수 있다.

인근의 ABC베이커리에서 쉬었다가 알렉상드르 예르생 박물관Bảo Tàng Alexandre Yersin과 담 시장Dam Market을 보면 마무리된다. 최소 3시간 이상 소요되므로 날씨가 무더울 때는 무리하게 걸어서 이동하기보다는 택시 등을 이용하는 것이 좋다.

4. 호핑 투어(Hopping Tour)

호핑 투어Hopping Tour는 투어상품으로 만들어져 있기 때문에 예약(1일 투어 13,000~15,000원)을 하면 숙소로 오전 7시~7시 30분에 픽업을 하여 8시에 버스를 타고 선착장으로 이동한다. 10분 정도를 이동해 모두 모이면 출발한다. 호핑 투어Hopping Tour가 시작되는 데 혼문 섬Hòn Mun Island에서 스노클링과 다이빙을 하면서 즐긴다. 카약이나 바나나보트 제트스키 등의 해양스포츠를 원하는 대로 선택하여 즐기게 되는데 조용히 베드에 누워 한적함을 즐겨도 된다.

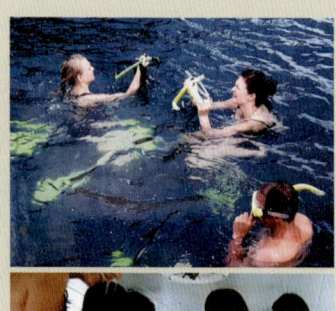

호핑 투어Hopping Tour의 하이라이트는 점심 식사를 하고 댄스타임이 시작되면서 댄스 시간이 끝나고 다들 바다로 뛰어드는 다이빙 후에 맥주를 바다에서 마실 수 있다. 다른 지역에서는 맛보기 힘든 나트랑 호핑 투어Hopping Tour만의 색다른 경험이라 배낭 여행자가 꼭 해야 하는 투어로 인식되고 있다.

5. 빈펄 랜드(Vinpearl Land)

자녀나 부모님과 함께 가는 나트랑 가족여행에서 가장 선호되는 빈펄 랜드Vinpearl Land는 나트랑의 인상을 바꾸고 있는 곳이다. 워터파크와 놀이동산에서 하루 종일 즐기는 관광객이 대부분이기 때문에 오전에 이동해 저녁이 돼서야 돌아온다. 아니면 1박 2일이나 2박 3일 동안 빈펄 랜드에서만 머무는 관광객도 많다.

3,320m, 높이 115m의 케이블카를 타고 바다를 건너면서 시작된다. 약 13분을 이동하면 놀이동산과 워터파크, 동물원, 식물원, 아쿠아리움 등에서 즐길 수 있는 나트랑 최고의 휴양시설이다. 최근에 워터파크도 시설을 새로 정비하고 놀이기구도 추가로 설치하였다. 베트남의 놀이동산 수요는 끊임없이 늘어나고 있는 중이다. 계속 새로운 놀이기구나 워터파크의 즐거움은 증가될 것이다.

통합입장권

모두 추가비용 없이 880,000동(어린이, 60세 이상 700,000동)에 이용할 수 있다. 1m이하의 어린이는 무료로 이용이 가능하고 16시 이후에 입장하면 50%할인을 받을 수 있다.

나의 여행스타일은?

나의 여행스타일은 어떠한가? 알아보는 것도 나쁘지 않다. 특히 홀로 여행하거나 친구와 연인, 가족끼리의 여행에서도 스타일이 달라서 싸우기도 한다. 여행계획을 미리 세워서 계획대로 여행을 해야 하는 사람과 무계획이 계획이라고 무작정 여행하는 경우도 있다.

무작정 여행한다면 자신의 여행일정에 맞춰 추천여행코스를 보고 따라가면서 여행하는 것도 좋은 방법이다. 계획을 세워서 여행해야 한다면 추천여행코스를 보고 자신의 여행코스를 지도에 표시해 동선을 맞춰보는 것이 좋다. 레스토랑도 시간대에 따라 할인이 되는 경우도 있어서 시간대를 적당하게 맞춰야 한다. 하지만 빠듯하게 여행계획을 세우면 틀어지는 것은 어쩔 수 없으니 미리 적당한 여행계획을 세워야 한다.

1. 숙박(호텔 VS YHA)
잠자리가 편해야(호텔, 아파트) / 잠만 잘 건데(호스텔, 게스트하우스)

다른 것은 다 포기해도 숙소는 편하게 나 혼자 머물러야 한다면 호텔이 가장 좋다. 하지만 여행경비가 부족하거나 다른 사람과 잘 어울린다면 호스텔이 의외로 여행의 재미를 증가시켜 줄 수도 있다.

2. 레스토랑 VS 길거리음식
카페, 레스토랑 / 길거리 음식

길거리 음식에 대해 심하게 불신한다면 카페나 레스토랑에 가야 할 것이다. 그렇지만 베트남은 쌀국수를 길거리에서 아침 일찍 현지인과 함께 먹는 재미가 있다. 물가가 저렴하여 어떤 음식을 사먹든지 여행경비에 문제가 발생할 경우는 없다. 관광객을 상대하는 레소토랑은 위생문제에 까다로운 것은 사실이어서 상대적으로 길거리 음식을 싫어한다면 굳이 사먹을 필요는 없다.

3. 스타일(느긋 VS 빨리)
휴양지(느긋) > 도시(적당히 빨리)
자신이 어떻게 생활하는 지 생각하면 나의 여행스타일은 어떨지 판단할 수 있다. 물론 여행지마다 다를 수도 있다. 휴양지에서 느긋하게 쉬어야 하지만 도시에서는 아무 것도 안하고 느긋하게만 지낼 수는 없다. 나트랑Nha Trang은 휴양지와 도시여행이 혼합되어 있어 앞으로 여행자에게 더욱 인기를 끌 것이다.

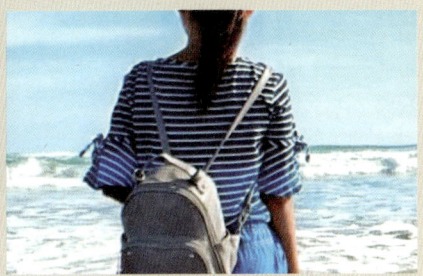

4. 경비(짠돌이 VS 쓰고봄)
여행지, 여행기간마다 다름(환경적응론)
여행경비를 사전에 준비해서 적당히 써야 하는데 너무 짠돌이 여행을 하면 남는 게 없고 너무 펑펑 쓰면 돌아가서 여행경비를 채워야 하는 것이 힘들다. 짠돌이 여행유형은 유적지를 보지 않는 경우가 많지만 나트랑Nha Trang에서는 유적지 입장료가 비싸지 않으니 무작정 들어가지 않는 행동은 삼가는 것이 좋을 것이다.

5. 여행코스(여행 VS 쇼핑)
여행코스는 여행지와 여행기간마다 다르다. 나트랑Nha Trang은 여행코스에 적당하게 쇼핑도 할 수 있고 여행도 할 수 있으며 맛집 탐방도 가능할 정도로 관광지가 멀지 않아서 고민할 필요가 없다.

6. 교통수단(택시 VS 뚜벅)
여행지, 여행기간마다 다르고 자신이 처한 환경에 따라 다르지만 나트랑Nha Trang은 어디를 가든 택시나 그랩Grab 차량공유서비스로 쉽게 가고 싶은 장소를 갈 수 있다. 나트랑Nha Trang에서 버스를 탈 경우는 많지 않다. 나트랑Nha Trang의 도심 자체가 크지 않아서 걸어 다니는 것이 대부분이다.

나 홀로 여행족을 위한 여행코스

홀로 여행하는 여행자가 급증하고 있다. 나트랑Nha Trang은 혼자서 여행하기에 좋은 도시이다. 먼저 물가가 저렴하고 유럽의 도시처럼 멀리멀리 가는 코스가 많지 않아서 여행을 할 때 물어보지 않고도 충분히 가고 싶은 관광지를 찾아갈 수 있다. 혼자서 머드팩이나 각종 투어를 홀로 즐겨보는 것도 좋은 코스가 된다.

주의사항

1. 숙소는 위치가 가장 중요하다. 밤에 밖에 있다가 숙소로 돌아오기 쉬운 위치가 가장 우선 고려해야 한다. 나 혼자 있는 것을 좋아한다면 호텔로 정해야겠지만 숙소는 호스텔도 나쁘지 않다. 호스텔에서 새로운 친구를 만나 여행할 수도 있지만 가장 좋은 점은 모르는 여행 정보를 다른 여행자에게 쉽게 물어볼 수 있다.

2. 자신의 여행스타일을 먼저 파악해야 한다. 가고 싶은 관광지를 우선 선정하고 하고 싶은 것과 먹고 싶은 곳을 적어 놓고 지도에 표시하는 것이 가장 중요하다. 지도에 표시하면 자연스럽게 동선이 결정된다. 꼭 원하는 장소를 방문하려면 지도에 표시하는 것이 좋다.

3. 혼자서 날씨가 좋지 않을 때 해변을 가는 것은 추천하지 않는다. 걸으면서 해안을 봐야 하는 데 풍경도 보지 못하지만 의외로 해변에 자신만 걷고 있는 것을 확인할 수도 있다. 돌아오는 길을 잊어서 고생하는 경우가 발생할 수 있다.

4. 나트랑의 각종 투어를 홀로 즐기면서 고독을 즐겨보는 것이 좋다. 투어는 시간이 7시간 이상 정도는 미리 확보하는 것이 필요하다. 사전에 숙소에서 투어를 미리 예약하고 출발과 돌아오는 시간을 미리 계획하여 하루 일정을 확인할 것을 추천한다.

5. 쇼핑을 하고 싶다면 사전에 쇼핑품목을 적어 와서 마지막 날에 몰아서 하거나 날씨가 좋지 않을 때, 숙소로 돌아갈 때 잠깐 쇼핑하는 것이 좋다.

3박 5일 여유로운 나 홀로 나트랑 여행

여유로운 시내 투어 + 빈펄 랜드 + 머드 온천코스

1, 2일차 여유롭게 빈펄 랜드

나트랑에서 하고 싶은 것을 모두 하고 싶다면 4일은 있어야 가능하다. 대한항공은 23시45분에, 티웨이 항공은 2시 50분, 제주항공은 01시 35분에 도착해 택시나 그랩Grab을 타고 숙소로 이동해 휴식을 취한다. 2일차에 빈펄 랜드로 가서 나만의 테마파크를 즐겨볼 수 있다. 놀이기구를 즐길 수 있는데, 놀기 기구는 기다리지 않아서 우선순위를 정해 즐기면 여유롭게 자신이 원하는 것을 즐길 수 있다.

일찍 숙소를 출발해 놀이기구를 먼저 즐기고 나서 시간이 가능하다면 워터파크를 즐기는 것도 좋다. 워터파크가 싫다면 동물원이나 식물원에서 산책을 천천히 즐기다가 돌아오자. 돌아와 마사지로 피로를 풀고 저녁식사를 하고 나트랑 비치에서 저녁 바다를 보고 돌아오면 하루가 금방 지나간다.

공항 →숙소로 이동 → 휴식(1일차) → (2일차 시작)빈펄 랜드 이동 → 놀이기구 → 동물원, 식물원 → 나트랑 시내로 이동 → 마사지 → 저녁 식사 → 저녁 바다 즐기기 →휴식

3일차 시내 관광 + 머드 온천

2일차에는 시내위주로 둘러보는데 아침에 해뜨는 나트랑 비치를 보는 것도 힐링이 된다. 조용한 바다에서 떠오르는 바다는 아름답다. 아침에 여유롭게 하루의 여행을 생각하며 베트남 커피를 마시는 것도 바쁜 일상을 벗어나 여행을 즐기는 방법이다.

시내 외곽의 포나가르 사원부터 시작해 시내 중심으로 이동해 여행하는 코스로 정한다. 머드 온천을 가서 뜨거운 햇빛을 피해 피로를 풀어도 좋다. 저녁에는 야시장을 둘러보면서 저녁식사로 해산물을 즐기고 마사지나 스파로 피로를 풀어도 좋다. 뜨거운 밤 문화를 즐기고 싶다면 루프 탑 바Bar로 가자.

해뜨는 바다 바라보기 → 베트남 커피로 여유 즐기기 → 포나가르 사원 → 롱선사 → 기차역 → 머드 온천 → 야시장 등의 나이트 라이프

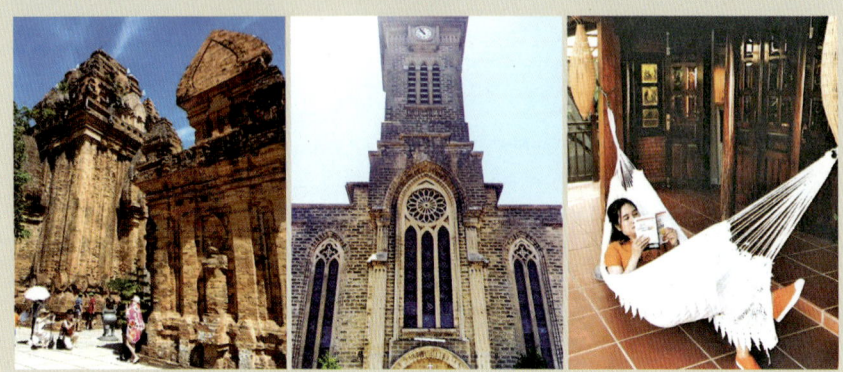

4, 5일차 호핑 투어(Hopping Tour)

나 홀로 단기 여행에서 새로운 친구를 사귀는 것은 어려운 일이다. 그러므로 활기찬 하루를 보내려면 호핑 투어Hopping Tour에 참가해 즐거운 시간을 보낼 수 있다. 8시 30분 정도에 숙소로 픽업을 오면 9시 정도에 이동해 투어 참가자들이 모이면 아쿠아리움(90,000동 개인 부담)을 관람한다. 못 섬으로 이동해 스노클링을 즐기고 밴드의 공연을 보면서 점심 식사를 하고 투어 참가자들이 장기자랑을 하면서 점점 흥이 오른다.

바다로 뛰어 들어 맥주와 함께 바다에서 휴식을 취하거나 즐기면 된다. 추가적으로 해양스포츠를 즐기고 싶다면 추가비용(35,000동)을 부담하고 개인별로 신청해 즐긴다. 17시 정도에 시내로 돌아와 마지막으로 마사지를 받고 몸의 피로를 풀고 나서 저녁에는 시내의 맛집을 찾아 식사를 마치고 나트랑 공항으로 이동하자. 새벽에 도착하는 비행기이므로 공항에는 너무 일찍 이동하지 않아도 된다.

픽업 후 이동 → 호핑투어(아쿠아리움, 스노클링, 공연, 장기자랑, 무료 맥주나 칵테일 즐기기) → 마사지 → 저녁식사 → 쇼핑 → 공항

자녀와 함께하는 여행코스

자녀와 함께 나트랑Nha Trang여행을 떠나는 가족여행지로 급부상하고 있다. 유럽여행에서 아이와 여행을 하다보면 무리하게 박물관을 많이 방문하는 것은 아이들의 흥미를 떨어뜨려 여행의 재미를 반감시키는데 나트랑Nha Trang은 그럴 가능성이 없다.

자녀와 여행을 하면 실패하는 요인은 부모의 욕심으로 자녀가 싫어하는 것이 무엇인지 모르는 것이다. 자녀와의 여행에서 중요한 것은 많이 보는 것이 아니고 즐거운 기억을 남기는 것이라는 사실을 인식해야 한다. 특히 나트랑Nha Trang의 빈펄랜드는 다낭이나 푸꾸옥의 빈펄랜드만큼 재미가 있기 때문에 아이들은 다시 오고 싶은 여행지가 될 가능성이 많다.

주의사항

1. 숙소는 나트랑Nha Trang 시내의 호텔로 정하는 것이 이동거리를 줄이고 원하는 관광지로 쉽게 이동할 수 있다.

2. 비행기로 들어온 첫날 외곽으로 이동하면 아이는 벌써 힘들어한다는 것을 인식하자. 코스는 1일차에 빈펄랜드VinPearl Land에서 같이 즐기고 해산물을 먹는 것이 아이들이 가장 좋아하는 코스이다.

3. 2일차에 외곽으로 이동할 계획을 세우는 것이 좋다. 사전에 유적지 투어를 신청하면 숙소까지 픽업을 하기 때문에 힘들지 않다. 미리 시원한 물과 선크림을 준비해 이동하면서 아이들이 강렬한 햇빛에 노출되어도 아프지 않도록 준비하는 것이 좋다. 하루 종일 너무 많은 햇빛에 노출되는 것은 좋지 않다.

4. 유적지에서 아이가 걷는 것을 싫어한다면 사전에 물이나 먹거리를 준비해서 먹으면서 다닐 수 있도록 해주는 것이 아이의 짜증을 줄이는 방법이다. 오전에 일찍 출발하면 중간에 점심까지 먹고 유적을 보면 의외로 시간이 오래 소요된다. 이럴 때 유적지를 그냥 보지 말고 간단하게 설명을 해서 이해를 넓힐 수 있도록 도와주는 것이 앞으로 여행에서도 관심을 증가시킬 수 있다.

5. 돌아오는 날에는 쇼핑을 하면서 원하는 것을 한꺼번에 구입하면서 공항으로 돌아가는 시간을 잘 확인하는 것이 좋다. 버스보다는 택시를 이용해 시간을 정확하게 맞추는 것이 좋다.

시내 투어 + 빈펄 랜드 + 머드 스파코스

1, 2일차

대한항공은 23시 45분에, 제주항공은 01시35분에 도착해 택시나 그랩^{Grab}을 타고 숙소로 이동해 휴식을 취한다. 2일차에는 시내위주로 둘러보는데 되도록 시내 외곽의 포나가르 사원부터 시작해 시내 중심으로 이동해 여행하는 코스로 정한다.

머드 온천을 가서 뜨거운 햇빛을 피해 피로를 풀어도 좋다. 아니면 호핑 투어를 신청해 스노클링을 즐겨도 좋다. 저녁부터 해안의 나이트 라이프를 즐기거나 야시장을 둘러봐도 좋다. 뜨거운 밤 문화를 즐기고 싶다면 루프 탑 바^{Bar}로 가자.

공항 →숙소로 이동 → 휴식(1일차) → (2일차 시작)포나가르 사원 → 롱선사 → 기차역 → 머드 온천 → 야시장 등의 나이트 라이프

3일차 빈펄 랜드

3일차에 빈펄 랜드의 모든 것을 즐기는 날이다. 놀이기구부터 워터파크까지 즐길 수 있는 빈펄 랜드는 자녀가 가장 좋아하는 여행의 순간이 될 것이다. 최대한 일찍 숙소를 출발해 놀이기구를 먼저 즐기고 나서 워터파크를 즐기는 것이 좋다. 워터파크부터 시작하면 금새 피로가 몰려온다. 워터파크의 피로는 동물원이나 식물원에서 산책과 함께 천천히 즐기다가 돌아오자.

빈펄 랜드 이동 → 놀이기구 → 워터파크 → 동물원 → 식물원 → 나트랑 시내로 이동 → 저녁 식사 → 휴식

4, 5일차

시내의 주요 관광지를 둘러봤다면 해변에서 즐겨봐야 한다. 나트랑에 와서 비치에서 즐겨봐야 휴식의 즐거움을 알 수 있다. 햇빛이 강하므로 오전에 즐기고 오후에는 빈콤 프라자나 롯데마트에서 쇼핑을 하면서 햇빛을 피하는 것이 좋다. 저녁에는 시내의 맛집을 찾아 식사를 마치고 나트랑 공항으로 이동하자. 새벽에 도착하는 비행기이므로 공항에는 너무 일찍 이동하지 않아도 된다.

해변 휴식 → 점심 식사 → 빈콤 프라자 또는 롯데마트 쇼핑 → 나트랑에서 못해본 시내 투어 → 저녁 식사 → 공항 이동 → 나트랑 공항 출발 → 인천공항 새벽 도착

연인이나 부부가 함께하는 여행코스

연인이나 부부가 여행을 와서 즐거운 추억을 남기려면 남자는 연인이나 부인이 좋아하는 맛집을 미리 가이드북을 보면서 위치를 확인하는 것이 좋다. 하루에 2번 정도 레스토랑이나 카페를 미리 상의하는 것도 좋은 방법이다. 여행코스는 기억에 남을만한 명소를 같이 가서 추억을 남기는 것이 포인트이다.

주의사항

1. 숙소는 나트랑Nha Trang 시내의 호텔로 내부 시설을 미리 확인하는 것이 좋다.
2. 베트남으로 가는 항공권은 대부분 저녁에 출발하기 때문에 비행기로 들어온 첫날은 숙소로 빠르게 이동해 쉬고 다음날부터 여행일정을 시작하는 것이 좋다. 낮에 도착했다면 시내를 둘러보면서 도심 바로 옆에 있는 해변이나 발마사지 같은 휴식을 취하는 일정이 좋다. 특히 해변의 일몰 풍경은 같이 보는 것이 중요하다.
3. 나트랑Nha Trang의 대표적인 레스토랑인 랜턴Lanterns을 가려고 한다면 조금 일찍 가는 것이 좋다. 해산물은 끝나는 시간대에 맞춰서 구입하면 조금 더 저렴하게 많은 해산물을 먹을 수 있다.
4. 나트랑의 옛 골목길에는 현지인들이 길 옆에서 목욕탕의자를 놓고 먹는 장소가 많으므로 한번 정도는 길거리 음식으로 쌀국수를 먹는 것도 나트랑Nha Trang 여행의 재미이다.
5. 여행을 하다가 길을 잃어버릴 수도 있으니 사전에 구글맵을 사용해 숙소의 위치를 확인해 두는 것이 좋다. 더운 날 길을 혹시라도 잊어버려서 헤맨다면 분위기가 좋을 수 없다.
6. 쇼핑할 시간이 필요하다면 식사를 하고 소화를 시키면서 쇼핑을 하는 것이 편하다. 인근에 롯데마트를 비롯한 다양한 대형마트가 있다. 오전이나 폐장하기 1시간 전에 들어가서 할인이 되는 제품을 확인하고 쇼핑하는 것이 좋다. 베트남 커피나 소스 등 한국인이 많이 구입하는 제품에는 인기품목이라는 표시를 해두었다.
7. 우기에 여행을 한다면 날씨를 미리 확인해야 한다. 우기에는 소나기성 비인 스콜이 갑자기 내리기 때문에 우산이 없으면 한순간에 비 맞은 생쥐 꼴이 될 것이다.

3박 5일 연인, 부부가 함께 즐기는 나트랑 여행

시내 투어 + 빈펄 랜드 + 머드 스파코스

1, 2일차 빈펄 랜드

대한항공은 23시 45분에, 제주항공은 01시 35분에 도착해 택시나 그랩Grab을 타고 숙소로 이동해 휴식을 취한다. 2일차에 빈펄 랜드의 놀이기구부터 워터파크까지 즐길 수 있다. 빈펄 랜드는 연인들이 같이 즐기기에 좋은 장소로 모든 시설을 다 즐기려고 하지 말고 우선순위를 정해 즐기면 연인이나 부부가 가장 좋아하는 여행의 순간이 될 것이다. 최대한 일찍 숙소를 출발해 놀이기구를 먼저 즐기고 나서 워터파크를 즐기는 것이 좋다. 워터파크부터 시작하면 금새 피로가 몰려온다. 워터파크의 피로는 동물원이나 식물원에서 산책과 함께 천천히 즐기다가 돌아오자.

공항 → 숙소로 이동 → 휴식(1일차) → (2일차 시작)빈펄 랜드 이동 → 놀이기구 → 워터파크 → 동물원 → 식물원 → 나트랑 시내로 이동 → 저녁 식사 → 휴식

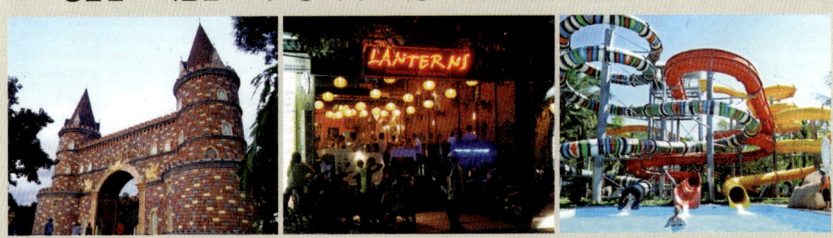

3일차 시내 관광 + 머드 온천

2일차에는 시내위주로 둘러보는데 되도록 시내 외곽의 포나가르 사원부터 시작해 시내 중심으로 이동해 여행하는 코스로 정한다. 머드 온천을 가서 뜨거운 햇빛을 피해 피로를 풀어도 좋다. 저녁에는 야시장을 둘러보면서 저녁식사로 해산물을 즐기고 마사지나 스파로 피로를 풀어도 좋다. 뜨거운 밤 문화를 즐기고 싶다면 루프 탑 바Bar로 가자.

포나가르 사원 → 롱선사 → 기차역 → 머드 온천 → 야시장 등의 나이트 라이프

4, 5일차

시내의 주요 관광지를 둘러봤다면 해변에서 즐겨봐야 한다. 나트랑에 와서 비치에서 즐겨봐야 휴식의 즐거움을 알 수 있다. 햇빛이 강하므로 오전에 즐기고 오후에는 빈콤 프라자나 롯데마트에서 쇼핑을 하면서 햇빛을 피하는 것이 좋다. 저녁에는 시내의 맛집을 찾아 식사를 마치고 나트랑 공항으로 이동하자. 새벽에 도착하는 비행기이므로 공항에는 너무 일찍 이동하지 않아도 된다.

해변 휴식 → 점심 식사 → 빈콤 프라자 또는 롯데마트 쇼핑 → 나트랑에서 못해본 시내 투어 → 저녁 식사 → 공항 이동 → 나트랑 공항 출발 → 인천공항 새벽 도착

나트랑 2박 3일 나트랑 시내 + 빈펄랜드 여행코스

나트랑으로 출발하는 대부분의 항공편은 저녁에 출발하기 때문에 한밤 중에 나트랑 공항에 도착하므로 빨리 시내의 숙소로 이동해야 한다. 빠르게 휴식을 취하고 2일차부터 본격적인 여행을 시작한다. 2일차에 나트랑의 포나가르 사원을 비롯해 롱선사 등의 유적지를 둘러보고 머드 온천을 즐기면서 피로를 푸는 일정이다. 저녁에는 롯데마트나 빈콤 프라자에서 쇼핑을 하고 밤 해변을 즐기거나 나이트 라이프를 즐긴다.

1, 2일차
공항 → 나트랑 시내 숙소이동 → 취침(1일차) → 포나가르 사원 → 롱선사 → 기차역 → 머드 온천 → 쇼핑 → 밤 해변 즐기기 → 나이트 라이프 즐기기

마지막 3일차에는 빈펄 랜드(Vin Pearl Land)에서 오전부터 오후까지 즐기는 것인데 뜨거운 햇빛에서 즐기는 빈펄 랜드(Vin Pearl Land)는 정신적으로 즐겁지만 체력적으로 힘들다. 저녁에 돌아와 해변이나 여행자거리의 많은 레스토랑과 마사지숍에서 하루의 피로를 푼다. 이어서 돌아가는 시간에 맞추어 공항으로 이동해 돌아가는 일정으로 바쁘지만 짜임새 있는 여행을 할 수 있다.

친구와 함께하는 여행코스

친구와 여행하는 것은 평소에 못해 보는 경험을 하기 위한 것이다. 날씨가 좋다면 해변에서 해양스포츠를 하면서 풍경을 보고 이야기 나누는 것을 추천한다. 또한 힘들게 운동을 하고 나서 같이 발마사지 등을 받으면 피로도 풀고 추억도 만들 수 있다.

주의사항
1. 숙소는 시내로 정해 위치를 확인하는 것이 좋고 호스텔도 나쁘지 않다.
2. 친구와 가고 싶은 곳을 서로 이야기로 공유하고 같이 하고 싶은 곳과 방문하고 싶은 곳이 일치하는 곳을 위주로 코스를 계획하고 서로 꼭 원하는 장소를 중간에 방문하는 것이 좋다.
3. 남자끼리의 여행이라면 해변을 걸으면서 풍경을 보고 이야기 나누는 것을 추천한다. 날씨가 좋으면 풍경이 아름다운 해변에서 서핑도 배우면서 좋은 추억을 남길 수 있다.
4. 마사지를 즐겨보는 것이 좋다. 발마사지는 가장 쉽게 받을 수 있는 마사지이고 타이마사지나 보디마사지는 1시간 정도는 미리 확보하는 것이 충분히 마사지를 즐기는 방법이며 사전에 마사지숍을 돌아보면서 가격을 흥정하면서 청결한지를 같이 확인하는 것이 좋다.
5. 쇼핑을 하려고 하면 인근에 롯데마트를 비롯한 다양한 대형마트가 있다. 오전이나 폐장하기 1시간 전에 들어가서 할인이 되는 제품을 확인하고 쇼핑하는 것이 좋다. 베트남 커피나 소스 등 한국인이 많이 구입하는 제품에는 인기품목이라는 표시를 해두었다.

3박 5일 친구와 함께 재미있는 엑티비티를 즐기는 여행코스

1, 2일차

1일차에 나트랑에 입국심사를 마치고 나면 택시나 그랩^{Grab}을 타고 숙소로 향한다. 오전에는 나트랑 비치에서 해변을 즐기고 오후에는 머드 온천에서 피로를 푼다. 투어 회사에 들러 다음날 스쿠버 다이빙이나 서핑을 배우거나 호핑 투어를 신청한다. 저녁에는 여행자거리의 다양한 레스토랑에서 저녁식사를 하고 나이트라이프를 즐기며 하루를 마무리한다.

공항 → 숙소로 이동 → 휴식(1일차) → 해변 즐기기 → 머드 온천 → 저녁식사 → 나이트라이프

3일차(Activity)

엑티비티는 7~8시 사이에 픽업을 하고 나서 투어 참가자가 모이면 이동해서 배우게 된다. 스쿠버 다이빙은 혼문 섬으로 이동하고 서핑은 자이 해변에서 배운다. 햇빛에 노출되면서 배우기 때문에 선크림을 바르고 아침을 든든하게 먹는 것이 좋다.

배우다 보면 어느덧 점심을 지나 3시 정도가 되면 나트랑 시내로 돌아온다. 숙소에서 휴식을 취한 후 여행자 거리의 맛집을 찾아 저녁식사를 하고 야시장을 둘러보며 쇼핑을 해보자. 시원하게 쇼핑을 하고 싶다면 빈콤 프라자나 롯데마트에서 선물을 구입해 보는 것도 좋은 방법이다.

아침 식사 → 엑티비티 장소로 이동 → 엑티비티 즐기기(~15시) → 휴식 → 저녁식사 → 야시장이나 쇼핑

4, 5일차 호핑 투어(Hopping Tour)

호핑 투어Hopping Tour에 참가해 즐거운 시간을 보낸다. 8시 30분 정도에 숙소로 픽업을 오면 9시 정도에 이동해 투어 참가자들이 모이면 아쿠아리움(90,000동 개인 부담)을 관람한다. 못 섬으로 이동해 스노클링을 즐기고 밴드의 공연을 보면서 점심 식사를 하고 투어 참가자들이 장기자랑을 하면서 점점 흥이 오른다.

바다로 뛰어 들어 맥주와 함께 바다에서 휴식을 취하거나 즐기면 된다. 추가적으로 해양스포츠를 즐기고 싶다면 추가비용(35,000동)을 부담하고 개인별로 신청해 즐긴다. 17시 정도에 시내로 돌아와 마사지를 받고 나서, 저녁식사를 하고 쇼핑을 하면서 여행을 마무리 한다. 새벽 비행기이기 때문에 1시간 30분 전 정도에 도착해도 출국심사에 문제가 발생하지는 않는다.

픽업 후 이동 → 호핑투어(아쿠아리움, 스노클링, 공연, 장기자랑, 무료 맥주나 칵테일 즐기기) → 저녁식사 → 쇼핑 → 공항

부모와 함께하는 효도 여행코스

나의 부모님와 함께 나트랑Nha Trang 여행도 미리 고려해야 할 것을 생각하고 있으면 좋은 여행이 될 것이다. 나의 부모와 여행을 하려면 무리하게 볼 것을 코스에 많이 넣기보다 인상적인 관광지 등을 방문하는 것이 흥미를 유발한다. 옛 분위기를 연출하는 나트랑Nha Trang의 길거리 분위기와 쌀국수. 분위기 있는 레스토랑에서 먹는 해산물은 부모님께서 좋아하신다.

부모님과 여행을 하면서 주의해야 할 것은 너무 많이 걸으면 피곤해 하시기 때문에 동선을 줄여 피곤함을 줄이고 여행의 중간 중간 마시고 조금씩 먹어서 기력을 회복하시고 여행할 수 있도록 하는 것이다. 다만 요즈음 건강관리를 잘하신 부모님은 자식보다 잘 걷는 경우가 발생하기도 하기 때문에 부모님의 건강을 미리 가늠하고 출발하는 것이 좋다.

주의사항

1. 숙소는 나트랑Nha Trang 중심가의 호텔로 정하는 것이 좋다. 이동거리를 줄이는 것뿐만 아니라 호텔의 시설도 좋으면 만족도가 높다. 한국인 민박이나 아파트보다 호텔을 좋아하신다.
2. 비행기로 들어온 첫날 숙소가 관광지와 가까워야 여행이 쉽게 시작된다. 걷다가 레스토랑이나 해산물을 직접 보고 들어가면 맛있는 음식에 부모님이 좋아하시는 것을 경험하였다. 코스는 1일차에 시내에서 같이 즐기고 다양한 맛집을 좋아하시는 경향이 있다.
3. 2일차에 외곽으로 이동한다면 해양스포츠 같은 몸으로 활동하는 것보다는 해변이나 롱선사, 포나가르 탑 등의 유적지를 보는 것을 더 좋아하신다.
4. 나트랑Nha Trang 근처의 머드 온천을 즐겨보는 것이 좋다. 몸에 좋은 머드를 직접 바르면서 오랜 시간 머무르는 머드 스파는 부모님이 몸에도 좋아서 만족하시는 경향이 높다. 머드 온천은 시간이 5시간 정도는 미리 확보하는 것이 충분히 머드를 즐기는 방법이며 사전에 식사를 할 수 있는 장소를 미리 알아두는 것이 부모님을 즐겁게 해줄 것이다.
5. 외곽으로 이동할 때는 그랩Grab 어플로 차량을 미리 예약하고 출발과 돌아오는 시간을 미리 계획하는 것이 부모님의 피로를 미리 고려하는 방법이다.
6. 돌아오는 날에는 쇼핑을 하면서 원하는 것을 한꺼번에 구입하면서 공항으로 돌아가는 시간을 잘 확인하는 것이 좋다. 버스나 택시보다는 공항기차를 이용해 시간을 정확하게 맞추는 것이 좋다.

3박5일 부모님과 함께 즐기는 효도 여행

시내 투어 + 빈펄 랜드 + 머드 온천코스

1, 2일차 여유롭게 빈펄 랜드

나트랑에서 부모님과의 여행을 일정을 여유롭게 계획해야 탈이나지 않는다. 대한항공은 23시 45분에, 티웨이 항공은 2시 50분, 제주항공은 0시 35분에 도착해 택시나 그랩^{Grab}을 타고 숙소로 이동해 휴식을 취한다. 2일차에 빈펄 랜드로 가서 동물원이나 식물원에서 산책을 천천히 즐긴다. 의외로 놀이 기구는 기다리지 않기 때문에 우선순위를 정해 즐기면 여유롭게 원하는 놀이기구를 부모님과 함께 즐길 수 있다.

일찍 숙소를 출발해야 하므로 부모님의 건강을 확인하고 출발한다. 빈펄 랜드를 즐기고 돌아와 마사지로 피로를 풀고, 저녁식사를 하고, 나트랑 비치에서 저녁 바다를 보고 돌아오면 하루가 금방 지나간다.

공항 → 숙소로 이동 → 휴식(1일차) → (2일차 시작)빈펄 랜드 이동 → 동물·식물원 → 놀이기구 → 나트랑 시내로 이동 → 마사지 → 저녁 식사 → 저녁 바다 즐기기 →휴식

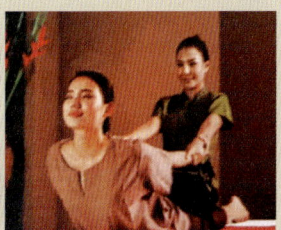

3일차 시내 관광 + 머드 온천

3일차에는 시내위주로 둘러보는 일정으로 여행의 피로를 풀면서 한가로운 시간을 만끽하면서 지내보자. 조용한 바다에서 떠오르는 태양은 아름답다. 여유롭게 하루의 여행을 생각하며 베트남 커피를 마시는 것도 바쁜 일상을 벗어나 여행을 즐기는 방법이다.

시내 외곽의 포나가르 사원부터 시작해 시내 중심으로 이동해 여행하는 코스로 정한다. 머드 온천을 가서 뜨거운 햇빛을 피해 피로를 풀어도 좋다. 저녁에는 야시장을 둘러보면서 저녁식사로 해산물을 즐기고 마사지나 스파로 피로를 풀어도 좋다.

베트남 커피로 여유 즐기기 → 포나가르 사원 → 롱선사 → 기차역 → 머드 온천 → 야시장 → 마사지

4, 5일차

아침에 현지인들이 먹는 쌀국수를 먹으면서 나트랑 시민들의 하루시작을 같이 느껴보고, 카페에서 커피를 마시면서 여행의 마지막을 만끽하자. 부모님이 살아왔던 시절을 쌀국수를 같이 먹으면서 이해할 수 있는 시간이 될 수 있다. 시내의 주요 관광지를 둘러봤다면 해변에서 즐겨봐야 한다.

나트랑에 와서 비치에서 즐겨봐야 휴식의 즐거움을 알 수 있다. 햇빛이 강하므로 오전에 즐기고 오후에는 빈콤 프라자나 롯데마트에서 쇼핑을 하면서 햇빛을 피하는 것이 좋다. 마지막으로 마사지를 받고 몸의 피로를 풀고 나서 저녁에는 시내의 한국 식당을 찾아 부모님의 입맛을 돋우어 활기를 찾아 돌아가는 것이 좋다. 식사를 마치고 나트랑 공항으로 이동하자. 새벽에 도착하는 비행기이므로 공항에는 너무 일찍 이동하지 않아도 된다.

쌀국수로 하루 시작하기 → 카페에서 커피 즐기기 → 해변 휴식 → 점심 식사 → 빈콤 프라자 또는 롯데마트 쇼핑 → 나트랑에서 못해본 시내 투어 → 마사지로 여행의 피로 풀기 → 저녁 식사 → 공항 이동 → 나트랑 공항 출발 → 인천공항 새벽 도착

나트랑 북부해변
NHA TRANG North Beach

서쪽에는 드높은 산, 동쪽은 다도해와 모래사장으로 둘러싸인 나트랑Nha Trang은 푸르고 따뜻한 세계인의 휴양지로 바뀌고 있다. 남북으로 이어진 해변을 따라 도시가 형성되어 북부는 한적한 호텔과 비치가 있고, 남부는 여행자거리가 위치하여 북적이는 분위기가 느껴진다.

포나가르 탑
Po Nagar Cham Tower

포나가르 탑^{Po Nagar Cham Tower}은 나트랑^{Nha Trang} 강의 북쪽 화강암 언덕 위 꾸 라오^{Cư Lao} 산에 9세기경에 세워진 사원이다. 매일 수많은 여행자와 신도들이 찾는 나트랑^{Nha Trang}의 대표적인 유적지이다. 포나가르, 시바 신의 부인을 모시는 사원으로, 포나가르^{Po Nagar}는 '10개의 팔을 가진 여신'이라는 뜻이다. 탑 내부의 가운데에는 인도의 힌두교 시바 신을 형상화한 '링가'가 자리하고 있다.

대한민국의 전설에도 한번은 들었을 법한 내용인 아들을 점지해주는 효험이 있다고 알려져 있어서 절을 올리는 참배객이 눈에 보이기도 한다. 탑 꼭대기에는 나트랑^{Nha Trang} 시내의 전경도 볼 수 있다. 나트랑^{Nha Trang} 여행자의 거리에서 꽤 떨어져 있어 걸어가기에는 상당히 멀기 때문에 택시를 이용하는 것이 좋다. 포나가르 사원은 강과 바다가 보이는 끝에 나트랑 시내의 모습을 볼 수 있어 아침 일찍 가는 것이 좋다.

위치_ 나트랑 시내에서 차로 10분 / 4번 버스로 20분
주소_ 2 Tháng 4, Vĩnh Phước, Thành phố Nha Trang
시간_ 6~18시   **요금_** 25,000동

미니 상식

간략한 참족 역사
2세기경부터 약 1300년간 베트남의 중, 남부에서 참(Cham)족은 살아왔다. 7~12세기 말에는 베트남의 중남부를 지배하면서 참파 왕국에 의해 지어진 곳으로 힌두교의 발원지라고 할 수 있다. 참파 왕국은 베트남이 아닌 캄보디아의 영향을 많이 받은 왕국이기 때문에 힌두교와 캄보디아 건축 양식을 경험할 수 있다. 지금까지 현존하는 가장 오래된 참파 유적지로 알려져 있다.

관람순서
1. 매표소를 지나 입구를 지난 후 낮은 언덕 위로 올라가면 3개의 층으로 이루어진 사원이 보인다. 3개의 탑이 있고 왼쪽에 작은 탑이 더 있다.
2. 힌두사원의 모습
   포나가르(Po Nagar) 여신이 다리를 꼬고 앉아 있는 25m의 탑 안에는 두르가 여신의 능력을 보여주는 12개의 팔로 이루어진 상이 있다. 사원의 외부에서 위를 바라보면 소를 타고 있는 4개의 팔을 가진 여신이 자귀와 연꽃, 곤봉을 들고 있는 여신상을 볼 수 있다.

무카링가(Mukhalinga)와 천사의 얼굴
금은보화로 장식이 된 시바의 상징물은 누군가 훔쳐가고 링가는 파괴되었으나 여러 차례 보수를 했지만 다시 파괴되어 있다가 결국 복원작업을 거치면서 석상을 만들어 놓았다.

NHA TRANG • PHÚ QUỐC

롱선사
Long Son Pagoda

오전에 포나가르 사원을 보고 나서 시내 외곽에 위치한 롱선사 Long Son Pagoda로 발길을 돌린다. 베트남 나트랑에서 가장 오래된 불교사찰 롱선사 Long Son Pagoda는 중국인들에게 나트랑 Nha Trang에서 가장 깊은 인상을 받는다고 알려진 곳으로 손꼽히며 많은 여행자들이 찾고 있다.

나트랑 Nha Trang 기차역에서 약 500m 떨어진 곳에 위치하고 있으며 1886년에 세워져 몇 번의 보수공사를 거친 후 지금의 모습을 갖추었다. 본당 안 불상은 태국에서 선물 받은 것으로 연꽃에 둘러싸인 모습이다. 본당 오른편의 152개 계단을 오르면 롱선사 Long Son Pagoda의 상징인 높이 14m의 대형 불상을 만나볼 수 있다.

거대한 불상도 인상적이지만, 불상 뒤의 계단을 올라가면 내려다보는 나트랑 시내와 해변의 모습이 더욱 아름답다. 나트랑 Nha Trang 시내 전경을 한눈에 볼 수 있어 지친 여행의 피로를 아름다운 풍경과 함께 날려버릴 수 있다.

위치_ 나트랑 시내에서 차로 5분
주소_ 6 23 Tháng 10, Phương sơn, Thành phố Nha Trang
시간_ 8~11시 30분, 14~16시 **요금_** 무료

미니 상식

과거 태국으로부터 선물로 받았다는 누워있는 와불상과 앉아있는 좌불상으로 백색의 불상이 압도적인 절이다. 중국의 영향을 많이 받은 베트남은 불교 역시 중국 불교와 비슷한 형태를 보인다.

주의사항
1. 호의는 사절
이제는 너무 조심하라고 잘 알려진 것이지만 사원을 올라가는 입구에서 무료라고 하면서 향을 나눠주고 향 값을 요구하는 베트남 사람을 보면 대꾸도 하지 말고 지나쳐가면 된다. 또 불상의 위치를 알려준다는 호의도 무시하면 된다. 불상의 위치를 알려주고 돈을 요구하기도 하는데 롱선사에서의 호의는 다 무시하고 관람하면 문제가 발생하지 않는다.

2. 사원 내부 관람
신발과 모자는 벗고 내부를 관람해야 한다.

나트랑 대성당
Nhà thờ Chánh Tòa Kitô Vua

1934년에 프랑스 고딕 양식으로 세워진 베트남에서 가장 큰 가톨릭 성당 중 하나이다. 나트랑Nha Trang 기차 역에서 가까운 낮은 언덕에 자리하고 있다. 프랑스의 지배를 받으며 가톨릭교가 전파된 베트남의 도시들은 대부분 유명한 성당이 하나씩은 있다.

나트랑도 베트남의 다른 도시처럼 고딕 양식의 나트랑Nha Trang 대성당은 100% 돌로 지어져서 현지인들은 '돌 교회'로 부르고 있다. 교회 입구에 있는 시계탑과 3개의 종이 인상적인데, 1789년 프랑스에서 제작되어 나트랑Nha Trang으로 옮겨온 것이다.

내부 스테인드글라스가 인상적인 곳으로, 새벽과 오후 미사(미사시간 평일 04:45, 17:00/일요일 05:00 07:00 09:30 16:30 18:30) 때는 관광객에게 개방된다. 스테인드글라스가 장식된 내부는 유럽의 다른 성당처럼 웅장한 모습을 갖추고 있다.

묘지는 약 4천개의 무덤이 있던 자리에는 기차역이 확장하면서 교회 내부로 이전하였다.

홈페이지_ www.giaoxugiaohovietnam.com
위치_ 나트랑 여행자의 거리에서 걸어 20분,
택시로 5분, 나트랑 기차역에서 도보 5분
주소_ 1 Thái Nguyên, Phước Tân, Thành phố Nha Trang

NHA TRANG • PHÙ QUỐC

담 시장
Dam Market

베트남 여행의 재미 중 하나는 바로 전통시장을 구경하는 것일 것이다. 현지어로 '쩌 담Chớ Dám'이라고 하는 나트랑Nha Trang 최대 재래시장인 담 시장Dam Market은 사람 냄새 가득하다. 갖가지 먹거리와 로컬 분위기를 한 번에 느낄 수 있는 진정한 여행자의 거리 분위기를 느낄 수 있다.

전형적인 재래시장에서는 신선한 과일과 건어물은 물론 다양한 잡화, 의류까지 재래시장에서 볼 수 있는 모든 것이 구비되어 수준 높은 기념품까지 얻을 수 있다.

얼음을 동동 띄운 시원한 열대과일 주스 한 잔에 담긴 베트남의 정을 느끼며 더위를 달래보는 것도 좋은 추억이 된다. 나트랑Nha Trang에서 느낄 수 있는 로컬 푸드에 현지인들의 생생한 모습을 체험하고 싶다면 주저하지 말고 담 시장으로 향하면 된다. 밤이면 더욱 많은 여행객이 몰리는 담 시장Dam Market에는 흥까지 넘치는 야시장의 다른 재미를 만날 수 있다.

시간_ 새벽5~18시30분
위치_ 나트랑 대성당에서 걸어서 10분
주소_ Vạn Thạnh, Thành phố Nha Trang

쩜흐엉 타워
Tháp Thăm Húóng

나트랑 Nha Trang을 대표하는 상징물로 만들기 위해 제작되었으나 아직 그 역할을 하지 못하고 있다. 베트남의 국화인 연꽃을 형상화한 건물은 3층처럼 보이지만 내부는 6층으로 설계되었다. 1층은 정원과 그 옆에서 파도가 치는 조각 작품과 2층에는 분홍색 꽃잎이 표현되고 3층에는 탑으로 등대역할을 한다. 꼭대기에는 봉우리를 상징하는 데 경제, 문화적으로 발전한 나트랑 Nha Trang의 발전상을 보여주기 위해 만들어졌다. 밤에는 탑의 불빛이 화려해 사진을 찍으려는 관광객이 많다.

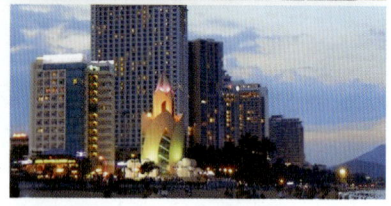

위치_ 인터컨티넨탈 호텔 앞
주소_ Trán Phu, Lôc Tho, Tp Nha Trang

탑바온천
Thap Ba Hot Spring

포나가르 사원^{Ponagar Temple}을 방문한다면 바로 이어서 방문하는 코스가 탑바온천^{Thap Ba Hot Spring}이다. 시내에서 떨어져 있고 포나가르 사원^{Ponagar Temple}과 가까이에 있기 때문이다.

베트남 나트랑^{Nha Trang} 여행에서 추천하는 베트남의 유일한 야외 온천이 탑바온천^{Thap Ba Hot Spring}이다. 이곳은 유명한 머드온천으로 머드를 사용한 사람들은 피부가 윤기 있고 투명해지는 효과가 있다고 입소문이 나 있다. 나트랑^{Nha Trang} 시민들도 즐겨 찾는 곳으로 시내 관광을 하고 나서 피곤한 관광객들이 피로를 풀기에 제격인 여행지이다. 천연 머드 목욕, 수영, 온천욕, 사우나를 각각 선택해서 즐길 수 있으며 모두 이용 가능한 패키지도 선택 가능하다.

주소_ Ngọc Hiệp, Nha Trang, 칸호아 베트남
시간_ 7~19시
전화_ (+84) 99-654-2680

머드베스(Mudbath)

고대 그리스 시대부터 사람들은 목욕 요법을 통해 긴장을 풀고 건강을 증진시키는 기능을 가진 미네랄 진흙으로 알고 있었다. 지금도 미네랄 진흙은 관절, 피부의 뼈 질환의 미용과 치료에서 사용되곤 한다.

과학적 연구에 따르면 뜨거운 미네랄워터와 천연 미네랄 진흙은 심장, 신경계, 관절과 피부 아름다움에 도움이 되는 에너지가 풍부하고 미네랄이 녹아있는 가스와 라돈이 풍부하다고 알려져 있다. 나트랑^{Nha Trang}으로 오는 관광객들은 진흙 목욕을 경험하고 천연 미네랄워터를 흡수하기 위해 머드 온천을 방문한다.

Thap Ba 온천 센터
- Nha Trang, Ngoc Hiep, Ngoc Son 15
- (+84)258~3835, 345~3834 939

Nha Trang 온천I-Resort
- Nha Trang Vinh Ngoc Xuan Ngoc 19
- (+84)258~3838 838

Tram Trung 머드배스 여행지
- Nha Trang, Phuoc Dong, Phuoc Trung, Nguyen Tat Thanh
- (+84)258. 3711 733

갈리나 머드 배스 & 스파^{Galina Mudbath & Spa}
- Nha Trang, Hung Vuong 5
- (+84)258. 3529 998

머드온천과 사우나도 가능하다

NHA TRANG • PHÙ QUỐC

혼쫑곶
Hòn Chông

나트랑Nha Trang 비치 끝에 포나가르Po Nagar 사원이 있고, 바다 쪽으로 걸어가면 혼쫑곶Hòn Chông이 있다. 시간이면 다녀올 수 있는 혼쫑Hòn Chông은 해안도로를 자전거를 타고 갈 수 있다. 낮은 산들이 병풍처럼 둘러져 있고, 아름답게 잘 보존되어져 있는 해변이 펼쳐져 있는 혼쫑곶Hòn Chông은 나트랑 비치가 지루해졌다면 찾을 만하다. 혼쫑곶Hòn Chông은 동해안의 바닷가에서도 본 것과 비슷한 풍경으로 경치가 좋은 바다는 아니다.

나트랑Nha Trang에서 따가운 햇살을 피해 바위 그늘에 앉아 바다를 보며 시간을 보내기 좋은 곳으로 일상을 떠나 할 일이 없는 여행자가 유유자적 즐길 수 있는 장소이다.

언덕을 내려가면 커다란 바위가 있는 중간에 바위가 끼어 있는 신비한 모습을 보게 된다. 이곳이 사진을 찍는 포인트이다. 이곳을 올라가 곶의 모서리부분까지 가면 바다가 보이는 저편에는 해안전망이 아름답다.

안개 낀 혼쫑곶

바위의 전설

1. 오래전부터 전해 내려오는 이야기가 있다. 이곳을 여행하던 거인 혼쫑(Hon Chong)은 에덴동산에서 온 아름다운 요정들이 헤엄치는 모습을 넋 놓고 훔쳐보던 중 미끄러져 넘어지면서 산허리에 매달렸다. 하지만 그 무게를 못 이겨 산이 무너지는 바람에 결국 바위 더미와 다섯 손가락 자국만 남게 되었다고 한다.
2. 전설 속 술에 취한 거인이 목욕을 하던 여인을 보게 되었고, 사랑에 빠진 거인은 신이 시기해 여인이 병에 걸리고 말았다고 한다. 슬픔에 잠긴 거인이 코티엔산(Núi Cô Tiên)으로 변했다고 전해지는 전설이 있다.

돌아오는 길
자전거를 타고 돌아가는 길에는 혼조섬 (Hon Do Island) 에 있는 투톤 파고다(Tu Ton Pagoda)를 찾아보는 것도 좋다. 항구에서 무료로 운항하는 배를 타고 섬으로 건너갈 수 있다. 섬 안에 놓여있는 길을 따라가다 보면, 종교적 제단을 볼 수 있고, 암벽에 서서 바다전망을 감상할 수도 있다.

족렛 비치
Dốc Lết Beach

하얀 백사장을 가지고 있어 아름다운 해변으로 유명한 곳으로 쩐푸다리를 건너 40~50분정도를 자동차로 달리면 나온다. 비교적 여유롭게 해변을 즐길 수 있는 곳으로 사진을 찍기 위해 많은 관광객이 찾고 있는 곳으로 변하고 있다. 수심이 얕아서 가족 관광객이 찾아서 즐기고 있는 모습을 볼 수 있다.

혼 코이 염전
Hon Khoi Salt Fields

혼 코이 염전^{Hon Khoi Salt Field}은 나트랑^{Nha Trang} 시내에서 자동차로 45분 정도 거리에 있다. 건기인 1~6월까지 여자들이 새벽 4시부터 아침 9시 정도까지 일하는데, 얕은 구덩이에서 채취한 소금이 담긴 무거운 바구니를 어깨에 짊어지고 가서 트럭에 쌓아올린다. 그 소금이 전국으로 유통된다. 잊지 못할 장관을 찍고 싶다면 해뜨기 전에 도착하는 것이 좋다.

베트남 다른 지역의 소금밭과 다르게 혼 코이 염전^{Hon Khoi Salt Fields}을 봐야 하는 이유는 중년 여성들에 의해 수행되는 격렬한 노동 때문이다. 뜨거운 햇빛과 소금으로부터 자신을 보호하기 위해 작업자는 원추형 모자, 고무장갑, 부츠, 안면 마스크를 착용한다. 혼 코이 염전^{Hon Khoi Salt Fields}은 염전의 사진 촬영으로 인기가 있는 장소로 인근의 언덕 꼭대기에 있는 탑처럼 쌓아 올린 소금산과 노동자들의 무거운 바구니를 볼 수 있다.

독 렛 해안^{Doc Let Beach}를 따라 수작업으로 수확한 천연소금을 직접 수확한다. 소금생산은 베트남의 긴 해안선을 따라 만들어진 염전 산업으로 나트랑^{Nha Trang}의 중요한 산업으로 매년 약 737,000톤을 생산한다.

사진을 찍고 싶다면?

칸 호아(Khanh Hoa) 소금 회사의 허가를 받아야 한다. 나트랑(Nha Trang)의 산업이기 때문에 관광객은 혼 코이 염전(Hon Khoi Salt Fields)에서 관광 시설을 기대해서는 안 된다. 이른 아침에 주민들이 일하는 것을 보는 것은 문화적으로 좋은 경험이다.

준비물
원추형 모자, 고무장갑, 부츠, 안면 마스크를 착용해야 한다. 뜨거운 뙤약볕에 있어야 하는 상황은 가혹하지만 곁에서 보는 모습은 친근하다.

주소_ Ninh Au Co Quang An Tay Ho
시간_ 4~9시

투반 파고다
Tu Van Pagoda(조개탑:Shellfish Pagoda)

투반 조개 탑Tu Van Pagoda은 나트랑Nha Trang에서 60㎞ 정도 떨어져 있다. 1968년 무렵에 세워진 탑은 바다에서 나는 자재로 건설되어 유명해졌다. 39m에 달하는 바오틱Bao Tich 타워는 1995년부터 5년에 걸쳐 건설되었다. 타워는 완전히 산호만을 이용하여 세워지고, 조개로 장식되어 Chua Oc(조개 탑)이라는 이름을 얻게 되었다. 1985년부터 10년 동안 승려들은 탑을 건설하기 위해 해변을 따라 어디서나 볼 수 있는 바다의 재료를 수집했다. 후에 여러 개의 탑과 동굴, 터널, 다리를 설계하고 건설한 뒤 해변에서 찾은 재료들로 장식했다.

주소_ 3 Thang 4 Street, Cam Ranh, Khanh Hoa

사진을 찍고 싶다면?

수년 동안 파고다의 수도승들은 죽은 산호와 조개껍질을 사용해 여러 작품을 만들어 파고다의 공간을 산호와 조개박물관으로 만들었다. 불교에 따르면, Mitreya Buddha가 항해 한 배로 사망 후 불행의 바다를 가로 질러 관대함을 가진 사람들을 운송했다. 보트의 돛에는 불교도의기도 책이 있다. 기도는 방문객을 진정시켜 조용한 영혼을 가진 탑에 들어갈 수 있도록 하기 위한 것이다. 정원을 지나면 방문자는 40m 높이의 바오 치치 타워(Bao Tich Tower)에 도달한다. 부처와 신의 동상의 수백은 탑 안쪽에 자비의 여신상, 각 종류에 천 팔, 천개의 눈과 더불어 탑 자체에 설치된다.
타워 옆에는 커다란 그늘진 나무들로 가득한 정원인 박트 나 호아 비엔 (Bat Nha Hoa Vien)과 동물과 바다 생물의 동상이 아름다운 조화를 이루고 있다. 그러나 방문자의 호기심을 일으키는 것은 '지옥으로의 통로Duong Xuong Dia Nguc'라는 작품이다. 지옥을 상징하는 동굴로 이어지는데, 둘 다 죽은 산호와 조개껍질을 사용하여 건설되었다. 지옥의 12층을 상징하는 동굴에는 12개의 문이 있으며, 각 문에는 사람이 평생 동안 저지를 수 있는 죄에 대한 묘사가 있다.

알렉산드르 예르신 박물관
Alexandre Yersin Museum

알렉상드르 예르신 파스퇴르 연구소Pasteur Institute에 있는 예르신Yersin의 집에서 8~10분 떨어진 트란 푸 거리Tran Phu boulevard에 위치해 있다.

박물관에는 예르신Yersin의 장비와 서신이 많이 수집되어 있으며 일반적으로 세균학과 과학에 기여한 바를 묘사하고 있다. 불어로 설명이 되어 있지만 영어와 베트남어로 번역이 제공되고 있다.

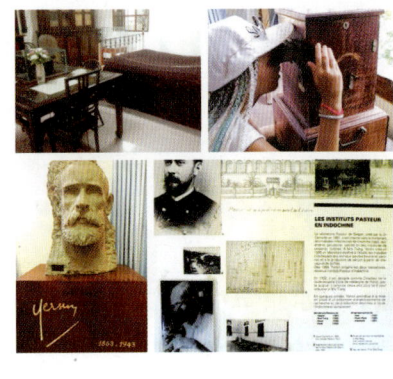

주소_ 11~14시 16시30분(주말 휴관)
요금_ 22,000

알렉산드르 에밀레 진 예르신(Alexandre Emile Jean Yersin:1863 ~ 1943)

예르신(Yersin)박사는 1893년에 달랏(Dalat)을 발견한 것으로 베트남에서 유명한 학자이다. 고도가 높고 유럽과 같은 기후 때문에 달랏(Dalat)은 후에 프랑스인들의 휴양지가 되었다.

스위스 인으로 프랑스로 귀화한 프랑스 의사이자 세균 학자였다. 나중에 그의 명예 'Yersinia pestis'에서 지명된 전염병이나 해충의 발견자로 기억되고 있다. 예르신(Yersin)은 1863년에 태어나 1883~1884년까지 스위스 로잔에서 의학을 전공했다. 루이스 파스퇴르(Louis Pasteur)의 에콜 노마 스페르이에르(École Normale Supérieure) 연구소에 입사하여 광견병 치료제 개발에 참여했다. 1888년에 박사 학위논문을 받았다. 최근에 만들어진 파스퇴르 연구소(Pasteur Institute)에 1889년 공동 작업자로 참여하여 디프테리아 독소(Corynebacterium diphtheriaebacillus)를 발견했다.

프랑스에서 의학을 연습하기 위해 예르신은 1888년에 프랑스국적을 신청하고 취득했다. 1890년, 그는 동남아시아의 프랑스 인도 차이나의 의사로 만주의 폐렴을 조사하기 위해 프랑스 정부와 파스퇴르 연구소의 요청에 의해 홍콩으로 갔다. 이후 그는 인도차이나로 돌아와 나트랑(Nha Trang)에 작은 실험실을 설치하여 혈청을 제조했다. 1905년 이 연구소는 파스퇴르연구소의 한 부서가 되었다.

EATING

토스티아나
Toastina

쉐라톤 호텔 1층에 위치한 카페로 달달한 케이크와 코코넛 커피가 호텔 가격으로는 저렴한 편이다. 화려하지만 정갈한 인테리어가 먼저 눈길을 사로잡고, 곧이어 미소가 아름다운 직원들이 손님을 맞는다. 케이크와 함께 커피가 낮에는 인기이지만 풍미 있는 와인과 함께하는 도심에서 즐기는 만찬도 더할 나위 없이 좋다.

홈페이지_ m.facebook.com.dining/sheration
주소_ 26~28 Tràn Phú Sheration, Nha Trang
시간_ 7~23시
전화_ +84-91-288-7214

파빌리온
Pavilion

나트랑 시내에 자리한 리조트에 있는 아나 만다라에 있는 베트남 레스토랑이다. 쉽게 맛보기 어려운 다양한 고급 베트남 요리를 맛깔나게 먹을 수 있다.
특히 갓 잡은 싱싱한 해산물 요리가 베트남 특유의 향신료가 들어간 로브스터와 대형 새우인 '랑고스티노' 요리가 자랑하는 요리이다. 로맨틱한 기타 연주가 들려오고 레스토랑 앞의 해변에서 벌어지는 BBQ 파티는 기분 좋은 추억을 남길 수 있다.

홈페이지_ www.sixsenses.com
주소_ Beachside, Tràn Phú Boulevard, Nha Trang
시간_ 7~10시 30분 / 18~22시 30분
전화_ +84-58-352-2222

쩐푸 거리
Trần Phú Eating

활기 넘치는 쩐푸거리Trần Phú Boulvard는 하얀 모래사장을 따라 코코야자 나무의 그늘 아래로 뻗은 나트랑 시의 중심가이다. 많은 레스토랑과 바, 호텔이 들어선 이 거리에는 새벽부터 밤까지 많은 사람들로 붐빈다.

그린 가든
Green Garden

쩐푸거리Trần Phú에서 스토리 풀을 가려고 도로를 따라 내려가면 큰 규모의 해산물 요리 레스토랑이 보인다. 450명을 수용할 수 있는 규모이니 상당한 크기인데 매일 이곳이 많은 사람들로 북적이는 사실도 놀랍게 느껴진다.

220,000동의 가격에 랍스터를 제외하고 모든 해산물요리를 무제한으로 즐길 수 있어 저렴하게 많은 양의 해산물을 먹고

NHA TRANG • PHÙ QUỐC

코스타 시푸드
Costa Seafood

인터컨티넨탈 호텔 옆에 있는 나트랑 해산물 레스토랑이다. 나트랑에서 해산물 요리 맛이 가장 좋다고 알려져 있는 레스토랑으로 직원들의 친절한 서비스로도 만족도가 높다. 고급 레스토랑의 장점을 살린 룸이 있어 사전에 예약을 하면 15명 정도까지 조용히 가족이나 일행이 식사를 할 수 있다. 내부의 테이블도 많아 찾는 고객이 많아도 내부는 조용하지만 외부 테이블은 차량의 소음 등이 있어 조용하지는 않다. 어느 메뉴를 주문해도 기본적인 맛을 보장해주는 레스토랑이다.

싶은 관광객과 시민들이 찾고 있다. 과일, 아이스크림 등 종류는 다양하지만 고기의 신선도가 떨어지는 단점이 있으나 해산물을 저렴하게 먹을 수 있어 유명한 시푸드 뷔페이다.

주소_ 1호점: Biêt Thú Lôc Tho, Tp. Nha Trang
시간_ 17~22시
전화_ 90-807-9077

홈페이지_ www.costaseafood.com.vn
주소_ 32~34 Trân Phú Lôc Tho, Nha Trang
시간_ 7~14시, 17~22시
요금_ 크랩 미트 샐러드 120,000동,
　　　타이커 새우 튀김 240,000동
전화_ 258-3737-777

나이트 라이프

루이지애나 브루하우스
Louisiane Brewhouse

나트랑 Nha Trang의 밤은 뜨겁다. 관광객이 많은 도시인만큼 저녁식사를 끝낸 관광객은 야시장을 즐기다가 밤에도 즐기고 싶은 생각이 많다. 비치 바로 옆에 있는 루이지애나 브루하우스 Louisiane Brewhouse는 생맥주를 마시면서 라이브 공연과 무료 풀장을 이용하고 즐길 수 있다.
가장 핵심인 맥주의 맛은 천연재료와 정화한 지하수로 만드는 생맥주의 맛이 다시 찾도록 만든다. 로맨틱한 시간을 보내고 싶은 나트랑 연인들도 즐겨 찾는 명소로 자리 잡고 있다.

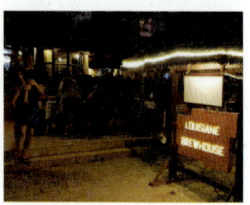

홈페이지_ www.louisianebrewhouse.dom.vn
주소_ 29 Trần Phú Lộc Tho, Nha Trang
시간_ 7~24시
요금_ 메인요리 150,000~360,000동
　　　생맥주 테스팅set 130,000동
　　　생맥주 330ml 50,000동,
　　　칵테일 130,000~180,000동
전화_ 258-3521-948

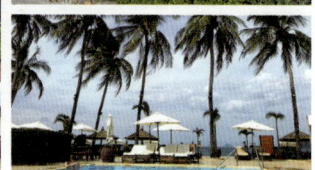

NHA TRANG • PHÚ QUỐC

스토리 나트랑 브루어리
Story Nha Trang Brewery

스토리 풀이 수영장과 휴식이 결합되었다면 생맥주를 마실 수 있는 장소가 새롭게 생겨났다. 루이지애나 브루하우스 Louisiane Brewhouse의 인기가 높아지면서 근처에 바다를 보면서 맥주를 즐길 수 있는 곳은 계속 생겨날 것 같다.
현재 2잔에 1잔을 무료로 주는 서비스를 진행하고 있다. 정통 유럽 맥주를 선보이는 점이 루이지애나 브루하우스 Louisiane Brewhouse와의 차이점이다. 루이지애나 브루하우스 Louisiane Brewhouse보다 남쪽으로 걸어가야 하지만 오히려 더 한가하게 밤바다를 즐길 수 있다.

홈페이지_ www.skylightnhatrang.com
주소_ 38 Trần Phú Lộc Thọ, Nha Trang **시간**_ 8~14시(레스토랑) / 16시 30분~24시
요금_ 스카이덱 입장료 50,000동 / 클럽입장료 150,000동
(주류 1잔 포함, 20시 이전 / 이후는 200,000동 / 주말 250,000동)
전화_ 258-3528-988

스카이라이트
Skylight

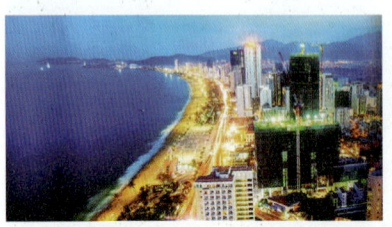

나트랑에서 가장 유명한 나이트 라이프의 대명사는 누가 뭐라고 해도 스카이라이트이다. 반짝이는 빛과 흥겨운 음악으로 늦은 밤까지 유흥을 즐기는 곳이다.
베스트 웨스턴 하바나 호텔 21층 옥상에 만들어놓은 나이트클럽은 사방이 뚫려있어 밤바다의 아름다운 풍경을 보면서 루프탑 바의 생생한 음악을 들으면서 춤을 추고 보낸다. 특히 주말에는 많은 사람들로 붐비기 때문에 일찍 입장해야 하며 시끌벅적한 분위기를 싫어한다면 추천하지 않는다.

홈페이지_ www.skylightnhatrang.com
주소_ 38 Trần Phú Lôc Tho, Nha Trang
시간_ 8~14시(레스토랑) / 16시 30분~24시
요금_ 스카이덱 입장료 50,000동
　　　클럽입장료 150,000동
　　　(주류 1잔 포함, 20시 이전 / 이후로 200,000동
　　　주말 250,000동)
전화_ 258-3528-988

알티튜드 루프탑 바
Altitude Rooftop Bar

쉐라톤 나트랑 호텔 28층에 위치한 루프탑 바로 아름다운 해변을 보면서 칵테일을 즐길 수 있어 인기이다. 특히 루프탑 바인 스카이라이트가 시끌벅적해 싫어하는 관광객이 조용하게 아름다운 음악과 함께 로맨틱한 분위기를 원하여 많이 찾는다.
스카이라이트는 큰 규모이지만 반대로 작은 규모라서 좌석의 숫자가 적어서 17시의 시작과 함께 찾는 사람들이 많으니 미리 와서 자리에 앉아 있는 것이 좋다. 17~19시까지 해피아워 Happyhour로 칵테일 주문을 하면 1잔의 칵테일을 무료로 제공해 주기 때문에 17시 입장이 유리하다.

주소_ 26~28 Trần Phú Lôc Tho, Nha Trang
시간_ 17~23시
요금_ 칵테일 120,000동~, 맥주 85,000동~
전화_ 258-3880-000

세일링 클럽
Sailing Club

쩐푸거리Trần Phú의 빈콤 프라자Vincom Plaza를 기점으로 남쪽은 로맨틱한 밤을 즐길 수 있고 빈콤 프라자 근처의 해변은 활기찬 젊음의 분위기를 느낄 수 있다.
낮에는 해변의 레스토랑이지만 밤에는 나트랑 젊은이들과 관광객이 찾아 에너지를 발산한다. 성수기인 7~8월, 12~3월 초까지 파티를 열고 이벤트를 벌이면서 세일링 클럽Sailing Club을 모르는 관광객도 알 수 있을 정도로 유명하게 밤 문화를 이끌고 있다.

홈페이지 www.sailingclubnhatrang.com.vn
주소 72~74 Trần Phú Lôc Tho, Nha Trang
시간 8~24시
요금 버거 250,000동, 맥주 30,000~50,000동, 칵테일 160,000동
전화 258-3524-948

와이 낫 바
Why not Bar

러시안 인들이 많이 찾는 모스크바, 레몬 그라스 옆에 있어서 저녁식사를 하고 나이트 라이프를 즐기려는 관광객이 많다. 러시아인들이 많지만 활기찬 분위기를 느끼고 싶지만 스카이라이트가 가격적으로 부담스러운 유럽 배낭 여행자들이 많다. 소리가 커서 한밤중에도 인근의 호텔에서는 잠을 청하기 힘들 정도이다. 다소 조용한 분위기를 원한다면 야외테이블에서 즐기면서 모히토 한잔으로 하루를 마무리해도 좋다.

주소 26 Trần Quang Khải, Lôc Tho, Tp. Nha Trang
요금 모히토 90,000동, 생과일 주스 35,000동
전화 0258-3811-652

배낭여행자 거리
(나트랑 남쪽 해안)

배낭 여행자 거리라고 해도 호치민의 배낭 여행자 거리와는 다르다. 부이비앤Bùi Viên 거리 하나를 통째로 부르는 것과 다르게 다양한 숙소가 모여 있는 거리로 나트랑이 개발이 덜 되었을 때부터 여행자가 모여들면서 부르던 이름이다. 지금도 콩 카페Cộng CàPHê, 랜턴스 Lanterns, 아이스드 커피Iced Coffee, 갈랑가Galangal 등의 맛집들이 모여 있고 해가 질 때면 모여드는 세일링 클럽Sialing Club의 나이트 라이프가 존재하는 나트랑의 대표적인 장소이다.

나트랑 비치
Nha Trang Beach

나트랑Nha Trang의 대표적인 해변으로 남북으로 가로지르는 쩐푸Tran Phu거리와 동쪽을 따라 위치한 해변으로, 길이가 5km에 달한다. 노보텔 호텔부터 세일링 클럽이 있는 해안까지가 배낭여행자 거리에서 만나는 해안가이다.

바다는 항상 수영과 서핑 등의 해양 스포츠를 즐기는 관광객으로 붐비고 해변은 일광욕을 즐기는 휴양객들로 가득 차 있다. 저녁이 되면 시원한 바닷바람을 맞으며 해변을 즐기기 위한 관광객과 현지인들로 모래사장은 여유롭지는 않은 해변이다.

스토리 풀
Story Pool

스토리 비치 클럽에 있는 야외 수영장으로 나트랑Nha Trang 해변의 새로운 명소가 되고 있다. 복합쇼핑몰로 만들겠다는 계획에 따라 레스토랑과 스파Spa가 나트랑 중심 해변에 수영장과 함께 있어 더욱 인기를 끌고 있다. 특히 가족 여행자가 많이 찾고 있다. 아이들은 하루 종일 수영장에서 놀고 그 옆의 선베드에서 쉬고 있는 부모가 함께 즐기고 쉬기 좋은 곳이다.

홈페이지_ www.centralpark.vn
주소_ 100 Trần Phú, Lộc Tho
요금_ 선베드 & 타올 250,000동 구명조끼 35,000동
시간_ 7~18시

NHA TRANG • PHÚ QUỐC

자이 해변
Bãi Dài

끝없이 펼쳐진 백사장과 푸른 바다로 고급 리조트들이 들어선 자이 해변이 동양의 나폴리라고 불리는 이유가 아닐까라는 생각이 드는 해변이다. 깜란 국제공항에서 20분 정도 지나면 나오는 해변은 고급 호텔과 리조트가 계속 지어지고 있어 매년 이곳을 찾는 여행자들이 늘고 있다.

때 묻지 않은 자연을 만날 수 있는 신비로운 도시, 나트랑Nha Trang의 해변 중에서도 빼어난 경관을 자랑한다. 약 4km 길이의 백사장을 가진 자이 해변Bãi Dài은 코코넛 나무가 선사하는 시원한 그늘 아래에서 달콤한 휴식을 취할 수 있다. 신비로운 분위기와 천혜의 자연환경을 자랑하는 자이 해변Bãi Dài은 헤엄치기에 딱 좋은 물 온도를 가지고 있다.

나트랑 센터
Nha Trang Center

롯데마트가 품목이 다양하고 세련되어 있지만 외곽에 있어서 찾아가기 힘이든다. 나트랑 센터는 도심 내에 있고 품목도 다양해 관광객이 많이 찾는 쇼핑센터이다. 1층에 현금 인출기(ATM)와 옆에 환전소가 있고 2층에는 슈퍼가 자리하고 있다. 3층의 푸드 코트에 다양한 음식을 주문할 수 있고 푸드 코트에서 보는 바다의 풍경이 아름다워 찾게 된다. 또한 저녁에는 볼링장이 있어 연인이나 가족과 함께 시간을 보내기에도 좋다. 3층의 푸드 코트는 메뉴를 원하는 곳에서 고르고 가격이 적혀있는 종이를 가지고 계산대로 이동해 계산을 한 후, 영수증을 받아서 다시 음식점으로 이동하여 번호가 적혀있는 플라스틱을 받고 기다리면 음식을 직접 가져다준다. 3층의 오락실과 볼링장이 있으므로 가족여행객에게 특히 추천한다.

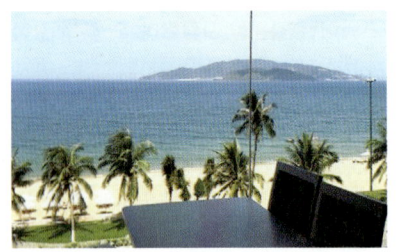

주소_ 20 Trần Phú, Nha Trang
시간_ 9~22시
전화_ 0258-6261-999

빅C 마트(Big C Mart)

나트랑 시내에서 가장 멀리 있는 마트로 관광객이 찾기보다 현지인들이 찾는 마트이다. 롯데마트와 빈콤 프라자가 세련된 내부 인테리어를 보여주지만 빅 C 마트는 세련된 분위기는 아니고 조금은 시장분위기의 마트이다. 입구를 통해 들어가면 비어있는 판매대가 있어 관광객이 자주 찾는 마트는 아니므로 외곽까지 가서 쇼핑을 하지 않는다.

XQ 자수박물관
XQ Sú Quàn

세계적인 베트남 전통자수박물관인 XQ 자수박물관 XQ Sú Quàn은 약 300년의 전통을 이어 온 베트남 전통자수의 명가로 연간 30여만 명의 관람객이 관람하는 곳으로 베트남 달랏 Đà Lạt에 본관을 두고 있다. 배낭여행자 거리의 하이랜드 HighLands 커피 건너편에 위치해 있는 박물관은 다양한 공예작품이 전시되어 있다. 무료이기 때문에 쉬어가는 장소로 잠시 들러 베트남의 공예수준을 확인할 수 있는 곳이다.

베트남자수를 대표하는 XQ 자수박물관 XQ Sú Quàn은 베트남 전국에 자수를 놓는 사람만 3,500명에 이르는 대규모 문화기업과 같은 곳으로, 특히 달랏 본관은 각종 자수와 더불어 베트남의 전통 문화 양식의 건축물과 조각, 조경들로 가득 채워져 '베트남 문화의 보고'로 알려져 있다.

주소_ 64 Trần Phú, Lộc Thọ, Tp. Nha Trang
시간_ 8~21시 30분
전화_ 0258-3526-579

베트남 자수의 역사
베트남 전통자수는 14세기 중국의 명나라로부터 전해져 온 것으로 베트남 사람의 특별한 손재주에 베트남의 문화가 겹쳐져 베트남을 대표하는 문화상품이 되었다. 자수 작품들은 비단실로 수를 놓아 작품마다 섬세한 정교함이 극치에 달해 소품에서부터 5명이 1년 동안 작업한 대작에 이르기까지 다양한 작품들이 세계 각국으로 팔려나가고 있다.

롱비치
Long Beach

나트랑 캄란 국제공항 Cam Ranh International Airport에서 아름다운 경치를 감상할 수 있는 해안도로를 따라 약 40분간 이동을 하게 되면 현대적인 해변휴양지가 나온다. 현지인들은 바이자이 비치 Bãi Dài Beach로 부르는 곳이다.

인근 바다를 돌아보는 것도 즐거운 경험이 될 수 있으며, 쇼핑, 관광명소, 레스토랑, 바 등이 모두 호텔에서 도보로 이동 가능 한 거리에 위치해 있다.

혼로 항구
Hon Ro Fish Port

나트랑 시내에서 자동차로 약 15분 이동하면 나트랑 최대의 항구인 혼로 항구 Hon Ro Fish Port에 도착한다. 매일 수많은 어선들이 항구에 정박하는 항구에는 이른 아침이면 현지 상인들이 줄을 지어 밤새 고기를 잡고 돌아오는 어선을 기다린다.

항구는 신선한 해산물을 구매하는 현지인들로 생기가 넘치고, 한쪽에서는 수천 톤의 멸치가 도시 전역으로 팔려 나가기를 기다린다.

스쿠버 다이빙(Scuba Diving)

스쿠버 다이빙Scuba diving은 물속에서도 숨을 쉴 수 있게 해주는 장비를 착용하고 수중 다이빙underwater diving을 하는 것이다. 1년 내내 따뜻한 기온과 잔잔한 파도를 가진 혼문 섬 근처에서 스쿠버 다이빙을 즐기게 된다.

영어의 'SCUBA'는 원래 잠수 장비를 가리키는 명사였지만 기구를 사용하는 잠수 활동 자체를 스쿠버로 일컫고 있다. 일반인들이 스킨스쿠버를 즐기는 경우, 잠수가 가능한 깊이는 최대 40m 정도이고 잠수를 하는 최대 시간은 3시간 30분 정도이다. 단, 잠수를 깊게 할수록 잠수 시간은 짧아지게 된다.

일반적인 인식과는 달리 사고율이 높지 않고, 여행에 대한 관심이 늘어남에 따라 즐기는 인구가 늘어나는 추세이다. 하지만 물속에서 이루어지는 스포츠이기 때문에 위험 요소를 가지게 되는 것은 당연한 것이다. 물속 압력의 변화에 따른 변화가 감압 병, 공기색전증을 일으키기도 하고 체온이 저하되거나 피부 외상이 일어날 수 있으므로 안전에 주의해 즐겨야 한다.

최대 허용 수심이 40m인 이유

물속에서는 수심 10 m마다 1 atm씩 더 가중된다. 40m에서는 5 atm의 압력이다. 압력의 영향으로 신체 내 질소 용해량이 올라가게 되며, 갑작스럽게 압력이 낮아질 경우 용해되어 있던 질소가 거품이 되어 혈관과 신경 등을 막아버리는 잠수병에 걸리게 된다. 혈액 속 산소 분압이 1.6을 넘어서는 경우 산소중독에 의한 의식불명 상태를 야기한다.

스쿠버다이빙 투어

1. 7~8시에 숙소로 픽업을 하고 나서 선착장에 모든 투어 참가자가 모이면 배를 타고 혼문 섬으로 이동한다.
2. 혼문 섬까지 이동하는 배에서 스쿠버 장비의 사용법을 알려주는 데 이때 잘 듣고 이해가 안 가는 부분이 있다면 물어보고 알고 있어야 한다.
3. 강사 1명당 2~3명으로 강사가 책임질 수 있는 인원이 그룹으로 나뉘게 된다.
4. 혼문 섬에 도착하면 초보자를 위해 2~3m 깊이의 바다에서 전문 강사가 장비 사용법이나 스쿠버 다이빙에 대한 설명을 하고 실습을 하게 된다.

보트다이빙(혼문 섬)

보트를 타고 원하는 다이빙 포인트로 이동해서 입수하는 것을 말한다. 바로 깊은 수심으로 떨어질 수 있어 비치다이빙에 비해 체력소모가 적다. 보트를 이용하므로 비치다이빙에 비해 투어 비용이 높을 수 밖에 없다. 보트에는 직원가 남아서 대기하다가 다이버가 SMB를 띄우면 그것을 육안확인하고 해당 위치로 이동하여 다이버들이 물밖으로 나올 수 있도록 돕는다.

조류 등으로 다이버들이 멀리 이동해버리면 보트에서 SMB를 보지 못하는 경우가 있으므로 다이버용 호루라기를 이용하여 청각신호를 보내거나, 반사경을 갖고 있다면 본인들이 타고 온 보트를 향해 햇빛을 반사시켜 보트를 호출한다.

5. 실습을 통해 물속으로 들어갈 수 있다고 판단을 하면 조금 더 깊은 바다로 이동하여 본격적인 스쿠버 다이빙을 하게 된다.
6. 1번의 스쿠버 다이빙을 하고 점심식사를 한다. 한번 물속에서 스쿠버 다이빙을 하면 수영을 하지 못해도 다이빙 장비가 물속에서 돌아다닐 수 있도록 추진력을 만들어 주기 때문에 물속에서 돌아다니는 재미를 알게 된다.
7. 추가적으로 스쿠버 다이빙을 하고 나머지 시간에는 스노클링을 하면 1일 스쿠버다이빙 투어는 마치게 된다.

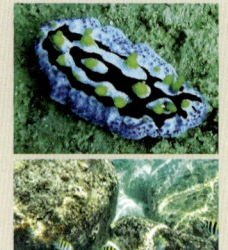

장비 확인

수트	몸에 맞는지, 내가 들어가려는 다이빙 사이트의 수온과 맞는 두께인지, 찢어진 데는 없는지, 후드/장갑/부츠가 필요에 따라 있는지 확인한다.
웨이트	웨이트 버클이 제대로 되어 있고 허리에 맞는지, 필요 시 쉽게 풀어버릴 수 있는지 확인한다. 정신없이 챙기다보면 웨이트를 뒤집어 끼우는 경우도 있으니 주의한다.
핀	짝이 맞는지, 풀 풋 핀이라면 신고 / 스트랩 핀이면 스트랩 차고 편안한지 확인한다.
물안경/스노쿨	물안경의 경우 얼굴에 잘 밀착이 되는지, 스커트 쪽에 문제는 없는지, 신제품이라면 김서림 방지가 제대로 되었는지 확인한다. 스노클은 물고 숨을 쉴 때 문제가 없는지 확인한다. 이후 BC에 공기탱크와 호흡기 결합하고 확인한다.
BC	가장 중요한 확인사항으로 몸에 맞는지, 스트랩을 죄였을 때 빈 틈이 생기지 않는지, 인플레이터를 연결하고 주입버튼 눌렀을 때 문제없이 뻥뻥해지고 비상 디플레이터에서 방구 뽕뽕 소리가 나면서 여분의 공기가 배출되는지, 배출버튼 눌렀을 때 공기가 제대로 나오는지, 혹시 BC 안에 지난 번 잠수 때 들어간 물이 남아있는지를 확인한다.
호흡기	가장 중요한 체크사항이다. 제공되는 공기탱크와 정상적으로 결합되는지, 잔압계에 표시되는 압력이 정상적인지, 새는 부분은 없는지, 2단계로 옥토퍼스 물고 정상적으로 공기가 빨리는지, 배출 버튼을 눌렀을 때 공기가 제대로 빠지는지 확인한다.
공기탱크	남아 있는 압력이 제대로 200bar 또는 3000psi인지, 입으로 빨아 마신 공기에서 이상한 맛이나 냄새가 안 나는지 확인한다.

NHA TRANG • PHÙ QUỐC

공기 호흡기(breathing apparatus)는 스쿠버 장비로 수중 호흡기(Rebreather), 송기식 잠수, SCBA(Self-contained breathing apparatus), 우주복, 잠수용 호흡기(Underwater breathing apparatus)이다.

준비물
수건과 선크림 수영복을 입고 가야 한다. 수트를 벗게 되면 따로 옷을 갈아입기는 쉽지 않다. 또한 방수 가방에 자신의 귀중품은 따로 넣어두고 핸드폰에 물이 들어가지 않도록 조심해야 한다.

주의사항
물속으로 들어갈 때 강사는 깊이를 체크하면서 들어가지만 물속으로 깊이 들어갈수록 귀가 아프거나 눈이 아플 수가 있다. 이때 손으로 이상신호를 보내면 약간 위로 올라갔다가 다시 내려가야 압력이 조절이 된다. 무턱대고 아래로만 내려가는 일이 없도록 조심해야 한다.

투어회사
베트남 엑티브(Vietnam Active)
- 주소 : 115 Hùng Vúong, Nha Trang
  (리버티 센트럴 호텔 남쪽)
- 시간 : 6시 30분~21시
- 요금 : 스노클링 35$, 초보다이빙 65$,
  스쿠버 다이빙(2회), 스노클링(2), 점심식사, 물, 장비 일체
- 전화번호 : 0258-3528-119
- 홈페이지 : www.vietnamactive.com
  vietnamactive@gmail.com

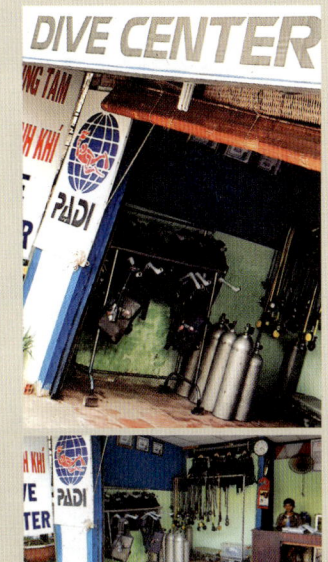

나트랑 시스타(Nha Trang Seaster)
- 주소 : 64 Trần Phú, Lôc Tho, Nha Trang
  (Aquatic Ocean Hotel)
- 요금 : 스노클링 30$, 초보다이빙 75$,
  스쿠버 다이빙(2회), 스노클링(2), 점심식사, 물, 장비 일체
- 전화번호 : 090-5380-315
- 홈페이지 : www.nhatrangseaster.com / nhatrangseaster@gmail.com

현지인이 추천하는 반미 맛집

베트남은 길거리 샌드위치인 반미의 천국이다. 사람들이 지나는 거리 어디든 반미 노점들이 모여 있다. 하지만 나트랑은 상대적으로 반미를 파는 노점들이 적다. 관광객이 많은 도시로 외국인 관광객을 대상으로 다양한 햄버거나 케밥 등이 더 많기 때문에 배낭여행자 거리에는 숫자가 적은 편이다. 현지인들의 인기를 얻고 있는 반미가게들을 선별해 보았다.

반 미 띳 누옹(Bánh mì thịt nướng)

절인 돼지고기가 바삭 바삭한 빵과 약간 매운 칠리소스와 조화를 이루고 오이 슬라이스로 나오는 반미는 10대에게 사랑을 받고 있다. 이른 아침의 시원한 공기에서 구운 고기의 희미한 연기 냄새가 매력적인지 지나가는 행인을 붙잡고 시선을 끌게 만든다.
반미를 만드는 공간이 크지 않고 깨끗하지 않은 것 같아서 맘에 들지 않을 수도 있지만 구워진 빵은 나쁘지 않다.

주소_ 17 Phan Chu Trinh, Phuong Xuong Huan 요금_ 13,000~20,000동 시간_ 6~21시 전화_ 093-576-80-59

반 미 냔 후롱 (Bánh mì ngàn hương)

이곳을 발견 한 이래로 나는 다른 곳에서 먹고 싶지 않다고 말할 정도로 나트랑Nha Trang 시민들이 사랑하는 반미 맛집이다. 여기에 있는 빵은 자체적으로 만들기 때문에 다른 반미 빵보다 작지만 두껍고 뜨거워서 맛있다.

가격도 10,000~15,000동으로 맛은 아주 좋고, 절인 고기는 맵고 짠맛이 나는 소스가 어울려 내는 반미 맛이다. 아침부터 저녁까지 쉽게 먹을 수 있지만 가끔은 빵이 없어서 문을 닫는 경우도 있다. 또한 가게는 맛있는 국수를 값싸게 판매하고 있다. 식당이 혼잡 할 때는 포장해서 가지고 가야한다고 한다.

주소_ 8 Hông Bàng, Phuóc Tiên Thành phô
요금_ 10,000~15,000동
전화_ 093-526-4339

반 미 쩐 후롱 (Bánh mì nguyên hương)

향기로운 소시지 빵에 자극적인 고수와 양파가 매운 고추와 간장이 어우러져 뜨겁고 신선한 버거는 환상적이다. 쩐 후롱Nguyen Huong 빵이 나트랑Nha Trang 시민들에게 많은 사랑을 받게 만든 이유이다.

친절하고 빠르게 나오는 반미는 빨리 일렬로 늘어서는 고객에게는 큰 장점이다. 뜨겁고 갓 구운 빵은 그냥 먹어도 맛있을 만큼 빵의 퀄리티는 높다. 소박한 종이에 둘러싸여 들어있는 빵 한 덩어리로 아침의 차가워진 손을 데우면서 먹는 맛은 잊을 수 없다.

주소_ 1 Tô Hiên Thành
요금_ 12,000~20,000동   **시간_** 7~21시
전화_ 093-3833-4570

나트랑(Nha Trang)의 노점 쌀국수

나트랑Nha Trang은 유명관광지임에도 불구하고 호이안Hoi An이나 다낭에 비해 노점의 쌀국수를 파는 가게들이 적다. 중부 지방의 대표적인 미꽝에 비해 면발이 얇은 쌀국수가 대부분이다. 관광객용 레스토랑이 아닌 나트랑 현지인들이 먹는 쌀국수를 찾는 여행자라면 골목길의 허름한 가게도 아닌 작은 의자에서 먹는 쌀국수 한 그릇 만큼 정이 담긴 쌀국수도 없을 것이다. 나트랑 시민들을 단골손님으로 거느린 허름한 가게에서 파는 국수 한 그릇은 푸짐한 양에 맛까지 푸짐하다.

아이스드 커피가 있는 골목

헝부옹Hùng Vúong 거리의 아이스드 커피가 있는 골목에 위치한 완탕이 생각나는 가게이다. 가게이름조차 불분명한 쌀국수집이지만 국수 맛을 알게 된 관광객이 서서히 찾고 있다. 다행히 맛을 찾아 나선 많은 여행자가 알려 주면서 인기를 끌고 있다. 얇은 면발 때문에 자칫 밋밋할 수 있는 쌀국수의 국물이 살려주어 맛이 업그레이드가 되었다.
또한 외국인이 오면 미리 고수를 빼놓아 관광객을 배려하고 있다. 짜지 않고 구수한 국물에 고기를 올리고 파를 송송송 썰어 넣어서 다른 채소가 없는 데도 땀이 나게 되는 개운한 맛이 된다. 라임을 짜 넣어서 깔끔하게 먹는 외국 관광객이 많다. 관광객과 다르게 나트랑Nha Trang 시민들은 완탕을 좋아하여 먹는 메뉴에 차이가 있다.

요금_ 쌀국수(3종) 40,000동, 완탕 75,000동　　**시간_** 7~21시

소피아 호텔 건너편 코너에 있는 아침 쌀국수

따뜻한 국물이 가득한 국수와 고명이 얹어진 국수는 취향에 따라 허브를 넣어 먹을 수 있다. 숙주와 칠리소스를 넣어서 자신의 입맛에 맞는 국물을 만들 수 있다. 관광객보다 현지인을 상대하고 아침에만 장사를 하기 때문에 늦게 일어나는 관광객에게 많이 알려지지 않았다.

그렇지만 아침에 일찍부터 일을 시작하는 나트랑 Nha Trang 시민에게 맛있는 쌀국수를 제공해 주기 때문에 아침마다 조그만 의자에 앉아 하루의 일과를 시작하는 시민에게 도움을 주는 쌀국수집이다.

요금_ 쌀국수 40,000동 **시간_** 7~10시

EATING

나트랑 남쪽 해안은 다양한 해산물을 푸짐하게 먹을 수 있는 천국이다. 미식에서 베트남도 복을 받은 나라 중 하나일 것이다. 그 정도로 풍부한 식재료에 다양한 나라의 관광객이 몰려오면서 중국, 인도, 프랑스 등의 요리가 나트랑Nha Trang에서 요리되고 있다.

세일링 클럽
SailingCiub

아름다운 나트랑Nha Trang 해변을 바라보며 식사와 커피 등의 음료를 부담 없이 즐길 수 있는 레스토랑이다. 여행자거리에서 가까워 접근성이 좋은 것이 가장 큰 장점이다. 일몰의 풍경이 아름다워서 해 질 무렵이면 테이블마다 은은한 촛불이 켜지고, 그림 같은 해변과 분위기가 서로 조화를 이뤄 나트랑Nha Trang의 밤을 아름답게 물들인다.

5시 정도만 되도 만찬을 즐기기 위해 모여드는 관광객들로 테이블이 다 차게 된다. 세일링 클럽Sailingclub의 '캔들 디너'라고 하는 저녁식사가 끝이 나고 9시를 넘어서면 레스토랑이 시끄러운 클럽으로 변신한다. 레스토랑과 연결된 해변에서 다양한 공연이 펼쳐지고 시끌벅적한 분위기를 북돋우는 흥겨운 음악은 밤이 깊도록 계속된다.

홈페이지_ www.sailingclubvietnam.com
주소_ 72~74 Trần Phú, Lôc Tho, Tp Nha Trang
시간_ 7시 30분~새벽 2시
요금_ 파스타 290,000동, 비프 버거 270,000동, 샌들스 셰프 샐러드 290,000동
전화_ +84-93-558-0205

NHA TRANG • PHÙ QUỐC

가랑갈
Galangal

베트남 음식을 현대화하여 성공한 대표적인 레스토랑으로 빈콤 프라자 건물에 들어서 있다. 대체로 평은 음식은 무난하나 서비스가 좋지 않다는 것이다.
직접 음식을 주문하니 사람들이 많아서 기다리는 시간이 길었고 음식은 반쎄오에 기름이 많이 들어가 맛은 나쁘지 않았다. 다만 쌀국수는 맛이 담백하지 않아서 좋은 맛은 아니다. 음식의 양이 작아서 하나로 부족할 것 같은 느낌이 강하다.
가리비구이를 가장 많이 주문하는 데 길거리에서 먹는 해산물이 위생적이지 않다는 인식이 강해 먹지만 양이 작아서 다른 음식을 주문하는 데에 같이 주문하여 한번 먹어본다고 생각해야 먹을 만하다.

홈페이지_ www.galangal.com.vn
주소_ 1A Biết Thú, Tân Lập, Nha Trang
시간_ 10시~23시
요금_ 반쎄오 68,000동, 포보 79,000동,
　　　가리비 구이 90,000동
전화_ +84-58-3522-667

레퓨제
Refuge

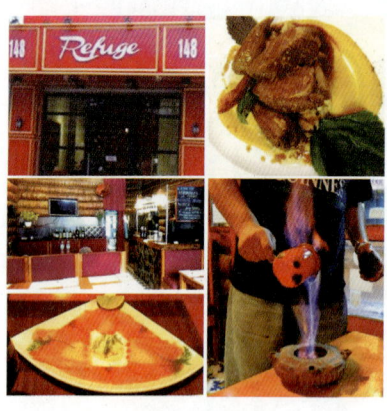

나트랑^{Nha Trang} 해변에 있는 레스토랑으로 유럽 관광객을 대상으로 프랑스요리를 전문으로 요리하는 곳이다. 새우요리와 스테이크를 하우스 와인과 함께 즐기는 관광객이 많다.

프렌치 코스를 주문해도 가격이 저렴하여 나트랑^{Nha Trang}을 찾는 많은 러시아 관광객에게 최근에 인기를 끌고 있다. 간단하게 소시지와 맥주에 악어고기, 치킨, 타조고기, 소고기 등의 스테이크는 매우 맛있는 저녁식사가 된다. 악어고기나 타조고기는 알고 먹지 않으면 소고기 스테이크와 다를 바 없어서 낯선 재료에 대한 선입견이 없어지게 만든다.

홈페이지_ www.lanternsvietnam.com
주소_ 148 Hùng Vúông Quànt Tràn, Tp Nha Trang
시간_ 8~22시
요금_ 스테이크 150,000동, 소시지 60,000동,
　　　　 크림소스와 감자 55,000동
전화_ +84-122-808-7532

쭉 린 2
Ttúc Linh 2

바다와 접해 있는 나트랑^{Nha Trang}으로 여행을 온 관광객은 한번쯤은 해산물 요리를 먹어보고 싶어한다. 이곳은 여행자거리에서 유명한 해산물 요리 레스토랑이다. 동남아시아 어디를 가든 해산물 레스토랑의 주무하는 시스템은 다 같다.
입구에 있는 랍스터나 타 아거 새우, 조개, 오징어 등을 고르면 원하는 대로 요리를 해서 가져다준다.
2010년대에 들어 저렴하게 해산물을 요리해주었던 쭉린은 이제는 규모를 갖춘 레스토랑이 돼서 저녁에는 관광객으로 넘쳐난다. 그러므로 주문을 해도 늦게 나오는 경우도 있고 손님들의 요구가 많아 불친절하기도 해 호불호가 점차 갈리고 있다. 특히 중국인 관광객이 최근에 많이 찾아오면서 인기를 끌고 있다. 핫팟^{Hot Pot}이 대한민국의 탕과 비슷한 요리여서 국물을 먹고 싶다면 추천한다.

홈페이지_ www.facebook.com/truclinhrestaurant
주소_ 18 Biêt Thú, Lôc Tho, Tp Nha Trang
시간_ 7~22시
요금_ 랍스터 200,000동, 오징어 60,000동,
　　　　 타이거 새우(100g 당) 50,000동
　　　　 핫팟(2인) 250,000동
전화_ +84-058-521-089

분짜 하노이
Bún Chà Hà Nôi

카페 거리에 있는 작고 허름한 식당이지만 맛만큼은 최고의 분짜Bún Chà를 먹을 수 있다. 할머니와 아저씨가 운영하는 테이블 6개의 식당에는 분짜Bún Chà와 분넴Bún Nêm을 최고의 맛으로 즐길 수 있고 고수를 빼달라고 하면 빼주기 때문에 자신의 기호에 맞추어 먹을 수 있다. 게다가 관광객이라고 불친절하게 대우하지 않고 친절하게 맞아주기 때문에 아침에 일어나서 산책하고 들어가면 현지인처럼 반겨주는 친절함은 현지인의 친절을 느끼게 해주어 하루가 즐겁게 된다. 매일 먹어도 맛있는 곳으로 적극 추천한다.

홈페이지_ www.monngonhanoi.business.site
주소_ 1 Ngõ Thời Nhiệm, Tân Lập, Tp Nha Trang
시간_ 7~21시
요금_ 분짜 35,000동, 분넴 35,000동
전화_ +84-168-242-6789

랑응온
Làng Ngon Vietnamese Cuisine Restaurant

콩 카페에서 왼쪽으로 나와 500m정도를 가면 만날 수 있는 맛집이다. 레스토랑이름에도 나와 있는 것처럼 베트남 전통음식을 저렴하지만 깨끗한 분위기에서 맛볼 수 있다.

레스토랑 내부는 한적한 시골 전원 식당처럼 꾸며져 있어 시원한 바람을 맞으며 식사를 할 수 있다. 연못 옆에서 반쎄오와 분짜를 먹고 커피나 차를 마시면서 한적하게 대화를 나누어도 좋은 장소이다.

최근에 중국인 관광객이 많아지면서 저녁식사시간에는 한적함이 떨어지고 혼잡함이 남아 씁쓸하지만 저녁시간대만 피하면 맛있는 한 끼 식사를 저렴하게 먹고 만족하게 되는 레스토랑이다. 다만 낮 시간에는 에어컨이 없어서 뜨거운 햇빛에 노출될 수 있으니 시간대를 잘 맞추어 가도록 하자.

홈페이지_ www.langngon.com
주소_ Hem 75A Nguyen Thi Minh Khai, Nha Trang
시간_ 10시 30분~14시 / 16~22시
요금_ 분짜 59,000동, 반쎄오 39,000동
전화_ +84-91-350-4319

포 홍
Phở Hồng

쌀국수 맛집을 관광객이나 현지인에게 물어보면 가장 먼저 대답하는 곳이 포 홍Phở Hồng일 것이다.

베트남여행에서 추억을 이끌어 내는 것이 바로 쌀국수일 것이다. 특히 베트남에서 어디를 가나 먹을 수 있는 대표적인 쌀국수는 이제 필수 코스가 되었다.

많은 여행자들이 단 하나의 쌀국수라고 치켜세울 정도이므로 한번 먹어보고 평가를 해보길 바란다. 현지 나트랑Nha Trang 시민들도 자주 찾는 편인데, 단 하나의 메뉴인 쌀국수만 판매하고 있다. 보통으로 먹을 것인지, 큰 사이즈로 먹을 것인지만 선택하면 된다.

주소_ 40 Lê Thánh Tôn, Tân Lập, Thành phố Nha Trang
시간_ 6~21시
요금_ 55,000동

믹스 레스토랑
Mix Restaurant

나트랑Nha Trang은 유럽 배낭 여행자들이 많은 여행지이기 때문에 쌀국수 집뿐만 아니라 다양한 국가의 음식들이 현재 영업 중이다.

장기 여행자들이 쌀국수나 베트남 음식만 먹으면서 지낼 수 없기에 유럽의 음식은 나트랑Nha Trang에 많이 판매되고 있다. 색다른 메뉴를 먹어보고 싶다면 도전해도 좋은 레스토랑이다.

베트남 나트랑Nha Trang에서 가장 성공한 유럽 레스토랑으로 알려진 믹스 레스토랑은 그리스 지중해 음식을 소개하고 있다. 베트남 물가보다 비싸지만 어디에도 소개할 수 있을 정도로 맛있는 그리스 음식을 맛볼 수 있다. 빈티지 인테리어에 고기와 해산물, 그리스 대표 음식인 수블라키Subulaki가 관광객을 유혹한다. 항상 많은 손님으로 붐비기 때문에 점심이나 저녁 시간을 약간 피해가는 것이 기다리지 않고 들어가는 방법이다. 가장 인기 많은 메뉴인 해산물 미트와 그리스 대표 음식 수블라키Subulaki이다. 색다른 메뉴 그리스음식을 경험할 수 있는 믹스 레스토랑Mix Restaurant이다.

주소_ 77 Hùng Vương, Lộc Thọ, Tp. Nha Trang
시간_ 11~22시
전화_ (+84) 165-945-9197

반 칸 꼬 하
Bánh canh Co Hà

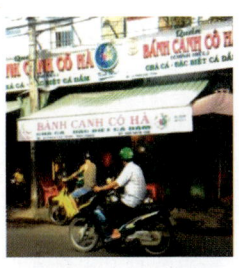

나트랑에서 현지인이 자주 찾는 쌀국수 가게로 국수는 포 국수 pho noodle와 같다, 둥근 수프가 아니라, 생선으로 만드는 국물은 오랜 시간이 소요된다.

아침 식사와 점심에 파는 것이기 때문에 아침 식사 전에 6시부터 만들기 시작한다. 생선과 물, 양파만으로 끓여 육수를 만든다. 양파가 굉장히 많아 양파의 단맛이 강한 편이다. 친절하지 않아서 불만이 있는 식당이지만 접시에 양파와 채소를 가져다준다. 약간 엷은 국물과 작고 깨끗하지 않은 내부 인테리어와 의자가 불만인 사람들도 있다.

주소_ 14 Phan Chu Trinh
요금_ 15,000~28,000동
시간_ 7~19시 30분
전화_ +84-258-3562-148

반 깐 누엔 로안
Bánh canh Nguyên Loan

생선으로 만든 국물은 대담하지 않지만 진한 맛이 나오는 곳으로 평가받고 있다. 레스토랑에서는 생선 구이와 생선요리 등도 판매하고 있다.

맛있는 수프의 맛은 생선 소스를 오랜 시간 끓이면서 나오게 된다. 달고 시큼한 갈비가 달린 생선에 나오는 생선 소스는 새우, 고추 페퍼와 함께 다양한 맛을 내게 된다.

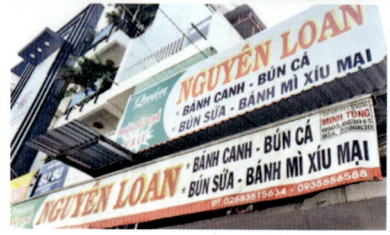

주소 Ngô Gia Tú, Phuóc Tien Thanh Phõ
요금 30,000~35,000동
시간 7~21시
전화 058-351-5634

분 보 후에 100
100Bún bò Huế 100

암소를 이용하는 쇠고기 국물은 맛있다. 신선하고 맛있는 국물이 분 보 후에의 맛을 좌우하는 데 신선한 야채로 자신이 원하는 맛을 추가해 먹을 수 있다.

육류, 튀긴 고기, 후추, 찐 야채 등과 칠리 소스를 붓고 맛있는 요리를 할 수 있다. 하노이 같은 대도시에서는 공장화된 분 보 후에를 식당에서 팔고 있지만 이곳은 많은 지방을 가진 고기를 사용하면서 신선도를 유지하고 있다.

주소 100 Ngo Gia Tu
요금 33,000동
시간 7~22시
전화 +84-258-3511-129

ABC 베이커리
ABC Bakery

베트남의 '파리바게뜨'라고 부르는 ABC 베이커리는 나트랑에 2개의 지점이 있고 호치민, 다낭 등의 대도시에 있는 전문 베이커리이다. 하지만 아직 많은 지점을 가지지는 못했다. 안으로 들어서면 다양한 빵이 내뿜는 냄새가 구수하다.

베트남 반미도 있지만 나트랑 시민들에게 사랑받는 것은 케이크이다. 다양한 조각케이크와 머핀뿐만 아니라 생일 케이크도 판매하고 있다. 현지 브랜드이지만 유럽 관광객도 많이 찾는 브랜드로 바뀌고 있다.

주소_ 78A Ly Thanh Ton, P.Phuong Sai
시간_ 7~22시
전화_ 58-381-5607

현지인이 추천하는 여행자거리 맛집

티 티 레스토랑
Ti ti restaurants(Beef Steak)

호치민Hochimin과 나트랑Nha Trang에서 오픈한 유명한 레스토랑이다. 레스토랑은 응우엔차이Nguyen Trai와 박당Bach Dang 거리 모퉁이에 위치해 있다.

맛있는 음식, 후추 소스, 절인 연어가 들어있는 쇠고기, 싱싱한 감자튀김, 신선한 샐러드 등이 인기 메뉴이다. 음식을 주문하면 빠르게 요리해 나오고 아늑하고 편안한 레스토랑 인테리어에 친절한 직원은 분위기를 더해준다. 쇠고기스테이크 가게이지만 암소는 호주산 쇠고기와 달리 부드럽고 건조하지 않아 먹기에 좋다.

겉이 단단하고 건조한 빵은 먹기가 어렵지만 소스에 찍어 먹으면 딱딱함이 누그러져 괜찮다.

주소_ 89 Nguyèn Trài, Nha Trang
요금_ 쇠고기 스테이크 75,000동 양BBQ 90,000동, 미국산 쇠고기 스테이크 130,000동
시간_ 9시 30분~21시 30분
전화_ +84-90-343-6061

놈 놈 레스토랑
Nôm nôm restaurant

골목에 위치한 작은 상점이지만 찾기가 쉽다. 작지만 고급스러운 내부 인테리아, 조용한 분위기로 젊은이들이 특히 좋아한다. 현지인들은 치즈 피자가 가장 맛있다고 추천하고 있다.

관광객은 커리Curry를 가장 좋아한다. 피자는 맛있고 빵은 바삭하지는 않지만 싱싱하다. 저렴하고 좋은 서비스가 음식 맛에 더해 인기를 얻고 있다.

메뉴는 애피타이저와 메인 요리, 모든 종류의 음료를 제공하지만 저렴한 가격에 맛있는 음식이 장점이다.

28cm의 피자, 라자냐와 타이 패드 등 인기요리는 대부분 80,000동이다. 특히 직원들이 손님이 붐비는 점심에도 친절하다. 너무 붐비지 않을 식사시간 이후나 이전에 가는 것이 좋다. 다만 베트남에서 신선하게 유지해야 하는 굴 요리는 추천하지 않는다.

홈페이지_ www.nomnom.bakery.burger
주소_ 17/6 Nguyèn Thi Minh Khai, Lôc
요금_ 28cm의 피자, 라자냐 and 타이 패드 80,000동
시간_ 7~22시
전화_ +84-129-2914-606

올리비아 레스토랑
Olivia Restaurant

러시아 관광객이 초기에 많이 가던 피자집이었으나 지금은 전 세계의 관광객이 몰리고 현지인에게는 약간 높은 가격이지만 이곳에서 데이트 인증샷을 찍어 올리는 대표적인 피자와 이탈리아 레스토랑으로 정평이 나있다. 특히 빵과 파스타는 맛있고 베트남사람들의 취향에 어울린다고 이야기한다.

피자와 이탈리아 음식이 메인으로 구성되어 있고 현지 음식은 부수적으로 구성되어 있는 듯한 느낌으로 주문도 대부분 피자와 이탈리아 파스타에 몰려 있다. 2층으로 피자를 굽는 화덕을 지나 2층으로 올라가면서 피자가 구워지는 과정을 볼 수 있어 위생적으로 관리되고 있다.

피자는 작은 사이즈나 큰 사이즈의 가격차이가 10,000동으로 대부분 큰 사이즈를 주문하고 피자에 덧붙여 와인과 칵테일을 같이 먹는 관광객이 많다.

주소_ 14B Trân Quang Khài Phuong Lôc Thò
요금_ 피자 120,000동~
시간_ 10~22시
전화_ +84-90-8480-736, 0258-3522-752

피자 컴퍼니
Pizza Company

나트랑^{Nha Trang}에는 의외로 피자 가게가 많은데, 그 중에서 음식서비스의 질에 만족해 대중적으로 유명하며 인기가 있다. 특히 해산물을 토핑으로 새우, 천 섬 소스, 조개 등이 올라간 피자는 두껍지 않아 먹기에 좋다.

피자의 치즈는 쫄깃하게 늘어진 진한 향이 있다. 내부는 깨끗하고 직원은 친절하여 베트남 음식을 먹기 싫을 때에 찾으면 나쁘지 않은 선택이다. 칠리소스를 곁들여서 만든 토마토소스가 훌륭하다.

가격은 다른 피자집보다 비싸지만 품질은 일반적으로 만족할 만하다.

주소_ 30A Nguyễn Thiên Thuật, Lộc Thọ, Tp Nha Trang
요금_ 스몰 80,000동~ 미디엄109,000동~
　　　라지 139,000동 스프라이트, 콜라 55,000동
시간_ 7시~23시
전화_ +84 58 2471 674

NHA TRANG • PHÚ QUỐC

껌 땀 수온 꿔
Cơm tấm sườn que

넓고 깨끗하며 앉아서 먹는 것이 편한 인기 있는 장소이다. 전형적인 껌 땀인 쌀밥에 고기를 얹은 껌 땀 리브 스틱은 30,000동으로 저렴하다.

쌀밥의 양은 많지 않지만 매우 맛 좋은 쌀밥으로 정평이 나있다. 고기는 소스의 짠맛과 단맛이 매력적으로 어울린다. 절인 고기로 맛있지만 약간 질기기 때문에 소스로 잡아주고 있다.

길거리 음식 중 나트랑Nha Trang에서 오랜 시간 사랑받는 음식이었다. 나트랑Nha Trang 최고의 밥 1위로 인정 받았다. 식당을 찾는 오랜 단골 고객은 땅콩 향기와 향기로운 밥 냄새를 맡으면 배가 고파온다.

주소_ 66 Ngo Gia Tu - Nha Trang
요금_ 껌 땀 리브 스틱 30,000동
시간_ 10~21시(다 팔리면 문을 닫는 데 20시면 문을 닫을 때가 많다)
전화_ 058-351-4195

껌 땀 둥
Cơm tấm Dung

맛있고 깨끗한 갈비와 섞인 주먹밥인 껌 땀은 밥맛이 중요하다. 밥 위에 올리는 고기는 다양하게 원하는 대로 선택할 수 있지만 바로 구워 먹어야 밥과 어울리는 고기에 소스를 뿌려 먹는 고기가 맛의 처음과 마지막을 결정하게 된다. 튀기지 않으면 금방 식어버려서 대부분의 식당에서는 튀겨서 올려준다. 이곳은 가격에 비해 질적으로 높은 고기와 쌀밥의 맛을 보장하는 곳으로 나트랑 시민들이 지속적으로 찾는 식당이다. 식사시간에는 상점이 매우 혼잡하지만 서비스가 빠르므로 걱정할 필요가 없다.

고기에 얹어 먹는 생선 소스는 달콤하고 짠 맛이 아니어서 상큼하다. 가장 저평가 받고 있는 메뉴는 쌀 립 플레이트+튀긴 계란으로 달걀의 신선함이 떨어진다고 이야기해주지만 내가 먹었을 때는 신선하여 평가를 잘 모르겠다는 생각을 했다.

주소_ 20 Phan Dinh Giot, Phuong Sai Ward
요금_ 30,000동~, 껌 땀 비프 41,000동, 껌 땀 튀긴 계란 33,000동
시간_ 16시30분~21시(다 팔리면 문을 닫는데 20시면 문을 닫을 때가 많다)

베트남 사람들이 해산물을 저렴하게 즐기는 방법

베트남은 남북으로 길게 뻗어 해안을 끼고 있는 국토를 가지고 있는 나라이다. 그래서 베트남의 해산물과 생선요리는 저렴할 것이라고 생각하지만 실제로 해산물 요리를 먹으려고 레스토랑에 가면 비싼 가격에 놀라게 된다. 그런데 관광객에게만 해산물 요리가 비싼 것이 아니다. 베트남 사람들에게도 해산물 요리는 매우 비싼 요리로 쉽게 먹을 수 있는 요리는 아니다. 그래서 해안에 사는 베트남 사람들이 해산물과 생선요리를 저렴하게 먹는 방법이 있었다. 그들과 함께 오랜 시간을 보내면서 어촌 마을의 하루를 알 수 있었다.

매일 새벽 해안에서 잡은 해산물은 작고 동그란 배들이 다시 싣고 바닷가로 가지고 온다. 그 전에는 TV다큐멘터리에서 이런 장면이 베트남 중부의 무이네Muine에만 나와서 무이네의 고유한 것들이라고 알고 있었지만 베트남의 해안에는 어디를 가든지 비슷한 장면이 어촌 마을에는 보인다. 무이네Muine, 나트랑Nha Trang, 푸꾸옥Phu Quoc 등의 어촌에서 비슷하다.

해안에 도착한 생선들과 해산물은 많은 여성들이 받아서 경매를 하기 시작한다. 크고 신선한 생산과 해산물은 인근의 유명하고 인기 있는 레스토랑과 음식점에서 매일 판매를 해야 하므로 경매로 구입을 한다.

다음으로 작은 식당에서 다시 해산물을 구입하고 나면 아침의 판매는 끝이 난다. 여성들은 빠르게 집으로 돌아가 아침을 자식들을 먹여야 하기 때문에 집으로 돌아간다. 이때가 처음으로 저렴하게 해산물과 생선을 저렴하게 구입할 수 있는 때이다. 잘 흥정을 하면 그냥 돌아가느니 저렴하게라도 팔고 싶은 판매자에게 해산물을 저렴하게 구입할 수 있다.

NHA TRANG • PHÙ QUỐC

그렇게 끝이 나는 아침의 경매시장에도 남아 있는 사람들이 있다. 이들은 결혼하지 않은 여성들이 대부분으로 조금 늦게 일어나서 아침을 먹고 나온 여성들이다. 남아있는 생선과 해산물은 계속 판매를 한다. 아직은 크고 신선한 해산물과 생선요리가 필요한 상인들과 레스토랑이 있기 때문에 판매를 한다.

시간이 지나면서 판매를 하고 남아있는 생선과 해산물은 신선도가 떨어지면서 가격이 떨어지고 점심식사를 하고 나면 거의 해산물과 생선은 없어진다. 오후가 되면 해산물을 먹고 싶은 근처에 살고 있는 사람들이 오면서 남아있는 조개나 크랩 등을 구입하게 된다. 생선은 대부분 오전에 판매를 하고 오후에는 상할 수 있으므로 판매를 하지 않는다.

남아있는 해산물은 모두 떨이로 판매를 하므로 커다란 바구니에 담아 판매를 한다. 신선도는 떨어지고 크지도 않은 해산물이 같이 있지만 바구니채로 판매를 하므로 양이 많고 저렴하다. 대부분 현지에 사는 사람들에게 판매를 하기 때문에 저렴하게 빨리 팔고 돌아가려는 판매자들도 가격을 비슷하게 부르기만 하면 주게 된다. 흥정이 많이 필요하지 않다. 왜냐하면 여기서 못 팔게 되면 어차피 상하여 버리게 될 수밖에 없기 때문이다.

100,000~200,000동(약 5,000~10,000원)에 엄청난 양의 해산물을 먹을 수 있다. 구입한 해산물은 인근 레스토랑에서 요리를 해 온다. 오후가 되면 인근의 레스토랑은 저녁 장사를 하기 위해 판매를 준비하고 요리를 할 수 있도록 불도 피워놓기 때문에 저렴하게(30,000~50,000동) 요리를 해준다. 그렇게 요리까지 되면 가족들이 모두 모여 해산물을 먹으면서 이야기꽃을 피운다. 내가 이들과 같이 흥정하기도 하지만 베트남어를 못하는 내가 이 장소에 있다는 것만으로 현지인들은 신기해하고 원하는 가격에 해산물이 가득 찬 바구니를 주었다. 오히려 나에게 더 저렴하게 주기 때문에 내가 흥정에 나서는 것이 더 저렴할 때도 많아지는 신기한 경험을 할 수 있었다.

베트남 라면, 쌀국수

베트남은 500개 이상의 라면 상품이 경쟁하는 라면 소비국이다. 베트남의 총 라면 소비량은 50억 6천만 개로 세계에서 5번째로 라면 소비를 많이 하고 있다. 연간 1인당 라면 소비량은 1위인 대한민국이 73.7개에 이어 53.5개인 베트남이 2위이다. 베트남은 봉지라면 시장이 컵라면 시장보다 압도적으로 높았지만 최근에 편의점 증가로 컵라면 소비가 증가할 것으로 전망하고 있다.

하오하오(Hao Hao)

베트남 사람들에게 가장 사랑받는 라면 브랜드는 하오하오^{Hao Hao}라고 한다. 1993년 베트남 라면시장에 진출한 일본의 에이스쿡 베트남^{Acecook Vietnam}은 하오하오^{Hao Hao} 브랜드를 포함한 라면 브랜드를 만들어내면서 베트남 라면시장의 절대 강자로 알려져 있다. 일본에서 온 기업이 일본의 기술로 안전하고 위생적으로 만든 제품이라는 점을 부각시키면서 베트남 소비자들에게 크게 다가왔기 때

하오하오(Hao Hao)의 다양한 라면들

새우라면

새우 라면은 "Hao Hao Tom chua cay"라고 써 있다. 'Tom chua cay'은 새콤하고 매운 새우 라면이라는 뜻으로 베트남을 여행하는 한국인 관광객에게 가장 인기 많은 라면이다. 라면을 맛보면 고수 맛과 신맛이 느껴지는 전형적인 베트남 라면이다. 국물은 조금 매콤하고 면발은 쫀득쫀득한 느낌이 든다.

돼지고기라면

돼지고기라면은 'Thit bam bi đo'이라고 적혀있다. 잘게 썰어진 돼지고기가 들어가 있는데, 개인적으로 베트남 라면 중에서 가장 좋아하는 맛이다. 투명한 봉지 안에 돼지고기 국물 맛을 내기 위해 들어있는 소스에서 참기름 같은 냄새가 나서 고소한 맛이 느껴진다. 면발이 탱글탱글하게 유지되어 더 맛있게 느낀다. 맵지 않고 돼지고기 같은 진한 국물이 느껴져 무난하게 추천할 수 있는 라면이다.

문이다. 저렴한 제품가격으로 시장경쟁력을 높이고 성공을 거두었으나 48.2%에 달하던 시장 점유율이 최근에 32.2%까지 떨어졌다.
'새우 향이 들어간 시고 매운 맛$^{vi\ tom\ chua\ cay}$'의 제품을 가장 먼저 출시했고, 변화하는 현지의 라면 트렌드에 맞춰 다양한 맛과 향의 제품을 개발해 현재 7가지 맛의 하오하오$^{Hao\ Hao}$ 라면이 출시되어 있다.

오마치(Omachi)

프리미엄 라면 시장에는 마산^{Masan}이 코코미 Kokomi와 친수^{Chinsu}와 브랜드를 출시했으나, 시장에서 호응을 얻지 못했다. 오랜 연구개발 끝에 오마치^{Omachi}가 성공을 거두었다. 베트남 사람들은 밀가루가 함유된 음식을 많이 섭취하면 신체의 온도가 높아져 피부 트러블이 생기므로 건강에 해롭다는 인식이 라면 소비를 꺼리게 만드는 원인이었다. 감자전분으로 만든 라면 오마치^{Omachi}는 '맛있으면서 열도 나지 않는다$^{Ngon\ ma\ khong\ so\ nong}$(응온 마 콤 써 놈)' 문구로 베트남 인들을 사로잡았다.

> **짝퉁 라면 하오 항(Hao Hang)**
>
> 기존의 라면보다 작은 크기로 포장돼 나오는 하오하오$^{Hao\ Hao}$ 디자인을 아시아 푸즈$^{Asia\ Foods}$사가 도용해 유사 라면인 하오 항$^{Hao\ Hang}$을 만들어 일시적으로 성공을 거두었으나 소비자의 외면을 받으면서 현재 생산을 중단한 상태이다.

쇠고기 쌀국수

비폰(Vifon)

'Thit Bo'는 '쇠고기'라는 뜻으로 비폰Vifon 의 쇠고기 쌀국수는 베트남 마트에서 인기가 많은 쌀국수로 알려져 있다. 비폰Vifon의 쇠고기 쌀국수는 베트남 식당에서 파는 쌀국수의 맛과 비슷하게 만들기 위한 흔적이 보인다.
쌀국수 면과 쇠고기, 분말스프, 소스를 넣어 국물을 만드는 스프와 칠리소스, 채소가 들어가 있다. 쌀국수 면이 넓고 두꺼워 골고루 익을 수 있도록 1~2분 정도 더 시간을 두고 나서 먹으면 더욱 맛이 좋다.

마이 마이 포 보(Nho Mai Mai Pho Bo)

에이스쿡Acecook은 '오래가는 기억Nho Mai Mai Pho Bo'이라는 문구로 소비자에게 어필을 하고 있다. 오래 간직할 수 있는 베트남의 전형적인 쌀국수 맛을 담도록 만들었다. 비폰Vifon의 쌀국수가 소고기 맛이 진하게 느껴진다면 에이스쿡Acecook의 쌀국수는 피시소스 맛이 느껴지는 것이 차이점이다.

포24(Pho24)

포24PHO24는 베트남에서 유명한 쌀국수 체인점이다. 대표적인 베트남의 쌀국수를 집에서도 간단하게 조리해 먹을 수 있도록 개발되었다. 포24Pho24의 쌀국수에는 체인점과 동일하게 채소, 쌀국수 면, 국물을 그대로 담도록 노력했다고 한다.
양념도 4가지나 들어가 있어서 개인적인 입맛에 맞도록 양념을 넣으면 된다. 다른 쌀국수 제품과 비교했을 때 국물과 향은 평범해서 식상해질 수 있는데 면으로 쫄깃한 맛을 느낄 수 있어 씹는 느낌이 좋다.

SLEEPING

빈펄 콘도텔 비치프론트 나트랑
Vinpearl Condotel Beachfront Nha Trang

2018년 9월에 빈펄 체인의 호텔로 비치프론트에 있는 빈콤프라자 건물에 있어 쇼핑과 해변과의 거리는 너무 가깝고 시내관광에 최적이다. 황금빛 골드로 된 내부 인테리어는 고급스러운 분위기를 풍기고 천장은 높아서 시원스러운 느낌이다.
1층의 로비 바가 23시까지 운영 중이라 다른 루프탑 바보다 쾌적하게 나이트라이프를 즐길 수 있다.

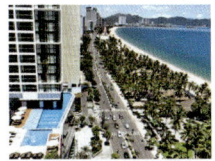

주소_ 78~80 Trần Phú, Lộc Thọ, Tp Nha Trang
요금_ 킹 스튜디오 시내 전망 176,000원(159$~),
         트윈 스튜디오 도시 전망 207,000원(180$~)
전화_ +84-258-3598-900

식스센스 닌반베이
Six Senses Ninh Van Bay

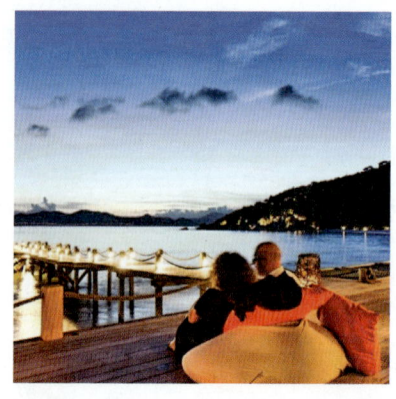

나트랑 북동부에 자리한 최고급 5성급 리조트로 나트랑 해안의 복쪽, 외진 곳에 위치해 있다. 식스센스 닌반베이 리조트는 사람의 손길이 많이 닿지 않아 더 매력적으로 다가온다. 전통적인 베트남의 건축이 때 묻지 않은 정글과 만나 태초의 자연 속에서 고품격 휴식이 가능하도록 설계되었다.

앞에는 넓게 펼쳐진 해변과 백사장이 있고, 뒤에는 산과 수풀이 리조트를 병풍처럼 둘러싸고 있어서 안정감이 느껴진다. 나트랑 최고의 명당으로 평가받는 위치로 사람들의 발길이 드물어 조용하게 휴가를 즐기려는 관광객이 주고객이다. 환경 친화적으로 설계된 우아한 건축은 큼직하고 넓은 선 데크를 갖추고 있어 개인 사생활을 확실하게 보장한다. 총 58개의 풀 빌라에 앞으로는 바다가 있고, 개인 풀이 갖춰진 최고의 리조트이다.

홈페이지_ www.sixsenses.com
주소_ Ninh Van Bay, Ninh Hoa, Khanh Hoa, 57000
전화_ +84-58-3524-268

식스센스 닌반베이 안에 있는
레스토랑 다이닝 바이 더 록스
Diningby the Rocks

식스센스 닌반베이 리조트에 있는 최고의 음식을 만들어내는 레스토랑이다. 닌반베이 앞쪽의 제일 높은 곳에 위치해 시원한 바람을 맞으면서 식사를 할 수 있는데, 주로 해가지는 저녁에 식사를 많이 한다. 압도적인 풍경이 펼쳐지는 우든데크 Wooden Deck에서의 저녁 만찬은 로맨틱한 분위기가 연출된다. 6개의 코스 메뉴와 고품질 음식을 선보인다. 주방이 오픈된 구조로 나트랑 만에서 잡히는 싱싱한 해산물 요리가 인기이다.

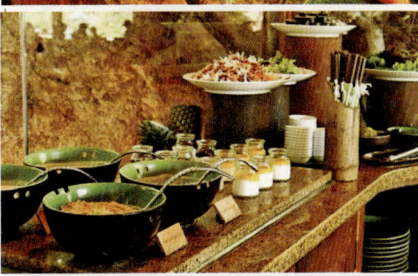

홈페이지_ www.sixsenses.com/resorts/ninh-van-bay/destination
주소_ Ninh Van Bay, Ninh Hoa, Khanh Hoa, 57000
시간_ 19～22시 30분
전화_ +84-58-3524-268

빈펄 리조트
Vinpearl Resort

베트남에서 가장 친숙하게 다가오는 단어인 빈 그룹의 나트랑 지점으로 시내에서 바다를 보면 보이기도 한다. 혼째^{Hon Tre} 섬을 모두 리조트로 만들어 육지와 섬을 케이블카로 연결했고 보트로도 이동이 가능하도록 시스템을 완성시켰다.
울창한 산림을 뒤로하고 앞으로는 드넓은 바다가 펼쳐진다.
4개의 리조트에는 빈펄 나트랑 리조트, 빈펄 럭셔리 나트랑, 빈펄 나트랑 베이 리조트 & 빌라, 빌펄 골프랜드 리조트 & 빌라가 있다. 키즈 클럽과 수영장, 해양스포츠가 가능하도록 한 곳에 모두 모아 놓은 휴양단지이다. 대자연의 한가운데서 느긋한 휴식을 만끽할 수 있다.

홈페이지_ www.vinpearl.com/nha-trang-resort
주소_ 혼째(Hon Tre) 섬
요금_ 스탠다드 145,000원~(120$~)
전화_ +84-258-3598-222

NHA TRANG • PHÙ QUỐC

시타딘스 베이프런트
Citadines Bayfront

나트랑 비치 중심에 위치한 호텔로 빈콤 프라자와 세일링 클럽 등의 레스토랑과 식당, 해변이 모두 가까워서 도보로 이용하기 좋은 아파트 호텔이다.

현대적인 내부 룸은 아파트같은 분위기를 자아내서 집에서 묵는 듯한 느낌을 받게 한다. 해변을 바라보는 전망은 아름다워서 아침, 저녁으로 머물게 만든다.

주소_ 62 Trán Phu, Lôc Tho, Tp Nha Trang
요금_ 스탠다드 도시 전망 90,000원(80$~),
    바다 전망 100,000원(90$~)
전화_ +84-258-3517-222

쉐라톤 호텔
Sheraton Nha Trang Hotel & Spa

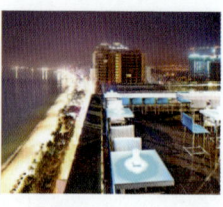

쉐라톤 호텔Sheraton Hotel의 최대 장점은 어느 룸에 숙박을 해도 바다 전망을 볼 수 있는 것이다. 나트랑 비치 앞에 있어서 나트랑 어디로든 걸어서 이동이 가능한 호텔이다. 스위트룸부터 침대 사이즈가 킹사이즈로 커지지만 디럭스와 클럽 룸도 쾌적한 숙박이 가능하다. 6층의 인피니티 풀은 여유롭게 바다를 보면서 수영을 즐기고 음료를 즐기면 기분이 좋아지게 만드는 풀장이다. 쉐라톤 호텔의 최대 장점은 루프탑 바인 얼트튜드 바Altitude Bar가 같은 호텔 내부에 있어 아침부터 저녁까지 호텔에서만 머물러도 지루하지 않게 지낼 수 있다는 점이다.

홈페이지_ www.sheratonnhatrang.com
주소_ 26~28 Trần Phú, Lộc Tho, Tp Nha Trang
요금_ 디럭스 180,000원(130$~),
　　　 클럽 230,000원(190$~)
전화_ +84-258-3880-000

노보텔 나트랑
Novotel Nha Trang

현대적인 분위기의 4성급 호텔로 나트랑 시내 어디로도 걸어서 이동할 수 있는 위치가 좋은 것이 장점이다. 아름다운 바다 전망을 자랑하는 호텔은 야외 수영장과 식사는 만족스럽고 객실은 무채색으로 꾸며져 단조롭지만 깨끗한 분위기이다. 자연 채광을 하도록 전용 발코니를 갖추고 있다. 세련된 스파는 해변에서 놀고 피로한 몸을 편안하게 만들어준다. 비치타올이 없어도 빌려주기 때문에 해변에서 즐기는 데 도움을 주고 직원들의 친절한 행동은 투숙객의 마음을 여유롭게 도와준다.

주소_ 50 Trán Phư, Lôc Tho, Tp Nha Trang
요금_ 스탠다드 90,000원(83$~),
　　　수페리어 110,000원(100$~)
전화_ +84-258-6256-900

선라이즈 나트랑 비치 호텔 & 스파
Sunrise Nha Trang Beach Hotel & Spa

나트랑에서 가성비 높은 5성급으로 알려진 선라이즈 호텔은 안락하고 편안한 침구와 웅장한 풀장과 해변 전망까지 만족도가 높다. 베트남 자체 5성급 호텔로 다낭과 호치민에도 체인을 가지고 있는 호텔그룹이다.
다른 5성급 호텔에 비해 시설이 떨어질 수 있지만 가격은 4성급 호텔과 동일한 가격에 지낼 수 있어 가성비를 따지는 고객에게 만족도가 높다. 12개의 기둥에 둘러싸인 호텔 풀장은 웅장한 신전에서 수영하는 느낌이다.

주소_ 12~14 Trán Phư, Lôc Tho, Tp Nha Trang
요금_ 스탠다드 95,000원(88$~)
전화_ +84-258-3820-999

인터컨티넨탈 호텔
InterContinental Nha Trang

5성급 호텔이 대부분 시내에서 떨어진 위치에 있어서 접근성이 낮지만 쩐푸 거리에 위치해 나트랑의 모든 곳을 쉽게 걸어서 이동할 수 있다. 고급스럽고 우아한 갈색톤의 객실은 인상적이다.
바다 전망은 기본이며 친절한 직원서비스에 넓은 발코니와 대리석 욕실은 최고의 호텔로 손색이 없다. 개인적으로 조식 뷔페가 다양하고 맛이 좋아 매일 푸짐하게 먹을 정도로 좋았다.

주소_ 32~34 Trần Phú, Lôc Tho, Tp Nha Trang
요금_ 스탠다드 145,000원(120$~)
전화_ +84-258-3887-777

스타시티
StarCity

나트랑 비치에 있어서 빈콤 프라자와 세일링 클럽 등의 레스토랑과 식당, 해변이 모두 가깝다. 가격이 저렴한 데도 방음이 잘 되고 깨끗한 내부 분위기로 가성비가 높은 호텔로 알려져 있다.
도보로 이용하기 좋고 전용 해변 구역과 스파를 이용할 수 있어 여성들의 만족도가 높다. 개인적으로 직원들이 친절하게 진심으로 도와준다는 인상을 받아 다시 오고 싶은 호텔이다.

주소_ 72~74 Trần Phú, Lộc Tho, Tp Nha Trang
요금_ 수페리어 65,000원(59$~),
        수페리어 킹룸 73,000원(65$~)
전화_ +84-258-3590-999

아나 만다라 리조트
Ana Mandara Resort

나트랑Nha Trang 유일의 해변 리조트로 나트랑Nha Trang 시내 남쪽의 번화가에서 가까워 편리하게 지낼 수 있는 리조트이다. 게다가 전용해변이 있어 한적하게 해변을 거닐고 밤에도 유유자적하며 쉴 수 있다. 작지만 아름다움 풍경의 수영장과 앤틱 분위기의 빌라와 정원이 조화를 이루고 있다. 호텔 투숙객을 위해 자체적으로 수상스포츠를 운영하여 스노클링이나 스쿠버 다이빙의 프로그램을 제공하는 리조트이다. 오토바이를 대여해 나트랑Nha Trang 시내를 둘러볼 수 있도록 편의성을 높여 만족도가 높다.

부대시설로는 야외수영장(2개), 키즈클럽, 레스토랑, 바(2개), 식스센스 스파, 피트니스 센터, 테스니장 등이 있다.

요금_ www.sixsenses.com/evasion-resorts/ana-mandara/destination
주소_ 102 Trần Phú, Lôc Tho, Tp Nha Trang
요금_ 스탠다드 정원 전망 340$~
슈페리어 바다 전망 440$~
전화_ +84-258-3522-222

퓨전 리조트
Fusion Resort Cam Ranh

최근 노보텔에서 이름이 바뀐 퓨전 리조트는 완벽한 베트남 남부 휴양을 위해 만들어졌지만 나트랑 시내 중심에서 차로 5분 거리에 있는 것이 단점이다. 오랜 기간 휴양을 원하는 러시아 여행자들이 많이 찾고 있다. 리조트 전용 비치, 수영장, 테니스 코트, 농구 골대까지 있어, 다양한 스포츠를 즐길 수 있는 장점이 있다. 투숙객들이 가장 좋아하는 장소는 역시 전용 비치 앞에 놓인 선베드로 추운 러시아에서 온 여행자들이 이른 아침부터 점령해 선베드는 부족할 수 있다. 바람과 파도가 세고, 햇빛도 강해 선베드에서 태닝을 즐기는 이들이 많다. 조식 메뉴도 훌륭하고 만족할 만한 부대시설을 구비해놓았다.

주소_ Lô D10b Bâc Dào Cam Ranh, Dai Lô Nguyên Tât Thành, Cam Lâm, Tp. Nha Trang
요금_ 스탠다드 260$~, 슈페리어 340$~
전화_ +84-258-3989-777

가성비 높은 호텔

퓨전 리조트
Fusion Resort Cam Ranh

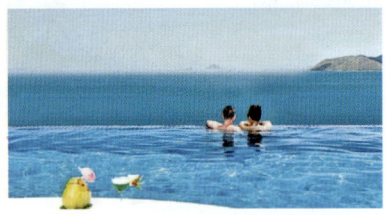

배낭여행자 거리에 있는 로사카 호텔 Rosaka Hotel은 전망은 좋지 않지만 깨끗한 내부와 직원들의 친절한 행동은 다시 머물도록 만드는 힘이다.

여행자거리에 있는 호텔 중에는 저렴한 호텔은 아니지만 나트랑 Nha Trang의 다른 호텔에 비하면 상당히 저렴한 호텔이다. 22층에 있는 루프탑 수영장이 있지만 관리는 잘되고 있지 않지만 바다를 볼 수 있어 인기가 있다.

홈페이지_ www.rosakahotel.com
주소_ 107A Nguyên Thiên Thuât, Lôc Tho. Tp. Nha Trang
요금_ 수피리어 85,000원~(70$~)
전화_ +84-258-3833-333

리버티 센트럴 호텔
Liberty Central Hotel

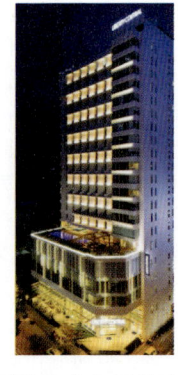

배낭여행자거리에서 해변으로 나가는 코너에 있는 호텔로 해변은 보이지 않지만 나트랑의 약속장소로 잡을 만큼 위치가 좋다. 해변도 3분 정도 걸으면 보이기 때문에 접근성이 좋고 건너편에는 하이랜드 커피와 다른 레스토랑이 즐비해 맛집 탐방하기에 최상의 조건을 가지고 있다. 4층에 야외수영장이 있고 루프탑에는 스카이라운지가 있어 야경을 보기 좋다.

주소_ 9 Biêt Thư, Lôc Tho. Tp. Nha Trang
요금_ 스탠다드 85,000원~(70$~)
전화_ +84-258-3529-555

안 남 호텔
An Nam Hotel

나트랑 해변까지 5분 정도의 거리에 여행자거리에 있는 다양한 레스토랑과 맛집을 쉽게 찾을 수 있으며 친절한 직원의 소개로 다른 도시로 버스 예약도 쉽다. 다만 골목 안에 있어서 처음에 찾아가기가 쉽지 않고 룸 내부에 가끔씩 개미들이 보이는 단점이 있다. 저렴한 가격에 깔끔한 내부 인테리어는 가성비가 높은 호텔로 알려져 있다.

주소_ 111/05 Húng Vuông, Nha Trang
요금_ 스탠다드 35,000원~(28$~)
전화_ +84-258-3529-555

백팩 아보데 호스텔
Backpack Abode Hostel

나트랑에서 배낭 여행자들이 가장 많이 찾는 호스텔로 저렴한 가격과 깔끔한 시설로 인기를 끌고 있다. 작고 웃는 얼굴로 맞이하는 여성 스텝이 영어를 잘해 여행자들과 수다를 떨고 친절하게 상담을 잘해준다. 6층 건물에 6~8명의 도미토리 룸이 편안하게 2층 침대로 준비되어 있다. 오후 6시에는 1시간동안 무료로 비어타임이 있고 아침에는 조식까지 먹을 수 있다. 또한 나트랑에서 할 수 있는 다양한 투어를 저렴하게 예약할 수 있다.

주소_ 79/1 Nguyễn Thiên Thuât, Lôc Tho. Tp. Nha Trang
요금_ 도미토리 6,100원~(5$~)
전화_ +84-258-3529-139

러시아 관광객이 찾는 맛집

베트남과 러시아는 오래 전부터 우방국이어서 러시아에 베트남의 나트랑Nha Trang과 무이네 Mui Ne가 휴양지로 알려져 있다. 러시아 여행자들은 베트남에서 2~3주 동안 휴가를 즐기고 있다. 그래서 나트랑에는 러시아 관광객이 찾는 레스토랑과 카페가 많다. 러시아인들을 대상으로 하는 레스토랑은 주로 해산물 요리와 볶음밥, 쌀국수가 러시아인들의 입맛에 맞게 바뀌어 있는 것이 특징이고 메뉴가 서양요리부터 베트남요리까지 다양해 주문하기가 힘들다는 단점이 있다.

카페 미나우카(Cafe Minauca)

클러스터 64 주변의 트란 푸 거리Tran Phu Street에 있는 카페로 오래전부터 러시아인에게 유명한 카페이다. 많은 호텔이 있고 붐비는 거리인 헝 부옹Hung Vuong으로 돌아 가야한다. 시원하고 조용한 멜로디의 음악이 흘러나오고 양질의 저렴하고 맛있는 음식을 맛볼 수 있는 카페이다. 또한 맛이 다양한 음료가 많다. 좋은 전망과 내부는 시원하고 조용한 분위기라서 친구, 동료, 가족과 이야기를 나누기 좋다.
나무가 있어 내부는 크고 시원한 느낌이고 직원들은 친절하다. 좋은 커피원두를 사용하지만 조금. 달콤한 맛이 나는 원두이므로 호불호가 갈린다. 차가 향기로워서 마시기에 좋다.

주소_ 111 Hung Vuong **요금**_ 16,000~50,000동 **시간**_ 8~23시 **전화**_ 058 352 6027

주소_ 22 Trần Quang, Khải, Lộc Tho, Thành phô 요금_ 40,000~150,000동 시간_ 9~23시 전화_ 058-352-5983

모스크바(MOCKBA)

양질의 저렴한 음식가격과 크고 멋진 공간, 직원이 친절하여 러시아 관광객이 특히 많이 찾는다. 넓고 개방적인 공간에 음식은 합리적인 가격이다. 보통 코스 요리로 디저트와 차를 마시는 러시아 관광객이 대부분이다. 코스요리 전체를 잘 주문하지 않는 손님에게는 또한 불친절하기도 하다.
여행자거리 남쪽에 나트랑 해변으로 가는 길에 큰 도로에 있어 쉽게 찾을 수 있는 가게위치도 장점이다. 친절하고 열정적인 직원의 서비스도 기분이 좋아지도록 만들어준다. 조개스프가 있고, 찐 생선이 가장 인기 있는 메뉴이다. 바로 왼쪽 옆에 해산물 바가 있어 나이트 라이프를 즐기는 러시아인들이 많다.

메카 레몬그라스(Mecca Lemongrass)

한국어로 된 메뉴판이 있을 정도로 러시아인뿐만 아니라 한국인 관광객에게도 유명하다. 깨끗하고 정돈되고 조용한 분위기는 음식을 즐기기에 좋다. 해산물 요리가 주 메뉴에 코스 요리로 주문을 많이 하므로 단품에 익숙하지 않아 처음에는 불친절하기도 했지만 점차 늘어나는 한국인 관광객의 특징에 따라 단품 요리도 이제는 주문하기 쉬워졌다. 해산물 샤브샤브와 비비큐가 인기가 많다.

주소_ 22 Trần Quang, Khài, Lôc Tho, Thành phô **요금_** 50,000~250,000동 **시간_** 9~22시 **전화_** 058-352-5269

나트랑 쇼핑몰

빈콤 프라자(Vincom Plaza)

세계 최고의 디자이너 브랜드들이 입점해 있는 건물은 나트랑의 가장 큰 쇼핑 중심지이다. 롯데마트가 시내에서 떨어져 있는 것에 비해 빈콤 프라자Vincom Plaza는 유일하게 도심 내에 있는 쇼핑몰이다. 빈콤 쇼핑몰 안에 있는 브랜드 플래그십 스토어에서 쇼핑을 즐기고 푸드코트에서 판매하는 식사를 하거나 쇼핑몰 내 베이커리에서 갓 구운 맛있는 빵을 맛볼 수 있다.

빈콤 쇼핑몰Vincom Plaza은 시내의 번화한 중심가와 해변이 서로 마주보고 있는 건물에 있다. 창문 아래로 다양한 신상품 의류, 보석, 향수들이 진열되어 있고 새로운 옷 한 벌로 스타일을 바꿔보거나 소중한 사람을 위한 선물을 준비할 수 있어 많은 관광객이 찾는다.

갖고 싶었던 휴대폰, 최신 태블릿, 노트북, MP3 플레이어 등을 볼 수 있고 넓은 면적의 홈 데코 전시관과 1층의 푹 롱에 들러 매일 갓 구워 판매하는 다양한 페이스트리, 빵, 디저트 등도 먹을 수 있다. 4층의 갈랑가, 홍대, King BBQ 등의 다양한 한국 음식점도 있다.

롯데마트(Lotte Mart)

국내 유통업체 최초로 베트남 시장에 진출한 롯데마트는 롯데그룹이 베트남 시장 확대에 공을 들이며 만든 대형마트이다. 나트랑 롯데 면세점이 베트남에서 2번째로 문을 열었다. 2008년 12월 호치민 남 사이공점을 시작으로 다낭, 나트랑 등 13개 지점을 운영하고 있다. 롯데마트는 베트남에서의 실적이 좋고, 2020년까지 베트남 점포를 87개로 늘릴 계획이므로 앞으로 베트남 여행에서 롯데마트는 여행의 중요한 장소로 부각이 될 것이다.

들어가면 왼쪽에 락커 데스크가 있는데 베트남에서 물품 절도가 많아 가방이나 짐을 맡기고 입장해야 한다. 가방 입구에 고리로 채우는데 계산하면서 가위로 잘라 주므로 걱정할 필요는 없다.

롯데마트는 한마디로 대한민국의 롯데마트와 똑같다. 친숙한 분위기 때문에 물건을 찾기가 쉽고 깔끔하게 되어있어서 여성들이 특히 좋아한다. 길거리의 물건이나 시장의 제품들보다는 깨끗해 보이지만 가격이 더 비싼 단점이 있다. 둘러보면 베트남 제품과 한국 제품이 동일할 정도로 많기 때문에 여행의 막바지에 꼭 들르는 장소가 되고 있다. 먹거리와 생활용품 등 또한 많고 쇼핑 품목을 모른다면 물어보고 살 수 있어서 편리하다.

1층에 식품, 음료수, 맥주 등의 코너가 있고 2층에는 커피, 기저귀 등이 있다. 환전소가 1층에 있는데 환전 율이 좋으므로 많이 이용한다. 태그Tag에 한글로 뚜렷하게 적혀 있어 베트남어를 몰라도 쇼핑에 문제가 없다. 대한민국보다 저렴하지만 베트남 물가수준과 비교하면 비싼 편일 수 있으므로 비교하고 구입하는 것이 좋다. 다만 대한민국의 제품은 수입품이므로 당연히 더 비싸다는 생각을 하고 물품을 보아야 한다.

숙소 가까이 있다면 장보는 재미도 있고, 종류도 다양해서 커피, 치약, 베트남 라면, 망고과자 등 선물용도 많이 사갈 수 있다.

많이 구입하는 품목

게리 코코넛, 망고와 두리안 과자, 노니 가루, 아티초크 차(아티소), 달리 치약, 캐슈넛, 아치 카페 커피, 콘삭 커피, G7커피, 게리치즈, 케리코코넛, 포보 쌀국수, 칠리소스, 비엣 코코

나트랑 편의점

나트랑에서 거리를 지나가다가 보이는 작은 아 마트[A mart]와 79 마트[79 mart]는 늦은 시간인 23시 30분까지 영업을 하고 있다. 이 두 마트는 나트랑의 대표적인 편의점으로 알려져 있는데 실제로 24시간을 영업하지는 않는다. 늦게까지 영업을 하는 작은 슈퍼마켓이라고 생각하는 것이 더 맞는 것 같다. 빈 마트나 롯데마트가 밤까지 운영을 하지 않으므로 밤에 필요한 물건은 이 두 마트를 이용하게 된다. 대한민국의 관광객보다 중국인들이 실제로 많이 이용하고 있으며 일부 물품의 가격은 빈 마트나 롯데마트와 차이가 나지 않는 물건들도 있다. 나트랑 시내에만 약 15개의 편의점과 미니 슈퍼마켓이 있다. 특히 여행자거리에는 5~6개의 아 마트[A mart] 매장이 있고 79 마트[79 mart]도 2개나 있다. 미니마트[Minimart], 777 store, Ngoc Thach shop, 79 Mart 등이다. 미마트[Mimart], 브이 마트[V Mart], 지 마트[G Mart]와 같은 새로운 편의점이나 미니 슈퍼마켓이 계속 생겨나고 있다.

아 마트 나트랑(A mart Nha Trang)

합리적인 가격을 표방하고 있는 아 마트[A mart]는 식량, 음료, 가정 물품, 화장품 등 품질이 보증된 품목이 많다. 아 마트[A mart]는 나트랑에만 16개의 매장을 가지고 있으므로 어디에서든 쉽게 찾을 수 있는 마트이다. 여행할 때 필요한 물건을 준비하여 판매하는 전략으로, 여행 중에 필요한 개인용품에 대한 판매가 가장 많다.
음식, 음료, 가정용품, 개인용품, 화장품 등이 대부분이며 베트남 커피도 구비해 놓고 있다. 늘어나고 있는 관광객의 요구를 충족시키기 위해 24시간 영업을 하려고 하지만 직원을 채용하기가 어려워 새벽 2시가 가장 늦은 영업시간이다.

영업시간_ 7시 30분~23시 30분

79 마트(79 mart)

모두 작은 크기의 매장을 가지고 있지만 아 마트^A mart보다 매장의 크기는 큰 편으로 매장마다 동일한 특성을 지니고 있다. 영업시간은 8~23시까지지만 매장마다 영업시간도 조금씩 차이가 있는데, 주말에는 손님을 끌어들이기 위해 새벽 1, 2시까지 영업하기도 한다. 편의점보다 미니 슈퍼마켓에 가까워 아 마트^A mart보다 품목의 수가 많고 저렴한 가격도 상당수이고 매장 판매 서비스를 늘려나가고 있다.

나트랑 시민의 마트

맥시 마크(Maximark) 슈퍼마켓

2010년에 시작한 슈퍼마켓으로 나트랑 시민들이 주로 이용하고 있다. 나트랑 시민에게 크고 현대적이며 넓은 슈퍼마켓으로 알려져 있다. 작고 좁은 구식 슈퍼마켓을 대체하는 막시마크(Maximark) 쇼핑센터는 현대적인 매장을 가지고 있다. 대부분은 관광객이 아니고 현지 시민들이 사용하는 물품을 판매하고 있다. 1층은 자체 매장을, 2, 3층은 패션 의류, 화장품, 신발, 시계, 보석 등의 일반적인 품목이다.

현대적인 매장을 갖춘 슈퍼마켓을 베트남 사람들에게 가져다주는 것이 목표라고 한다. 냉동 가공식품, 생선, 고기, 야채와 같은 신선한 식품을 고객에게 제공하는 대규모 냉동고 시스템이 대표적이다. 제품은 다양하고 가격이 비싸지 않으며 샴푸, 비누, 치약 같은 많은 화장품도 있다. 매장의 통로를 넓게 배치하고 품질이 보증된 다양하고 신선한 야채로 신선 식품을 판매하고 있다.

커피 & 카페 BEST8

1. 하이랜드 커피(Highlands Coffee)

베트남 어디를 가든 볼 수 있는 가장 대중적인 인기를 누리는 프랜차이즈 카페이다. 진한 커피 향기와 다양한 케이크, 반미로 나트랑 관광객의 발길을 사로잡는 카페이다. 실내가 크지만 항상 사람들로 북적이는 커피색 디자인이 눈에 띈다. 우리가 마시는 친숙한 맛의 커피를 주문할 수 있어서 주문 후에 진동 벨을 받아 기다리면 벨이 울리고 받아오는 방식이 익숙해 서울 한복판에 있는 것 같기도 하다.

수도 하노이에서 시작된 하이랜드 커피는 베트남의 스타벅스라는 별명으로 베트남 인들에게 가장 성공한 커피 브랜드로 알려져 있다. 롯데마트에도 같이 있어 마치 롯데가 운영하는 커피 전문점처럼 생각하는 관광객도 많다.

홈페이지_ www.highlandscoffee.com.vn **주소_** Trần Phú, Lộc Tho, Tp. Nha Trang
요금_ 아메리카노 44,000동~ **시간_** 7~23시 **전화_** +84-258-6261-999

주소_ 97 Nguyễn Thiên Thuât, Tân Lập, Tp. Nha Trang
요금_ 코코넛 커피 스무디 45,000동~ **시간_** 7~23시 30분 **전화_** +84-129-829-0990

2. 콩 카페(Công Càphê)

베트남에 가면 누구나 들르는 콩 카페Công Càphê는 이제 관광명소처럼 느껴지기도 한다. 베트남 커피전문점하면 대한민국 여행자에게 가장 알려진 콩 카페Công Càphê는 대한민국에서 먹기 힘들지만 베트남에서만 맛볼 수 있는 가슴속까지 시원한 코코넛 밀크 커피를 마시기 위해서이다.

랜턴스Lanterns에서 저녁식사를 하고 나서 후식으로 콩 카페를 방문하는 관광객이 많다. 내부로 들어가면 호치민 같은 낡은 베트남 전쟁에서나 나올법한 분위기를 기대했는데, 의외로 현대적인 베트남 분위기라서 놀랐다. 코코넛 커피 스무디를 마시는 고객이 대부분이지만 코코넛 밀크 위드 코코아도 상당히 많다고 한다.

3. 아이스드 커피(Iced Coffee)

어디에서나 볼 수 있는 전형적인 카페여서 깨끗하고 정돈된 프랜차이즈 커피 전문점이지만 우리가 마시는 커피와 다르게 맛이 진하기 때문에 특색이 있다. 나트랑에 3개의 지점이 있는 나트랑 커피 전문점이라고 생각하면 된다. 세일링 클럽에서 가까워서 덥고 힘들어 지친 관광객이 찾으면 시원한 에어컨에 마음을 빼앗긴다.
아침에는 카페 쓰어다에 패스츄리 메뉴로 한적하게 즐겨도 좋다. 라떼, 마끼아또 등은 달달하므로 단맛을 싫어한다면 커피를 주문하면 된다. 커피 이외에 다양한 식사 메뉴도 있어서 커피 전문점이 아닌 듯한 인상을 받기도 한다.

홈페이지_ www.icedcoffee.vn **주소_** 49 Nguyễn Thiên Thuật, Tân Lập, Tp. Nha Trang
요금_ 카페 쓰어다 45,000동~, 바닐라 라떼 55,000동~ **시간_** 7~22시30분 **전화_** +84-258-6524-524

NHA TRANG • PHÙ QUỐC

홈페이지_ www.rainforest.com **주소_** 146 Võ Trú, Tân Lập, Nha Trang
요금_ 아메리카노 45,000동~, 생과일 스무디 55,000동~ **시간_** 7~22시 **전화_** +84-98-698-0629

4. 레인포레스트(Rianforest)

TV프로그램인 〈배틀트립〉에 소개되면서 유명해진 곳이다. 맛보다 숲속 분위기를 연출한 인테리어로 SNS에서 인기를 끄는 장소이다. 커피와 생과일 스무디도 판매하지만 햄버거와 쌀국수도 판매하고 있다.

부모님이나 자녀와 함께 나트랑으로 여행 온 관광객은 커피가 아니어도 아이들은 미끄럼틀에서 시간을 보낼 수 있고 부모님은 쌀국수로 한끼 식사를 할 수 있어 가족여행자가 많이 찾는다. 고급스러운 분위기이지만 에어컨이 없어서 낮에는 습하여 오랜 시간을 머물기가 힘들다. 또 직원들도 같이 짜증을 내기도 하여 기분이 나쁘다는 관광객도 있다.

홈페이지_ www.trungnguyen.com.vn 주소_ 148 Võ Trú, Tân Lập, Nha Trang
요금_ 카페 쓰어다 59,000동~, 카페라떼 55,000동~ 시간_ 7~22시 전화_ +84-258-3816-279

5. 쯩웅우엔 레전드(Trung Nguyên Legend)

베트남 사람들이 커피 맛으로 인정하는 프랜차이즈 커피전문점이다. 하이랜드 커피는 외국인들을 위한 맛이라고 하고 쯩웅우엔 레전드는 베트남인들을 위한 커피 전문점이라고 할 정도로 맛이 다르다. 달랏에서 재배한 신선한 원두만을 사용해 직접 추출한 커피맛이 진하여 처음에는 쓴 맛만 느껴질 수 있다.

단순한 인테리어에 커피를 한잔 마시기 좋은 정통 베트남의 커피를 내준다. 넓은 공간에 높은 천장이라서 트인 느낌으로 연인과 친구와 커피를 마시며 밀린 이야기를 하기 좋은 장소이다. 3층 건물을 모두 사용하는 카페는 1층에 G7커피 같은 커피들을 판매하고 2층부터 테이블에 사람들이 주로 앉아 있다.

6. 루남 비스트로(RuNam Bistro Nha Trang)

하노이와 호치민을 시작으로 다낭 등의 대도시에 문을 연 고급 카페 브랜드인 루남은 유럽 스타일의 세련된 분위기를 연출한다. 앤틱하고 유니크한 인테리어는 베트남에서는 볼 수 없는 세련미가 더해져 베트남의 카페라고 생각이 들지 않는다.

최근의 커피에 디저트를 좋아하는 베트남 젊은이들은 식사와 커피, 디저트를 한꺼번에 열리는 활기찬 느낌의 카페를 좋아한다. 메뉴의 종류도 다양하고 식사와 디저트까지 동시에 즐길 수 있는데 커피도 정통 베트남커피의 진한고 쓴 커피가 아니고 에스프레소 느낌의 커피 맛이 나온다.

주소_ 32~34 Trần Phú, Lộc Tho, Tp. Nha Trang
요금_ 카페 쓰어다 65,000동, 레드벨벳케이크 90,000동~ **시간_** 8~23시 **전화_** +84-258-3253-186

7. 안 카페(An Cafe)

나트랑에서 2개의 카페를 운영하고 있는데, 마치 서울 인사동의 카페가 나트랑으로 옮겨 간 것 같은, 작은 숲 같은 조용한 카페이다. 현지인들이 쉬어가는 카페이다 보니 간판도 없고 안으로 들어가야 카페인지 확인이 된다. 안에서 밖을 바라볼 수 있는 테이블은 도심 속의 한적하게 만든 휴식 공간 같다. 커피뿐만 아니라 케이크도 상당히 달고 맛있다.

테이블, 의자, 천장의 분위기는 운치 있도록 구성하였고 파란 하늘을 볼 수 있도록 뚫어 놓은 천장은 오히려 상쾌한 공기를 마실 수 있어 상쾌하다. 많은 사람들로 붐비지 않는 낮 시간에 갈 것을 추천한다. 커피의 맛을 진하게 우려내는 이곳은 나트랑의 진한 여행 추억을 만들어 낼 수 있다.

주소_ 1호점 : 40 Lè Dài Hành, Phúoc Tiên, Tp. Nha Trang 2호점 : 24 Nguyen Trung Truc, Tp. Nha Trang
요금_ 카페 쓰어다 45,000동, 케이크 35,000동~ **시간_** 6~22시
전화_ 1호점 : +84-258-3510-588 2호점 : +84-258-3510-109

주소_ 4C Biêt Thú, Lôc Tho, Nha Trang
요금_ 아이스 아메리카노 45,000동, 아이스 카페 라떼 50,000동~, 크레페 40,000동
시간_ 7~17시
전화_ +84-258-3254-114

8. 쿠파 커피(Cuppa Coffee)

우리가 즐겨먹는 아메리카노를 쉽게 주문할 수 있는 커피 전문점으로 빵과 바게뜨, 크레페 등과 진한 커피 맛을 제공한다. 러버티 센트럴 호텔 건너편에 있어 해변에서 강렬한 햇빛으로 휴식을 취하기 위해 많이 찾는다. 전형적인 로컬 카페가 현대화된 것 같은 느낌의 커피 전문점으로 9시까지 조식도 판매하고 있다. 바게뜨 빵과 커피가 일품이며 현지인이 주로 찾는다.

새롭게 뜨는 커피(Coffee) & 차(Tea) 전문점

커피 브로미데 호미스(Coffee bromide homies Nha Trang)

나트랑 시민들이 새로이 찾는 커피와 티^{Tea}전문점으로 내부 인테리어는 아름답고 낭만적이라서 SNS를 위해서도 찾는 곳이다. 다만 몰려드는 고객에 응대하는 직원들은 전문성이 부족하여 친절하지 않다는 것이 단점이다. 가격이 저렴하고 맛있는 치즈 밀크 케이크와 티는 인기 메뉴이고 맛있는 케이크, 크림치즈 우유 차는 특히 여성들이 자주 주문한다. 티라미수는 가끔 오래된 것들도 있으므로 냄새로 확인을 하는 것이 좋다.
이곳이 커피 전문점이지만 다른 커피전문점과 다른 점은 저렴하게 선택할 수 있는 케이크가 많다는 것이다. 치즈 케이크와 함께 우유 차는 조금 달콤하여 단맛을 싫어하는 사람들은 좋아하지 않을 수 있다.

홈페이지_ www.nhatrangclub.vn
주소_ 52 Ly Tu Trong
요금_ 커피 20,000~40,000동, 작은 사각형 케이크 30,000동, 크림 치즈케이크 39,000동
시간_ 9~21시
전화_ +84-702-404-646

푹 롱 커피(Phuc Long Coffee)

녹차와 프리미엄 커피 원두를 50년 동안 관리한 경험을 바탕으로 호치민에 본사를 두고 2018년부터 베트남 전역으로 확장하고 있는 커피 브랜드이다. 커피 맛은 대한민국에서 먹던 커피 맛과 다르지 않아서 베트남 커피의 쓴맛보다는 친숙한 맛이 장점이다. 또한 다양한 차^{Tea} 메뉴가 있어서 한 곳에서 커피와 차를 즐길 수 있다.
브랜드의 바탕이 스타벅스와 같은 초록색인 것도 특징이다. 베트남의 대표적인 커피 브랜드인 하이랜드 커피^{Highlands}처럼 퍼져나가는 커피 전문점으로 나트랑의 빈콤 프라자 1층에 입점하였다. 푹 롱$^{Phuc Long}$은 차와 커피 산업의 선도자가 되려는 브랜드로 앞으로 베트남 여행을 하면서 친숙한 커피전문점이 될 듯하다.

홈페이지_ www.nhatrangclub.vn
주소_ L1 06 Vincom Plaza Tran Phu
요금_ 커피&차 20,000~70,000동, 우유 차 45,000동, 케이크 35,000동
시간_ 7~22시 30분
전화_ +84-258-3524-777

뜨라 수아 레오 티(Trà sữa Leo tea)

학생들에게 익숙한 밀크 티 브랜드로 좋은 품질과 저렴한 가격으로 인기를 끌면서 점차 대중적인 차Tea 브랜드로 나트랑Nha Trang에 알려져 있다. 우유 차로 가장 인기를 끌고 있는 브랜드로 신선한 우유는 소문만큼 좋다. 여러 곳에서 우유 차를 마셔보았지만, 레오티Leotea는 최고라고 말하는 나트랑 사람들이 많다.

차는 중간 정도의 맛과 다른 상점만큼 달지 않아서 좋다. 복숭아 차와 검은 설탕을 섞은 신선한 우유도 인기가 많다. 작은 공간이지만 사람들이 몰리는 점심시간 때에도 직원들은 친절하다.

주소_ 62 Nguyễn Thi Minh Khai Tân Lập
요금_ 커피 & 차 12,000~20,000동 밀크티 15,000동
시간_ 8~22시 30분
전화_ +84-90-804-61-88

음식주문에 필요한 베트남 어

매장

커피숍 | QUÁN CÀFÊ | 관 까페
약국 | TIỆM THUỐT | 뎀 톳

음식

햄버거 | HĂM BƠ CƠ | 함 버 거
스테이크 | THỊT BÒ BÍT TẾT | 틱 버 빅 뎃
과일 | HOA QUẢ | 화 과
빵 | BÁNH MÌ | 바잉 미
케이크 | BÁNH GA TÔ | 바잉 가도
요거트 | SỮA CHUA | 스으어 주으어
아이스크림 | KEM | 갬
카레라이스 | CƠM CÀ RI | 껌 까리
쌀국수 | PHỞ | 퍼
새우요리 | MÓN TÔM | 먼 덤
해산물요리 | MÓN HẢI SẢN | 먼 하이 산
스프 | SÚP | 습

육류

고기 | THỊT | 틱
쇠고기 | THỊT BÒ | 틱 버
닭고기 | THỊT GÀ | 틱 가
돼지고기 | THỊT HEO | 틱 해오

음료

커피 | CÀ FÊ | 까 페
콜라 | CÔ CA | 꼬 까
우유 | SỮA TƯƠI | 스으어 드이
두유 | SỮA ĐẬU | 스으어 더우
생딸기주스 | SINH TỐ DÂU | 신 또 져우

술

생맥주 | BIA TƯƠI | 비아 뜨으이
병맥주 | BIA CHAY | 비아 쟈이
양주 | RƯỢU MẠNH | 르으우 마잉
와인 | RƯỢU VANG | 르으우 반

양념

간장 | XÌ DẦU | 씨 져우
겨자 | MÙ TẠC | 무 닥
마늘 | TỎI | 더이
소금 | MUỐI | 무오이
고추 | ỚT | 엇
소스 | NƯỚC XỐT | 느읏 솟
설탕 | ĐƯỜNG | 드으엉

참기름 | DẦU MÈ | 져우 매
된장 | TƯƠNG | 뜨 응

베트남 로컬 식당에서 주문할 때 필요한 베트남어 메뉴판

베트남에서 현지 식당에서 주문을 할 때 가장 애로사항이 되는 것은 무엇인지를 몰라 주문을 제대로 했는지 잘 모르겠다는 것이다. 사진으로 된 메뉴판을 가지고 있다면 관광객이 오는 완전 로컬 식당은 아니다. 로컬 식당은 저렴하기도 하지만 직접 베트남 사람들이 먹는 음식들을 주문할 수 있고 바가지를 쓰지 않게 되므로 보면서 확인하고 주문하면 이상 없이 현지인들과 함께 식사를 하고 즐거움을 나눌 수 있다. 메뉴판에 직접 표시하여 현지에서 보면서 주문하면 도움이 될 것이다.

Bạch Tuộc (낙지)	59,000
Con Tôm (새우)	59,000
mực (오징어)	59,000
Cá trứng (삶은 계란)	50,000
Ếch (개구리)	60,000
Lòng Non (곱창)	49,000
Ba Chỉ Heo (돼지)	59,000
Sườn Heo (새끼 돼지 갈비)	59,000
Bao Tử Cá Ba Sa (물고기 내장)	59,000
Sụn Gà (닭 연골)	59,000
Mề gà (닭 똥집)	59,000
Vây Cá hồi (연어 지느러미)	49,000
Sườn cá sấu (악어 갈비)	59,000
Heo Tộc Nướng (구운 돼지고기)	59,000
Nai Nuôi Nướng (구운 사슴고기)	59,000
Vú dê (염소 가슴)	59,000

?????

?????

Bò Luộc (삶은 소고기)	59,000
Bò Nướng Cục (양념 소고기 구이)	59,000
Bò Nướng Tăng (양념 육우 구이)	59,000
Bò Lụi Sả (소고기 레몬그라스 꼬치)	50,000
Sườn Nướng (개구리)	60,000
Bắp Nướng (옥수수 구이)	49,000
Thăn Bò Nướng (소고기 안심 구이)	59,000
Gân Hấp Sả (레몬 그레스 & 함줄)	59,000
Nấm Sữa Nướng (구운 소세지)	59,000
Bò Lá Lốt Mỡ Chài (소고기 & 물고기 기름)	59,000
Gân Bò Tiềm (소고기 함줄)	59,000
Lá Sách, Tổ Ong, Thăn Long Hấp	49,000
Lẩu Đuôi Bò (소꼬리 전골)	59,000
Lẩu Dụng Bò (암소 전골)	59,000
Lẩu Bò (소고기 전골)	59,000

닭똥집

NHA TRANG • PHÙ QUỐC

Cá Viên Ran Củ (야채 생선 꼬치)	59,000
Tôm Viên Saté (새우 꼬치구이)	59,000
Hố Lố Nướng (소세지 꼬치구이)	50,000
Dậu Bắp (오크라)	60,000
Bò Viên Sa Tế (소고기 완자)	49,000
Thanh Cua Nướng (게살 구이)	59,000
Tôm Hùm Viên (바다 가재)	59,000
Chao Sả (어묵 레몬그라스 꼬치)	59,000
Chạo Thịt Cuộn Mía Lau (다진 고기롤 & 사탕수수)	59,000
Xúc Xích Dức (독일 소세지)	59,000
mực Viên (먹물 오징어)	49,000
Ốc Viên (달팽이)	59,000
Bò Muối Ớt (매운 소고기)	59,000
Ba Chỉ Cuộn Nấm (버섯 롤)	59,000

소고기

악어고기

Gà Thả Vườn	+ Hấp Hành (찐 양파)	145,000
	+ Nướng (그릴)	145,000
	+ Tiếm Ớt Sim (삶은 닭)	160,000
Cơm Chiên	+ Trứng (계란 후라이)	145,000
	+ Bò Bắm (암소)	145,000
	+ Gà Xé (닭고기)	160,000
	+ Cá Mặn (생선)	160,000
Mì Xào	+ Xào Bò (소고기 튀김)	145,000
	+ Xào Rau (야채 볶음)	145,000
	+ Salad Trộn Trứng (삶은 달걀 샐러드)	160,000
	+ Salad Trộn Bò (소고기 샐러드)	160,000
	+ Salad Cá Hộp (참치 샐러드)	160,000

염소고기

빈펄 랜드(Vinpearl Land)

베트남에 가면 워터파크의 대명사가 빈펄 랜드^{Vinpearl Land}이다. 현재 휴양지로 성장하는 다낭, 푸꾸옥과 함께 나트랑에서 관광객을 맞이하고 있다. 아직 대한민국의 워터파크처럼 크지는 않지만 상대적으로 이용하는 고객이 적어 쾌적하게 워터파크를 이용할 수 있는 장점이 있다.

빈펄 랜드^{Vinpearl Land}는 3,320m, 높이 115m의 케이블카를 타고 바다를 건너기 때문에 케이블카를 타고 들어가는 입구부터 마치 빈펄 랜드^{Vinpearl Land}를 가는 것 같은 기분이 들게 된다. 아이들은 이 케이블카부터 "와~~"라는 소리와 함께 들뜨는 기분을 만끽하게 된다. 케이블카는 해상 리프트 전문회사인 프랑스의 포마^{Poma}사가 만들었기 때문에 안전하다고 판단해도 된다. 13분 정도 케이블카를 타고 가면 밑에 보이는 놀이동산과 워터파크, 동물원, 식물원, 아쿠아리움 등이 보이고 기대감은 더욱 커지게 된다.
통합입장권을 구입하면 게임기까지 모두 추가비용 없이 880,000동(어린이, 60세 이상 700,000동)에 이용할 수 있다. 1m이하의 어린이는 무료로 이용이 가능하고 16시 이후에 입장하면 50%할인을 받을 수 있다.

최근에 워터파크도 시설을 새로 정비하고 놀이기구도 추가로 설치하였다. 베트남의 놀이동산 수요는 끊임없이 늘어나고 있어서 시설이 노후화되는 문제는 발생하지 않는다. 아직도 이동을 하다보면 새롭게 공사를 하고 있는 현장을 볼 수 있으므로 계속 새로운 놀이기구나 워터파크의 즐거움은 증가될 것이다.

워터파크 (Water Park)

더운 나트랑에서 빈펄 랜드에 도착하면 가장 먼저 이용하는 것이 워터파크이다. 그래서 당일치기로 이용하면 워터파크에서 대부분 시간을 보내기 때문에 워터파크를 이용하면 피곤하여 놀이동산 이용시간은 줄어들게 된다. 놀이기구와 커다란 워터풀이 있는 워터파크는 바다와 인접해 전용비치도 같이 이용할 수 있어 생생한 느낌이 더 다가온다. 6개의 라인을 자랑하는 멀티 슬라이드는 15m 높이에 100m 길이로 아이들이 가장 좋아하는 놀이기구이며 2017년에 문을 연 스플래시 베이 Splash Bay가 물 위에서 즐기는 시설로 인기를 새롭게 끌고 있다.

워터파크는 어디든 비슷한 구조를 가지고 있다. 연령에 상관없이 즐길 수 있는 파도풀 Wave Pool과 워터파크에서 만들어 놓은 물길을 따라가는 레이지리버 Lazy River, 커다란 튜브를 이용해 지그재그로 내려오는 슬라이더로 만들어져 있는데 빈펄 랜드도 같은 구조이다. 다만 파도풀이 대한민국에서 즐기던 것과 비교해 재미가 떨어지는 것은 사실이다.

▶ 이용시간 9~18시

> **주의사항**
> 아이들이 가장 좋아하는 워터파크는 바다와 가까워 시원한 바람이 불어오므로 시원하게 즐기는 장점이 있다. 하지만 이것도 더운 여름에는 뙤약볕에서 너무 오래 있으면 일사병 증세를 보일 수 있으므로 적당히 즐겨야 한다.

놀이동산 (Amusement)

워터파크와 함께 가장 인기 있는 장소이다. 1박을 한다면 하루는 워터파크에서 즐기고 하루는 놀이동산에서 즐기는 것이 일반적이다. 놀이동산은 뜨거운 햇빛이 비치는 낮에는 이용하기 힘들기 때문에 2일차에 아침 8시 30분에 시작과 동시에 기구를 타는 것이 가장 효율적으로 즐기는 방법이다. 1인용 롤러코스터라고 부르는 알파인 코스터Alpine Coaster가 가장 인기 있는 놀이기구이다. 놀이동산에서 보는 빈펄 랜드와 나트랑 만을 보면서 즐기는 놀이동산은 어른들에게도 시원한 느낌을 받으며 어린 시절로 돌아갈 수 있다.

알파인 코스터(Alpine Coaster)

1인용 롤러코스터인데 베트남 전역에서 가장 인기가 있는 놀이기구이다. 속도는 개인적으로 조절할 수 있기 때문에 개인이 원하는 대로 속도를 늘이거나 줄일 수 있다. 스틱을 뒤로 올리면 브레이크작용을 하여 멈추고 앞으로 내리면 속도가 올라간다. 다만 안전상 문제가 발생할 수 있으므로 안전벨트를 반드시 하고 앞 알파인 코스터와의 간격을 25m이상 유지해야 하는 점은 주의해야 한다.

주의사항
1. 몸이 앞으로 나가기 때문에 아이와 함께 탑승하면 안전벨트를 착용하고 천천히 내려가야 한다.
2. 속도만을 즐기려고 무리하게 앞으로 스틱을 내리면 과한 속도를 탑승자가 유지하기 힘들어 롤러코스터를 이탈할 수 있으므로 적당한 속도를 유지한다.
3. 앞 사람과의 간격은 최소 25m를 유지해야 한다.

스카이 휠(Sky Wheel)

120m 높이의 거대한 관람차이다. 다른 곳에서 본 관람차보다 크지는 않지만 세계 10대 대관람차에 선정되었다고 하는데 크기보다는 관람차에서 보는 풍경이 아름다운 이유가 아닐까 생각한다. 60개의 관람차에 총 480명을 수용할 수 있다고 한다.

강렬한 햇빛이 사라지고 선선한 바람이 불어오는 저녁에 연인이나 부부가 함께 하는 멋진 야경을 같이 보는 것을 추천한다.

범퍼카(Bumper Car)

놀이동산의 어디를 가든 무섭고 짜릿한 놀이기구를 원하지만 초등학교 4학년 이하의 아이들은 의외로 무서움에 못타는 아이들도 많다. 이때 가장 아이와 교감을 나누면서 재미를 느낄 수 있는 것이 범퍼카이다. 또한 햇빛에 너무 많이 노출되었다면 그늘에서 쉬면서 휴식을 취하는 순기능도 있으니 잘 활용하자.
▶이용시간 : 9~18시

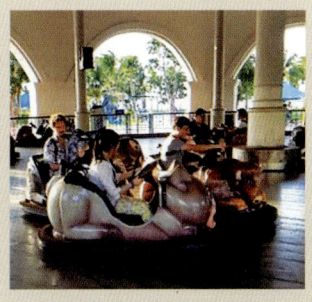

오션 무비 캐슬(Ocean Moive Castle)

200석 규모의 4D 영화관으로 3개의 대형스크린에서 나오는 입체감 있는 4D 영상을 실감나게 느낄 수 있어 아이들이 특히 좋아한다.

▶이용시간 : 9~21시(9~5월은 11~19시까지)

아쿠아리움 (Underwater World)

워터파크 옆으로 가면 동굴 모양의 입구가 나온다. 이곳이 아쿠아리움 입구인데 크지 않아 실망하는 관광객도 있다. 아이들을 위한 해양 동물을 볼 수 있으므로 큰 기대는 금물이다. 11, 15시에 10분씩 인어 쇼가 펼쳐지므로 아이와 함께 왔다면 시간에 맞춰보면 아이가 좋아할 것이다.

돌고래 쇼(Dolphin Show)
아쿠아리움 옆에서 돌고래 쇼를 하는 데 대단한 쇼는 아니기 때문에 큰 기대 없이 보면 즐길만하다. 아이들은 돌고래가 뛰어오를 때마다 환호성을 지른다.
▶시간 : 15시 30분~16시(월요일)
　　　　11시 30분~12시(화~일요일)

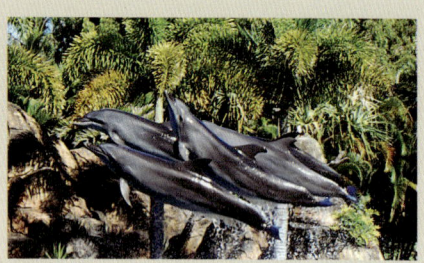

▶공연종목과 시간
돌고래 공연(Dolphins Show) | 11:30, 15:30(월요일은 15:30 1회 공연, 각 30분간)
새 공연(Bird Show) | 10:30, 14:30(20분간)
인어 공연(Mermaid Show) | 11:30, 15:00(10분간)
먹이 주기 시연(피딩 쇼) | 10:00, 17:00(각 15분간)
음악분수(뮤직 워터 파운틴 쇼) | 19:00(25분간)
길거리 퍼레이드(유로파카니발) | 16:15(30분간)
길거리 밴드공연(스트릿 밴드) | 19:15(1시간간)

빈펄 리조트

1. 빈펄 리조트에 숙박을 한다면 무료로 이용이 가능한 정책이 바뀌어 티켓은 따로 구입해야 한다.
2. 빈펄 랜드 입장권을 구입하지 않으면 케이블카를 이용할 수 없으므로 사전에 반드시 구입하고 케이블카를 탑승하러 가야 한다.
3. 보트로 섬에 도착하면 전동차가 대기하고 있으므로 빈펄 랜드로 쉽게 이동이 가능하다.
4. 빈펄 랜드만 이용하는 관광객은 빈펄 리조트 전용 스피드보트는 이용할 수 없다. 빈펄 리조트 숙박하는 관광객이 나이가 많은 숙박객이 많기 때문에 티켓을 구입하면 케이블카를 무조건 탑승하는 것은 아니고 고소공포증을 가진 관광객을 위해 스피드보트로 이동할 수도 있다.

킹스가든 (King's Garden(동물원))

빈펄 랜드의 오른쪽 언덕에 위치한 동물원은 크지 않다. 하지만 어린 아이들은 기린이나 호랑이를 보고 좋아한다. 특히 조류관의 새들이 사람에게 다가오는 것을 특히 신기해한다. 항상 새들은 눈을 가까이에서 마주치는 것을 부리로 공격을 할 수 있으므로 조심해야 한다.
▶ 이용시간 : 10~18시

  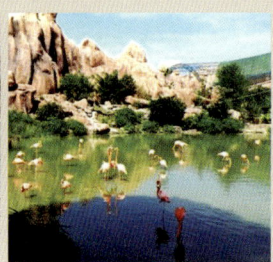

블루밍 힐 (Blooming Hill(식물원))

대관람차 뒤에는 카페가 있고 바오밥 나무를 심어놓은 아프리카 사막분위기로 연출한 식물원은 어른들이 더욱 신기해 한다. 선인장, 화려한 꽃들을 볼 수 있다.
▶ 이용시간 : 10~18시(주말, 공휴일 9시부터 시작)

 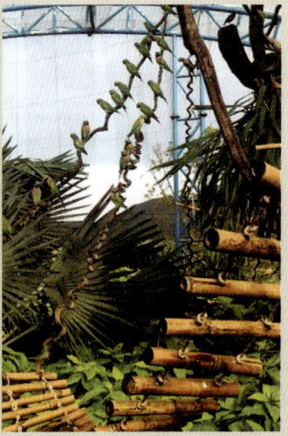

빈펄 랜드 비치 (Vinpearl Land Beach)

비치 의자들이 가지런히 놓여있고 해상 놀이기구인 스플래시 베이가 설치되어 있는 상태에 안전을 대비해 안전요원은 항상 상주하고 있다. 이곳만의 다양한 해양 스포츠를 즐길 수 있는 데 비용이 저렴한 편은 아니다. 해 뜨는 선라이즈 풍경과 해 지는 선셋 풍경은 항상 아름답다.

스플래시 베이 (Splash Bay)

대형 튜브에 공기를 주입해 얕은 바다에 설치해 만들어 놓은 놀이시설이다. 어린이들은 평범하게 건너가는 것과 미끄럼틀에도 좋아하지만 어른들은 정글짐과 트램펄린을 특히 재미있어한다.
▶ 이용시간 : 9시 30분~17시 30분

레스토랑

워터파크와 놀이동산에서 놀다보면 금방 배가 고파진다. 바비큐와 패스트푸드가 가장 인기가 높은 데 우리에게 익숙한 브랜드인 롯데리아가 있어 거부감이 덜하다.

빈펄랜드의 다양한 모습

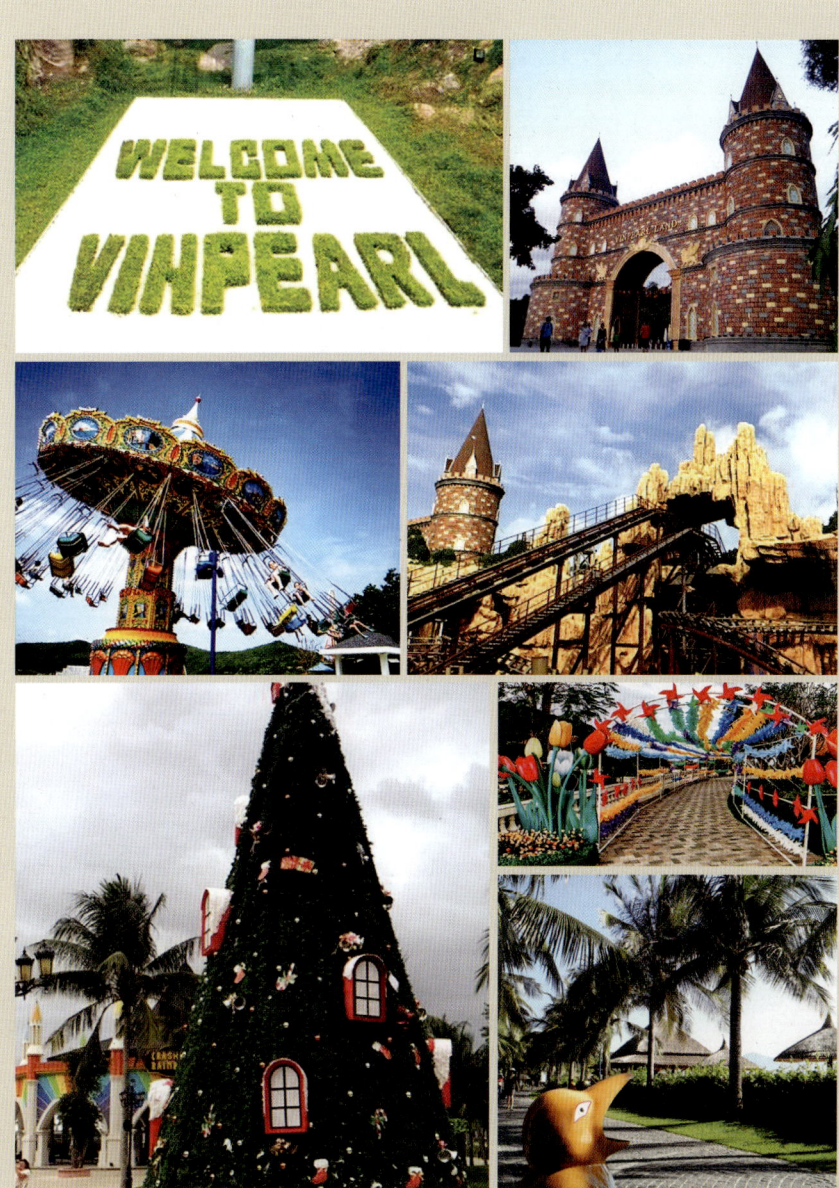

푸꾸옥 VS 나트랑의 공통점

베트남의 인기가 뜨겁다. 저렴한 물가, 비교적 짧은 비행시간, 발달한 관광인프라가 어우러졌기 때문이다. 특히 다낭을 지나 나트랑과 푸꾸옥은 인근의 아름다운 해변을 가까이 끼고 있다는 점이 매력이다.

1. 자연경관

천혜의 자연을 누릴 수 있는 베트남 도시라는 공통점이 있다. 자연경관으로 유명한 베트남 푸꾸옥은 유네스코가 지정한 세계 생물권 보존지역인 만큼 청정하고 아름다운 풍경으로 베트남 내에서도 손꼽히는 곳이며, 나트랑도 '동양의 나폴리'라는 별칭처럼 6㎞에 달하는 길고 넓은 나트랑 비치가 있다.

2. 가족 여행지

편안한 여행과 휴양을 선호하는 가족단위 여행객에게 매력적인 여행지이다. 액티브한 여행을 즐길 수 있고 재방문율이 높은 여행지로 알려져 있다.

3. 신선한 공기

미세먼지와 스모그로 푸른 하늘을 볼 수 있는 깨끗한 공기가 절실한 대한민국 사람들에게 상쾌하고 한적함뿐만 아니라 대중적이지 않아서 신선함까지 있다. 점차 활기차고 고도로 발달된 도시보다 맑은 공기를 마실 수 있고 아직 잘 알려지지 않은 여행지를 선호하고 있다. 이 중에 베트남의 나트랑과 푸꾸옥으로 향하는 여행자가 늘어나고 있다.

4. 신규 취항 집중

점점 많은 신규취항으로 푸꾸옥과 나트랑이 올해 새로운 여행지로 급부상하고 있다는 공통점이 있다. 베트남 남부의 나트랑의 인기가 상승하고 있는 데, 남서부의 섬인 푸꾸옥이 가세하고 있다. 푸꾸옥 여행자는 직항 노선이 없어 점차 증가하고 있는 추세였지만 비엣젯 항공과 이스타 항공이 직항 노선을 개설하면서 증가세가 올라가고 있다.

나트랑과 푸꾸옥은 저가항공 LCC의 신규 취항이 늘어나는 상황을 보면 알 수 있다. 푸꾸옥은 이스타 항공이 2월 15일 직항을 시작했고, 나트랑은 이스타 항공(2월 1일)과 티웨이 항공(2월 20일)이 정기 노선을 운항하고 있다.

푸꾸옥 국제 공항 미리보기

푸꾸옥 공항 모습

공항은 새로 만들어져 깨끗한 편이다.

베트남 공항 입국시 주의사항

1. 베트남 출입국시에는 출입국신고서 작성 없이 여권으로만 출입국심사 받으면 된다. 단 귀국하는 항공편은 반드시 발권이 되어 있어야 한다. 가끔씩 입국시 왕복하는 리턴 티켓을 보여 달라는 세관원이 있으므로 리턴 티켓을 스마트폰으로 찍어서 가지고 있는 것이 좋다.
2. 최종 베트남 출국일로부터 30일 이내에 다시 방문하는 경우에는 반드시 비자를 새로 발급 받아야 한다.
3. 만 14세 미만 아동과 유아 입국 시에는 부모와 함께 동반해야 한다. 제3자와 입국하는 경우에 반드시 사전에 부모동의서를 번역과 공증 후 지참해서 입국해야 한다.
4. 엄마와 입국하는 아동은 종종 영문등본을 보여 달라는 세관원도 있으므로 지참하는 것이 좋다.

NHA TRANG • PHÙ QUỐC

사람들을 따라가면 공항을 나오게 된다.

푸꾸옥 공항에서 택시의 선택은 중요하다.

심카드와 시내까지 가는 교통을 선택할 수 있다. 유명 호텔이나 리조트는 픽업서비스를 제공하고 있다.

푸꾸옥 IN

대한민국의 여행자는 까다롭게 여행지를 선택한다. 여행지를 선택하는 것에 있어서 여행 경비가 중요한 선택 요소로 작용하기 때문에 최근 베트남여행을 선택하는 여행자들은 더욱 늘어나고 있다. 현지 물가만 저렴하다고 선택하지 않는다. 관광지와 휴양지가 적절하게 조화가 되어야 여행지로 선택되고 여행을 떠나게 된다. 관광 + 휴양 + 해양스포츠 + 야시장 + 리조트 & 호텔의 모든 것이 가능한 곳은 푸꾸옥Phu Quoc 뿐이 없다고 할 정도로 개발이 진행 중인 섬이다.

11~다음해 3월 사이에 푸꾸옥Phu Quoc을 방문하면 다른 기간보다 날씨가 온화하고 습기가 적어서 여행을 즐기기에 좋다. 비엣젯 항공이나 이스타 항공을 타고 인천 국제공항에서 푸꾸옥 공항까지 직항으로 가는 방법도 있지만 베트남 항공을 타고 호치민Hochimin 시로 입국하여 다양한 국내 노선으로 푸꾸옥Phu Quoc까지 이동하여 호치민Hochimin과 푸꾸옥Phu Quoc을 동시에 여행하는 방법도 있다. 베트남 사람들이 많이 여행하는 방법으로 호치민Hochimin에서 버스로 이동하여 푸꾸옥Phu Quoc의 항구로 들어가는 방법도 있다.

푸꾸옥Phu Quoc은 본토인 하 티엔Ha Tien에서 45km 떨어진 섬이기 때문에 비행기로만 여행할 수 있는 것이 베트남의 다른 여행지와 다른 점이다 푸꾸옥Phu Quoc에는 인천공항에서 출발하는 직항 노선이 적지만 호치민에서 출발하는 많은 국내선 항공편이 운항을 하고 있다. 반면, 하티엔까지 버스로 이동하여 푸꾸옥 섬까지 페리를 타고 이동하는 방법이 있지만 많은 단계를 거쳐야 하는 단점이 있다.

비행기

인천에서 출발해 푸꾸옥$^{Phu\ Quoc}$까지는 약 5~5시간 30분이 소요된다. 이스타항공은 19시 40분에 출발해 23시 20분에 도착한다. 비엣젯항공은 새벽 1시 45분에 출발해 새벽 5시 35분에 푸꾸옥 공항에 도착한다.

비엣젯항공은 새벽 1시 45분에 출발하므로 직장인도 퇴근하고 바로 공항으로 이동해 출발할 수 있는 일정이지만 푸꾸옥$^{Phu\ Quoc}$에 도착하면 새벽에 도착하여 공항에는 아무도 없을 때에 도착하는 단점이 있다. 그래서 택시나 그랩^{Grab}을 이용하거나 차량 픽업서비스를 이용할 수밖에 없다.

베트남 국적기인 베트남항공과 최근 새롭게 인기를 끌고 있는 저가 항공사로 비엣젯 항공$^{Vietjet\ Air}$이 있다. 저가항공은 합리적인 가격을 무기로 계속 취항하는 항공사가 늘어날 것으로 보인다. 앞으로 푸꾸옥$^{Phu\ Quoc}$을 지속적으로 운항하는 항공사와 항공 편수는 지속적으로 늘어날 것으로 보인다.

베트남 항공(Vietnam Airlines)

대한항공이 대한민국의 국적기라면 베트남항공은 베트남의 국적기이다. 베트남 전역의 19개 도시와 아시아, 호주, 유럽, 북미 등 19개국 46개 지역에 취항하고 있는 항공사이다. 의외로 기내식이 맛있고 좌석도 넓은 편이라서 편하다는 느낌을 받는다. 호치민을 거쳐서 1회 경유하는 항공편도 매일 운항하고 있다.

비엣젯 항공(Vietjet Air.com)

베트남의 저가항공사인 비엣젯 항공은 베트남의 경제성장과 함께 무섭게 동남아시아의 저가항공의 강자로 부상하고 있는 항공사이다. 2007년 에어아시아의 자회사로 시작해 2011년 에어아시아에서 지분을 매각하자 비엣젯(Vietjet)으로 사명을 변경하고 난 후에 베트남을 대표하는 저가항공사로 성장했다. 에어아시아와 로고와 사이트, 빨강색의 '레드'컬러를 강조하는 것도 비슷하다.

푸꾸옥 즈옹동 공항(Dương Đông Airport)

베트남 남부 끼엔장주$^{Kiên Giang}$ 푸꾸옥섬 즈옹동$^{Dương Đông}$에 있으며 동쪽으로는 남중국해와 면하고 있다. 다른 명칭은 즈옹동 공항$^{Dương Đông Airport}$이다. 남부 베트남에서 세 번째로 지어진 국제공항이다. 이용객 수용 규모는 연간 260만 명 기준으로 건설되었다. 새 공항을 통해 국내선 및 국제선 항공이 이착륙이 가능하게 되었다. 현재 정기노선은 인천에서 직항으로 이스타 항공과 비엣젯 항공이 운항하고 있으며, 베트남항공$^{Vietnam Airlines}$ · 비엣젯항공$^{Vietjet Air}$ · 제트스타퍼시픽$^{Jetstar Pacific}$의 총3개사가 국내선을 호치민, 하노이, 다낭, 나트랑에서 운항하고 있다.

이전의 푸꾸옥 국제공항

대한항공이 대한민국의 국적기라면 베트남항공은 베트남의 국적기이다. 베트남 전역의 19개 도시와 아시아, 호주, 유럽, 북미 등 19개국 46개 지역에 취항하고 있는 항공사이다. 의외로 기내식이 맛있고 좌석도 넓은 편이라서 편하다는 느낌을 받는다. 호치민을 거쳐서 1회 경유하는 항공편도 매일 운항하고 있다.

버스(150,000동 / 편도)
+ 페리로 푸꾸옥(Phu Quoc) 가는 방법

베트남 사람들이 많이 이용하는 방법으로 자동차로 하 티엔$^{Ha Tien}$까지 이동하고 나서 페리를 타고 푸꾸옥$^{Phu Quoc}$으로 이동하는 데 자동차로 여행하는 것이 쉽지 않으므로 편리한 여행방법으로 알려져 있다. 확실히 흥미가 있다고 이야기를 하곤 한다. 푸꾸옥$^{Phu Quoc}$까지 페리로 이동하려면 라크 기아$^{Rach Gia}$나 하 티엔$^{Ha Tim}$의 두 항구 중 하나를 선택해야 한다.

호치민(사이공)의 서부 버스터미널로 이동해 라크 기아$^{Rach Gia}$ 또는 하티엔$^{Ha Tien}$으로 가는 버스가 매일 출발하고 있다. 호치민에서 라크 기아$^{Rach Gia}$까지는 자동차로 약 6시간이 소요된다.

▶출발 시간

호치민(395km 킨 두옹 부옹$^{Kinh Duong Vuong}$, 판 락$^{P An Lac}$, 빈 탄$^{Binh Tan}$)
- 시간 : 6:30/8:30/9:30/10:30/11:30/12:30/13:30/15:30/17:30/19:30/21:00/21:30/22:00/23:00
- 주소 : 326 Le Hong Phong, Ward 1, 10, Ho Chi Minh City
- 전화 : 08-39-225-112 / 08-39-225-113

▶라크 기아(Rach Gia) 버스 터미널
- 시간 : 8:45/9:45/10:45/12:15/13:45/16:00 18:00/21:00/22:00/23:00/23:45
- 주소 : 206A Nguyen Binh Khiem, P Vinh Quang, Rach Gia City
- 전화 : 077-3656-656 02973-656-656

택시

푸꾸옥 즈옹동 공항$^{Dương Đông Airport}$은 즈엉동 시내와 10~13km정도 떨어진 가까운 공항이다. 그래서 시내까지 이동비용이 저렴하다. 보통 150,000~250,000동까지 금액을 택시기사들은 부르고 있다. 거리는 가깝지만 택시금액이 비싸므로 바가지까지 쓴다면 정말 화가 날 수 있다.

그러므로 사전에 택시비를 준비하고 그 금액에서 흥정을 해야 한다. 또한 잔돈을 미리 준비해 택시기사에게 정확한 금액을 주는 것이 좋다. 대부분 잔돈은 돌려주지 않으려고 한다.

차량 픽업 서비스
푸꾸옥 즈옹동 공항Dương Đông Airport은 리조트와 호텔이 많아서 고급 리조트나 호텔은 대부분 차량픽업 서비스를 무료로 제공해주고 있다. 차량이 미리 와서 대기를 하고 있기 때문에 기다리지 않는 장점이 있다.

공항 픽업 서비스는 택시보다 저렴하면서 동시에 그랩Grab보다 안전하다는 장점이 있다. 늦은 밤이나 새벽에 도착하는 여행자는 피곤하여 숙소로 바로 이동하고 싶을 때에 기다리므로 쉽고 편안하게 이용이 가능하다는 장점이 있다.

푸꾸옥에서 그랩(Grab) 사용의 불편과 바가지 택시비
푸꾸옥(Phu Quoc)에서 그랩(Grab)의 사용은 불편하다. 그랩(Grab)으로 차량을 잡기가 힘든데, 그랩으로 운행하는 차량 자체가 적기 때문이다. 그래서 대부분은 택시를 탈 수 밖에 없다. 택시만 있다는 사실을 아는 택시기사들은 택시비를 높게 부르거나 숙박 위치를 모르는 방법으로 택시비가 높게 나오도록 만들고 있다. 그러므로 구글로 주소를 정확하게 확인하고 출발해야 하며 일단 출발하면 택시기사의 휴대폰 사용이 많아서 도착지점에서 그냥 지나쳐 못 찾는 경우가 많으니 휴대폰을 사용한다면 사용하지 말라고 이야기를 해야 한다.
택시 회사를 가리지 않고 바가지가 심하므로 마이린(Mailin)이나 비나선(Vinasun) 택시회사라고 긴장을 놓지 않도록 하자. 야간에는 더욱 심하기 때문에 숙소에서 제공하는 차량 픽업 서비스를 이용하는 것이 편리하고 정신 건강에 좋다.

푸꾸옥 가는 방법

호치민 → 라크 기아 → 호치민 버스 출발 시간표

▶ 호치민(395km 킨 두옹 부옹Kinh Duong Vuong, 판 락PAn Lac, 빈 탄Binh Tan)
 6:30, 8:30, 9:30, 10:30, 11:30, 12:30, 13:30, 15:30, 17:30, 19:30, 21:00, 21:30, 22:00, 23:00

▶ 라크 기아Rach Gia 버스 터미널
 8:45, 9:45, 10:45, 12:15, 13:45, 16:00, 18:00, 21:00, 22:00, 23:00, 23:45

베트남 여행 전 꼭 알아야할 베트남 이동수단

베트남이 지금과 같은 교통 체계를 갖추기 시작한 시기는 프랑스 식민지 시대부터였다. 수확한 농산물을 운송해 해안으로 가지고 가기 위한 목적이었다. 하지만 베트남 전쟁으로 파괴된 교통 체계는 이후에 재건하고 근대화하였다. 지금, 가장 대중적인 교통수단은 도로 운송이며, 도로망도 남북으로 도로가 만들어지면서 활성화되었다. 도시 간 이동에 일반 시외버스와 오픈 투어 버스 Open tour bus를 이용할 수 있다.

철도는 새로 만들지 못하고 단선으로 총길이 2,347㎞에 이르는 옛 철도망을 사용하고 있다. 러, 가장 길고 주된 노선은 호치민과 하노이를 연결하는 길이 1,726㎞의 남북선이다. 철도로는 이웃한 중국과도 연결되어 중국과의 무역에 활용되고 있다.

베트남에서 최근 여행에 많이 활용되고 있는 방법이 '항공'이다. 하노이, 다낭, 나트랑, 호치민, 달랏, 푸꾸옥을 기점으로 공항에 활성화되고 있다. 특히 유럽의 배낭 여행자들은 항공을 적극 활용하고 있다.

베트남 여행에서 도시 간 이동에서 이용하는 도로 교통수단으로 일반 시외버스와 여행사의 오픈 투어 버스 Open tour bus가 있다. 일반 시외버스는 낡은 데다 시간도 오래 걸리기 때문에 장거리 이동이 불편하다. 베트남에서 '오픈 투어 Open tour', '오픈 데이트 티켓 Open Date Ticket', '오픈 티켓 Open Ticket'이라는 단어를 들을 수 있는데, 이것은 저렴한 예산으로 여행하려는 외국인 여행자를 대상으로 하여 제공되는 '오픈 투어 버스'를 여행자들은 '슬리핑 버스'라고 부르고 있다. 이유는 버스에는 에어컨이 갖추어져 있고 거의 누운 상태에서 야간에 잠을 자면서 이동하는 버스이기 때문이다. 호치민 시와 하노이 사이를 운행하며 사람들은 도중에 주요 도시에서 타고 내릴 수 있다. 경쟁이 치열하여 요금이 많이 내려간 상태여서 실제로, 가장 저렴한 교통수단이다.

베트남 도시와 도시를 연결하는 슬리핑 버스

하노이, 다낭, 나트랑, 호치민은 베트남의 여행을 하기 위한 거점 도시이다. 각 버스 회사들이 각 도시를 연결하고 있다. 북, 중, 남부의 대표적인 도시마다 각 도시를 여행을 하기 위해 버스를 타고 이동을 하는 데 저녁에 탑승해 다음날 아침 6~7시에 다음 도시에 도착하게 된다. 예를 들어 하노이에서 18~19시에 숙소로 픽업을 온 가이드의 인솔을 받아, 어딘가로 차를 타고 가서 큰 코치버스를 탑승하게 된다. 이 버스를 타고 이동하면 다낭에 아침에 도착한다. 그러므로 베트남 전체를 모두 여행을 하려면 버스에 대해 확실하게 알고 출발하는 것이 좋다. 이렇게 버스를 야간에 자면서 간다고 해서 '슬리핑 버스 Sleeping Bus'라고 부른다.

슬리핑버스라서 야간 이동만 생각할 수 있는데 최근에는 도시 간 이동하는 버스는 대부분 슬리핑 버스형태로 동일하므로 오전이나 오후에 4~5시간 이동하는 버스도 슬리핑 버스와 동일하기 때문에 도시 간 이동을 하는 버스는 모두 슬리핑 버스라고 알고 있는 것이 낮다.

버스를 예약하는 방법은 여행사를 통해 예약하거나 숙소에서 예약을 해달라고 하면 연결된 버스회사에 예약을 해주는 것이 가장 일반적인 방법이다. 버스를 예약하는 방법은 원래 각 버스회사의 홈페이지를 통해 온라인 예약을 하거나 전화로 예약, 직접 버스회사의 사무실을 찾아가면 된다. 버스 티켓을 구입하면 버스티켓은 노선 명, 탑승시간, 소요시간 등이 기재되어 있다.

베트남 여행자들에게 유명한 버스 회사는 신 투어리스트 Shin Tourist, 풍짱 버스 Futa Bus, 탐한 버스 Tam Hanh Bus 등이 있다. 각 버스마다 노선마다 운행하고 있는 버스가 모두 다르므로 여행 전에 차량 정보를 미리 확인하는 게 안전하다. 각 버스회사마다 예약을 하는 방법이 조금씩 차이가 있다. 슬리핑 버스가 출발하면 3시간 정도마다 휴게소에 들리게 된다. 이때 내려서 화장실에 가거나 저녁을 먹도록 시간을 배정한다. 보통 10시간 정도 이동한다면 2~3번의 휴게소에 들리게 된다.

슬리핑 버스 타는 방법

1. 좌석이 버스티켓에 적혀 있는 경우도 있고 좌석을 현지에서 바로 알려주는 경우도 있다. 그러므로 좌석을 확인하고 탑승해야 한다.
2. 자신의 여행용 가방은 짐칸에 먼저 싣기 때문에 사전에 안전하게 실렸는지 확인하고 탑승해야 한다. 간혹 없어졌다는 문제가 발생하기도 한다.
3. 베트남의 슬리핑버스는 신발을 벗고 타야 한다. 비닐봉지를 받아서 신발을 넣고 자신의 좌석으로 이동한다.
4. 버스 내부는 각각의 독립된 캡슐처럼 좌석이 배치되어 있으며, 침대칸으로 편하게 누워서 이동이 가능하다. 한 줄에 3개의 좌석이 있는 데 가운데 좌석은 답답하므로 창가좌석이 좋다. 인터넷으로 예약을 하면 좌석을 지정할 수 있으므로 바깥 풍경을 보면서 이동하는 게 조금 편하게 이동하는 방법이다.
5. 좌석은 1층과 2층이 있는데 2층보다는 1층이 흔들림이 적어 편하고 때로 멀미가 심한 사람들에게는 멀미가 덜하다. 연인이나 부부, 가족일 때는 사전에 좌석을 지정하거나 탑승하면서 이야기를 하여 앞뒤보다는 양옆자리로 배치해 서로 보면서 이동하는 것이 좋다.
6. 와이파이는 무료로 되지만 와이파이가 약하기 때문에 기대를 안 하는 것이 낫다.

버스 회사의 양대 산맥

풍짱 버스(Futa Bus)

1992년에 설립되어 운행하고 있는 버스 회사로 최근에 도시 간 이동편수를 가장 많이 늘리고 있다. 그래서 풍짱 버스는 시간표가 촘촘하게 잘 연결되어있는 편이다. 배차되는 버스가 많다보니 좌석이 여유가 있는 편이므로 급하게 도시를 이동하려는 버스를 구하려면 추천한다. 주말이나 공휴일 같은 특수한 경우가 아니라면 당일 예약이 가능하다.

풍짱 버스는 인터넷으로 예약이 가능하고 선착순으로 버스회사에서 표를 구할 수 있다. 풍짱 버스 예약사이트에서 예약과 결제를 진행하고 나서 바우처를 지참해 풍짱 버스 사무실에 가서 버스티켓으로 교환하면 된다.

주의사항
1. 1시간 정도의 여유를 가지고 출력한 표로 티켓을 교환해야 한다.
2. 셔틀 버스로 터미널로 이동하나 2시간 전에 이동하므로 개인적으로 시간에 맞추어 이동하는 경우도 있다.

풍짱 버스(https://futabus.vn) 예약하는 방법

1. 출발지(Origin)와 목적지(Destination)를 선택한다.
2. 예약날짜와 티켓수량을 선택한 후 [Book Now]를 클릭한다.
3. 출발 시간(Departure time)과 픽업 장소(Pickup point를 선택한다.
4. 예약을 하면 바우처가 메일로 오고, 그 바우처를 가지고 풍짱 버스 사무실로 가게 된다. 그래서 픽업장소에서 탑승해 가지 않고 개인적으로 이동하는 경우도 많다.
5. 좌석을 선택한다. 멀미가 심한 편이면 FLOOR 1 중 가능하면 앞 좌석으로 선택하는 것이 가장 좋다. 좌석 선택을 마치면 [Next]를 클릭한다.
6. 개인정보를 입력한다. 별표로 표시된 필수 입력칸만 채우면 된다. 이름, 이메일, 핸드폰 번호를 적는데, 본인 핸드폰을 로밍해서 간다면 +82-10-xxxx-xxxx 로 적어주면 된다. Billing Country, Billing City, Billing Address는 자신의 한국주소를 영문으로 적는다. 대충 간단하게 기입해도 상관없다 정책동의 체크표시를 한 후 [Next]를 클릭한다.
7. 카드 종류를 선택하고, [Pay Now]를 클릭한다. 가끔 결제를 할 때 에러가 발생할 수도 있으므로 확인한다. 영어로 변경할 경우에 에러가 발생하는 경우에는 베트남어로 변경 후 다시 처음부터 결제 단계를 진행해야 한다.

8. 카드상세정보를 입력한다.
9. [Payment]를 클릭하면 풍짱 버스 온라인 예매가 끝이 난다. 10분정도 지나면 이메일로 바우처가 날아온다. 인쇄를 하거나 핸드폰 화면에서 캡쳐를 해 놓으면 된다.

신 투어리스트(Shin Tourist)

베트남 버스 회사 중 가장 대표적인 회사라고 할 수 있다. 베트남 여행 산업의 신화라고 불리며 도시 간 이동에서 두각을 나타내는 버스회사로, 베트남뿐만 아니라 동남아시아에 여러 사무소가 있다. 또한 각 도시마다 즐길 수 있는 당일 투어를 신청할 수 있다.
온/오프라인 모두 버스 티켓을 구입할 수 있다. 가장 큰 장점은 버스 티켓을 구입하면 버스 출발까지 남은 시간에 사무실에서 짐을 보관해 주기 때문에 빈 시간을 활용할 수 있다.
3대 버스 회사는 신 투어리스트Shin Tourist, 풍짱 버스Futa Bus, 탐한 버스Tam Hanh Bus 등이지만 3대 버스 회사 외에 한 카페, Cuc Tour, Queen Cafe 등의 다양한 버스회사가 현재 운행 중이다.

신 투어리스트Shin Tourist 예약하는 방법(www.thesinhtourist.vn)

홈페이지에 접속한다. 홈페이지의 언어가 베트남어로 표시된다면 우측 상단의 영국 국기를 클릭해서 영문으로 변경한다.
1. 메뉴에서 [TRANSPORTATION 〉 Bus Tickets] 을 클릭한다.
2. 버스 시간표가 나오면 [Search] 버튼을 누른다.
3. 원하는 시간대에 [Add to Cart] → [Proceed]를 클릭한다.
4. 'Checkout as Guest'에서 [Continue]를 클릭한다.
5. 예약정보를 입력하고 [Accept] → 약관에 동의를 하고 [Confirm]을 클릭한다.
6. 신용카드 정보를 입력하고 [Process Payment]를 클릭하면 끝이 난다.

예약이 완료되면 이메일로 E-ticket이 오게 된다. 바우처를 사무실에서 실제 티켓으로 교환을 하는데, 간혹 결제 시 사용했던 카드를 함께 보여 달라는 경우도 있으니 카드를 챙기는 게 좋다.

푸꾸옥 지도

푸꾸옥 북부

일광욕 이자에 앉아 롱비치나 옹랑 해변의 태양을 즐기는 것도 여유롭게 푸꾸옥Phu Quoc을 여행하는 방법이다. 북적거림을 피하고 싶다면 오토바이 렌트를 해서 북쪽으로 달려가 보자. 그림 같은 푸꾸옥 국립공원을 구경하면서 아이들과 재미있는 시간을 보낼 수 있다. 비포장도로를 따라 공원의 아름다운 경관을 구경하고, 예스러운 마을을 지나 사람의 손길이 닿지 않은 섬의 아름다운 해변으로 이동할 수 있다. 리크 뱀 마을에서 여유롭게 수영을 즐기거나 껀다우의 숲을 따라 산책을 할 수 있다.

NHA TRANG • PHÚ QUỐC

조영동 마을

여행은 섬의 주요 도시인 즈엉 동에서 시작된다. 활기찬 즈엉동 마을은 전통적으로 어부로 살아가는 유명한 곳으로 다양하고 신선한 해산물 시장을 구경할 수 있다. 뿐에는 해변을 돌러보고, 해가 지면 북적이는 야시장을 구경하면서 하루를 마무리할 수 있다. 해지는 일몰의 풍경은 해변의 바(bar)에서 음료도 즐기고 전기가 우 사연의 환상적인 선셋도 암점이다.

푸꾸옥 남부

함 닌 인근 푹포수의 정원을 보거나 사오 비치와 캠 비치 같은 때 문지 않은 해변이 남부명을 따라 뻗어 있으며 무르른 섬이 이름 다운 황금빛 배경이 되어 주고 있다. 푸꾸옥Phu Quoc의 남쪽 끝에 위치한 안타이 항구에서는 다이빙, 스노쿨링, 주변 섬 등에서 호핑 투어나 스노쿨링, 스킨스쿠버를 즐길 수 있다. 바다로 호핑 투어를 나가면 투명한 바다 속에서 다양한 낚자와 산호 등 다양한 해양 동물도 직접 볼 수 있다.

푸꾸옥 한눈에 파악하기

서울시 정도의 크기인 푸꾸옥Phu Quoc 섬은 총 150㎞의 해안선이 둘러싸고 있다. 아직은 많은 사람들이 찾지 않는 때 묻지 않고 평온한 베트남 남부에 위치한 신비의 섬, 푸꾸옥Phu Quoc이 비상하고 있다. BBC 선정, 세계에서 가장 아름다운 해변 10위로 선정되었다고 하는 푸꾸옥Phu Quoc은 베트남의 남쪽 끼엔장Kien Giang성에 속하는 가장 큰 섬인데도 육지와의 거리감 때문에 교류가 늘어가고 있는 베트남에서도 많이 동떨어진 듯한 느낌이 든다. 최근에 신비한 신혼여행지로 각광을 받고 있다.

육지와는 배로 5~6시간이 걸리는 거리로 베트남의 대표적인 도시인 하노이와 호치민에서 매일 정기적인 항공편이 운항되고는 있지만, 예산이 적은 이들에게 비행기는 부담스럽고 배는 소요 시간이 적지 않아서 베트남 사람들도 가볍게 방문할 수 있는 여행지는 아니라고 알려져 있다. 부유한 사람들의 휴양지로 여겨지곤 했던 푸꾸옥Phu Quoc은 고급 휴양지로 개발되고 있는 섬이다.

많은 해수욕장들 중에 가장 긴 길이를 자랑하는 '롱비치Long Beach'는 영국의 국영 방송국인 〈BBC〉, 〈CNN〉에서는 선정한 세계에서 가장 아름다운 해변 10위 안에 들기도 했고, 내셔널 지오그래픽 선정 '최고의 겨울 여행지' 3위로 손꼽힐 만큼 놓쳐서는 안 될 휴양지로 성장하고 있다.

푸꾸옥Phu Quoc은 한국인에게는 아직 생소하지만 유럽인과 현지 베트남 사람들에게는 인기 많은 휴양지로 알려져 있다. 때 묻지 않은 자연과 순박한 사람들의 인심이 많은 여행자를 끌어들이고 있다. 2019년 직항이 개설되면서 푸꾸옥Phu Quoc은 주목해야 할 여행지로 떠올랐다.

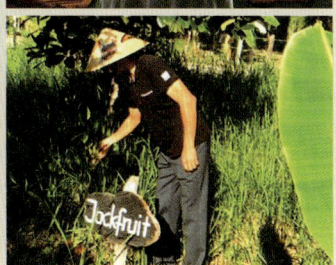

푸꾸옥Phu Quoc에서 나고 자란 사람 이외의 발길이 잦지 못해 타고난 자연미를 지금까지 보존시키는 데 큰 공을 세웠다. 섬의 북쪽은 이미 유네스코 자연유산에 등록된 생물권 보호구역이며, 작은 무인도들이 많은 섬의 남쪽으로는 전 세계 다이버들이 열광할 만큼 황홀한 다이빙 지점들이 많다. 현지인에게 자연 휴양지로 통했던 곳이 서서히 해외에 알려지면서 유럽인이 사랑하는 휴양지가 되어 가고 있다.

면적은 567㎢, 길이는 62㎞에 달한다. 캄보디아 국경에서 12㎞밖에 떨어지지 않은 푸꾸옥Phu Quoc은 호치민에서 국내선으로 1시간 거리이다. 대한민국의 제주도 같은 섬이며 베트남 정부가 경제특구로 지정하면서 개발 중에 있다. 5성급 리조트와 다양한 호텔과 숙박시설이 들어섰지만 여전히 천혜의 자연환경은 그대로 살아 있다.
우리가 흔히 알고 있는 베트남 도시와는 또 다른 매력을 갖고 있다. 순박한 섬에서 즐기는 소소한 재미가 푸꾸옥Phu Quoc 섬을 즐기는 방법이다. 아직 개발 중인 푸꾸옥은 대단한 즐길거리를 생각한다면 실망할 수도 있지만 자연과 함께 즐기는 재미는 상상이상이다.

따스한 바람이 불어오는 푸꾸옥Phu Quoc에 도착해 가장 먼저 찾아야 하는 곳은 바로 아름다운 해변이다. 원시 자연 그대로를 보존하고 있는 만큼 남쪽으로 길을 달리면 보이는 사오 해변은 푸꾸옥Phu Quoc 대표 관광지답게 아름다운 풍광을 자랑한다. 베트남말로 별을 뜻하는 사오는 별처럼 아름다운 해변이라 하여 이 같은 이름을 갖게 됐다. 1년 내내 청명한 날씨는 매력 중 하나로 연평균 기온 27도 정도인 훈훈한 날씨 덕에 겨울이면 더욱 찾기 좋은 곳이다.

푸꾸옥 여행을 계획하는 7가지 핵심 포인트

푸꾸옥 Phu Quoc 여행은 의외로 여행을 계획하기가 쉽지 않다. 쯔엉동 시내는 둘러봐도 고층 빌딩은 하나 없고 많은 사람들은 왔다 갔다 하지만 어디를 가야할지는 모르겠다. 숙소에 물어보니 관광지는 시내에서 떨어져 있다는 답변에 "그럼 어디를 가야하냐"는 물음에는 투어를 소개하는 팜플렛을 내민다. "어떤 것이 좋아요?"는 질문에 "다 좋다"라는 답만 온다. 어떻게 푸꾸옥 Phu Quoc 여행해야 하는 것일까?

푸꾸옥 Phu Quoc은 숨겨진 보석, 진주 섬이라는 별칭을 가지고 이제야 떠오르는 여행지가 되고 있는 섬이다. 지금도 개발이 이루어지면서 해안가는 하루가 다르게 변하고 있다. 러시아 관광객이 가장 많지만 다양한 국적의 여행자가 여행하면서 아시아 여행자보다 유럽의 여행자가 많다. 허허벌판인 해변에 도시를 만들기 시작하면서 즈엉동 타운을 시작으로 푸꾸옥 섬은 휴양지로 개발되고 있다.

즈엉동 시내에는 휴식을 취할 수 있는 리조트와 호텔 등의 숙소가 즐비하고 쇼핑몰은 아직 없다. 점점 늘어나는 관광객으로 쇼핑타운이 만들어지려는 움직임은 있다. 투어상품은 대부분 푸꾸옥 Phu Quoc 북부와 남부에 있다. 스쿠버 다이빙 같은 해양 스포츠나 크루즈 투어는 남부의 혼톰 섬으로 이동해 잔잔한 파도의 포인트에서 즐기게 된다. 이곳은 현재 섬의 북쪽에 빈펄 랜드 Vinpearl Land가 들어서 있어 빈펄 랜드 Vinpearl Land에서만 즐기다가 나오는 관광객도 상당히 많다.

1. 시내 관광, 야시장

푸꾸옥^{Phu Quo} 밤거리의 풍경은 즈엉동의 야시장에서 극대화된다. 밤이 되면 푸꾸옥^{Phu Quo}의 관광객들은 즈엉동 야시장으로 집합하는 것 같다. 푸꾸옥^{Phu Quo}의 가장 번화가는 당일 아침에 잡아온 배에서 공수한 신선한 해산물 바비큐와 정성이 느껴지는 베트남의 길거리 먹자골목의 다양한 음식들이 관광객의 후각과 미각을 자극한다.

코코넛을 이용한 아이스크림을 비롯한 디저트와 손수 만든 수공예품도 만나 볼 수 있어 활기가 가득한 푸꾸옥^{Phu Quo} 밤 분위기를 느껴볼 수 있다.

2. 해변 즐기기

세계 10대 해변의 유네스코가 보호하고 있는 느낄 수 있는 푸꾸옥$^{Phu\,Quoc의}$ 진주 빛 바다는 압권이다. 특히 베트남어로 "별"이라는 뜻의 사오 비치는 푸꾸옥$^{Phu\,Quoc}$에서 가장 아름다운 비치로 알려져 있다. 거닐어봐야 새하얀 모래사장과 투명한 바다에서 볼 수 있는 때 묻지 않은 바다 환경을 간직한 푸꾸옥$^{Phu\,Quoc}$의 비치는 푸꾸옥$^{Phu\,Quoc}$ 해변만의 특별한 아름다움을 느껴볼 수 있다.

 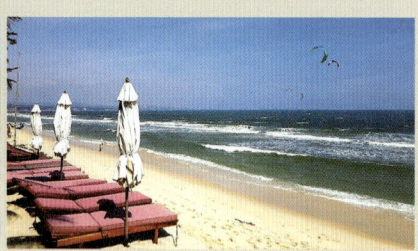

3. 1일 투어

베트남의 아름다운 섬, 푸꾸옥에서 9시부터 오후 16시 30분까지 다녀오는 1일 투어는 푸꾸옥$^{Phu\,Quoc}$의 대표적인 관광지로 진주, 후추, 와인숍, 꿀벌까지 주로 농장을 방문한다. 폭포, 사원 등 다양한 관광지를 방문 하고 해변에서 수영하는 시간까지 주어진다.

1일 투어 일정

09:00	숙소 픽업
9시 30분~12시	진주농장, 후추농장, 와인숍, 꿀벌농장, 트란폭포
12~13시	점심(구운 새우, 야채 볶음면, 오징어 죽)
13시	함닌 어촌마을, 푸꾸옥 사원, 바이사오비치(수영)
14시 30분	코코넛 수용소, 피쉬 소스 공장
16시 30분	종료

4. 해양 체험

푸꾸옥Phu Quoc의 청정 바다는 해양스포츠의 천국에서 체험하는 재미가 있다. 아름다운 백사장부터 열대 정글까지 다양한 자연을 간직한 푸꾸옥Phu Quoc은 스노클링과 서핑뿐만 아니라 스쿠버다이빙, 오징어 낚시 투어, 진주 양식장까지 다양한 체험을 경험할 수 있다. 진주를 품은 섬이라고 부르는 깨끗한 바다에서 양식한 조개 속 진주를 직접 보고 쇼핑까지 할 수 있는 시간도 인기가 높다.

5. 푸꾸옥(Phu Quoc)의 일몰

푸꾸옥Phu Quoc을 기억하는 분위기는 역시 잊지 못하는 추억을 선사하는 푸꾸옥Phu Quoc의 밤하늘이다. 시원한 서쪽 바다가 눈앞에 펼쳐지는 풍경은 해변가에서 분위기 좋은 카페에 자리를 잡고 사랑하는 이들과 함께 이야기를 나누면서 아름답게 물들어가는 푸꾸옥Phu Quoc의 하늘을 감상하는 특별한 경험은 푸꾸옥Phu Quoc을 방문하는 관광객은 누구나 경험할 수 있다.
관광객뿐만 아니라 현지 푸꾸옥Phu Quoc 사람들도 일몰 시간이 되면 선셋 비치로 낭만이 가득한 풍경을 보기 위해 몰려든다. 붉게 물들면서 내려가는 해를 바라보면 내 주위에 있는 사랑하는 사람들과 잊지 못할 시간을 간직할 수 있어 감사하게 된다.

6. 푸꾸옥(Phu Quoc) 가족여행의 핵심, 빈펄 랜드(Vinpearl Land)

자녀나 부모님과 함께 가는 푸꾸옥Phu Quoc 가족여행에서 가장 선호되는 빈펄 랜드Vinpearl Land는 푸꾸옥Phu Quoc의 인상을 바꾸고 있는 곳이다. 워터파크와 놀이동산에서 하루 종일 즐기는 관광객이 대부분이기 때문에 빈펄 랜드에서만 푸꾸옥Phu Quoc 여행을 다녀오는 여행자가 있을 정도이다.

워터파크, 놀이공원, 아쿠아리움, 사파리 등 남녀노소가 좋아할 다양하고 환상적인 테마파크인 빈펄 랜드는 인어 쇼부터 기린, 얼룩말, 사자가 함께하는 사파리 투어까지 있는 것이 다른 빈펄 랜드와의 차이점이다. 아이와 함께 하는 여행이라면 푸꾸옥Phu Quoc 가족여행의 핵심 속 다이내믹한 즐거움을 경험할 수 있다.

7. 휴양에 최적화된 리조트와 호텔

휴양에 최적화된 자연을 품은 다양한 가격과 시설을 가진 수준 높은 시설의 리조트와 호텔이 있다. 푸꾸옥Phu Quoc은 현대적인 시설을 바탕으로 레스토랑, 스파 등 부대시설이 최신 시설로 휴양에 필요한 모든 것을 경험할 수 있는 장점이 있다. 아름다운 해변의 경관과 여유로운 분위기를 합리적인 가격으로 즐길 수 있어 부부와 연인, 가족 여행객들에게도 최상의 휴양지 분위기를 선사할 것이다.

푸꾸옥(Phú Quốc) 추천 여행 일정

푸꾸옥Phú Quốc은 제주도의 절반 정도 되는 작은 섬으로 캄보디아에 속한 섬이었지만 굴곡진 현대사에서 베트남으로 바뀐 섬이다. 푸꾸옥Phú Quốc 섬은 대략의 위치를 파악하고 있어야 한다. 빈펄 랜드VinPearl는 섬 북쪽에 있고, 관광지로 유명한 해변은 섬 남쪽에 위치한다. 섬의 중심에는 야시장과 경치가 좋은 해변에 호텔과 리조트들이 들어서 있다.

관광 + 휴양 + 해양스포츠 + 야시장 + 리조트 & 호텔의 모든 것이 가능한 곳은 푸꾸옥Phú Quốc뿐이 없다고 할 정도로 개발이 진행 중인 섬이다. 더 늦기 전에 천국 같은 푸꾸옥Phú Quốc의 자연을 만나러 떠나보자!

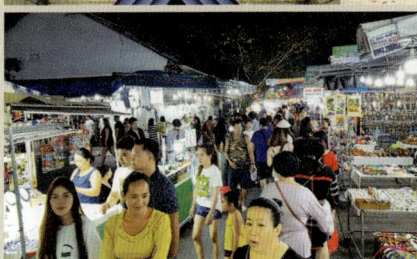

자유 여행자

푸꾸옥Phu Quoc 섬은 3일정도 여행하면 적당한 관광지이다. 푸꾸옥Phu Quoc 섬의 중심에 있는 즈엉동 마을의 저렴한 호텔에 숙박을 하고, 현지 여행사의 1일 투어를 이용하면 된다. 다음 날에는 섬 남부의 작은 안터이 군도로 가는 케이블카와 어촌 마을의 어시장 관광에 1일, 빈펄 랜드VinPearl 관광을 하고 나서 저녁에 야시장에 1일 정도의 일정으로 여행을 하므로 적어도 2일이상의 일정이 필요하다.

3일 일정
푸꾸옥 1일 투어 → 푸꾸옥 남부(어시장, 케이블 카, 남부 섬 투어) → 푸꾸옥 북부(빈펄 랜드)

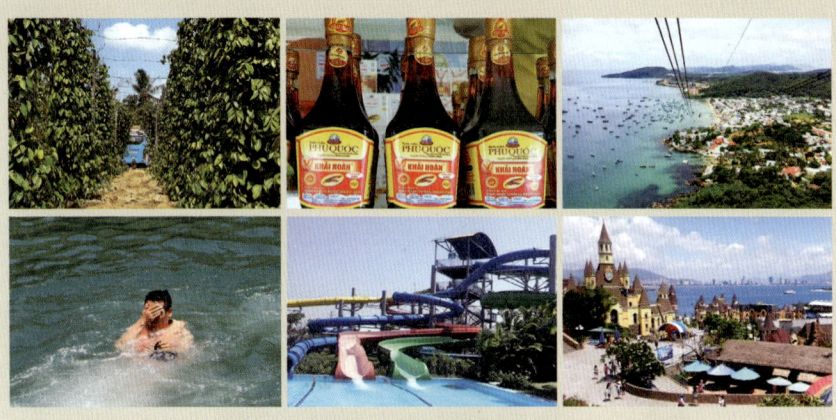

푸꾸옥 북부, 빈펄 리조트 숙박하는 여행자

푸꾸옥 빈펄 리조트는 아이들과 함께 여행하기에 좋은 곳이다. 워터파크와 빈펄 랜드, 아쿠아리움, 사파리까지 있어서 아이들이 다양한 경험을 할 수 있다. 푸꾸옥 섬 북부에 있어서 위치 상으로 좋지 않지만 일정 중, 하루는 기사를 포함한 차량 한 대를 렌트하여 남부에 있는 해상케이블카와 야시장을 한 번에 둘러보는 것이 좋다. 푸꾸옥은 도로에 차량이 많지 않아서 운전이 어렵지 않다.

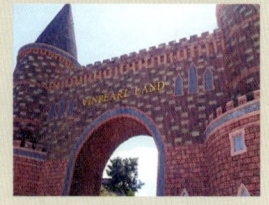

3일 일정
빈펄 랜드(아쿠아리움 / 사파리 / 워터파크) → 푸꾸옥 남부 (해양투어) → 푸꾸옥 시내 투어

푸꾸옥 1일 투어(시내투어)

베트남에 아름다운 섬 푸꾸옥Phu Quoc에서 아침부터 오후까지 꽉 찬 일정으로 다녀온다. 푸꾸옥Phu Quoc의 대표 관광지인 농장은 진주농장, 후추농장, 와인숍, 꿀벌농장을 방문한다. 폭포와 사원 등의 관광지를 방문하고 아름다운 해변을 방문하여 수영하는 시간이 주어진다.

일정
09:00　　　숙소 픽업(빈펄 랜드는 픽업 비용 발생하므로 사전에 문의해야 한다)
09:30~12:00　진주농장, 후추농장, 와인숍, 꿀벌농장, 트란폭포(구운 새우, 야채 볶음면, 오징어 죽)
12:00~13:00　점심
13:00　　　함닌 어촌마을, 푸꾸옥 사원, 바이사오비치(수영)
14:30　　　코코넛 수용소, 피쉬 소스 공장
16:30　　　종료

4섬 호핑 투어

아름다운 푸꾸옥 섬에서 해양투어를 즐기는 액티비티이다. 최근 KBS 예능프로그램인 배틀트립에서 방영되어 관심이 많아지고 있다. CNN이 선정한 '세계 10대 해변', '유네스코가 지정한 세계 생물권 보존지역'으로 선정될 만큼 청정 섬으로 인식하고 있다. 휴양과 해양스포츠에 몰두해도 부족하지 않은 최고의 휴양지가 되어 가고 있다.

푸꾸옥 남부에는 작고 아름다운 섬들이 많아서 여러 곳의 스노클링 지점이 있다. 그 지점들 중에 가장 아름다운 3개의 섬 근처를 4번에 나눠 옮겨 다니면서 낚시와 스노클링을 하게 된다. 파인애플 섬으로 이동하고 나서 낚시를 한다. 투어 회사마다 낚시지점이 있어서 물고기가 잘 잡히는 지는 선장의 능력이다.

2번째로 몽타이 섬과 감기 섬으로 이동하고 나서 스노클링을 한다. 3번째로 다시 몽타이 섬으로 이동한 후에 점심식사를 하는 데 대부분 해양에서 이루어지는 스포츠이기 때문에 체력의 소모가 심하여 점심식사를 주지만 부족한 경우가 있으니 따로 초코바나 간단한 영양식을 준비하는 것이 좋다.

일정
09:00	숙소 픽업
09:30	선착장이동
10:00~11:00	파인애플 섬 이동 후 낚시체험
11:00~12:00	몽타이 섬 이동 후 스노클링
12:00~13:00	감기 섬 이동 후 스노클링
13:00~14:00	몽타이 섬 이동 후 점심식사
15:00~16:00	투어종료 / 숙소 이동

주의사항

스노쿨링 장비나 낚시장비는 모두 제공이 되는데, 구명 조끼를 잘 확인하고 착용해야 한다. 간혹 불편하고 괜찮다며 소홀히 다루는데 바다에서 이루어지는 해양 스포츠는 항상 조심해야 사고가 발생하지 않는다는 사실을 인지해야 한다. 또한 현지에서 하는 투어에는 여행자 보험이 가입되어 있지 않으므로 개인적으로 한국에서 미리 여행자보험에 가입하고 투어에 참여하는 것이 만약의 사고에 대비하는 것이다.

방수팩

생수

개인 준비물

햇볕에 노출이 되므로 선크림과 수건을 따로 준비하는 것이 좋다. 또한 바닷물 때문에 옷이 젖을 수도 있으니 방수팩에 따로 여분의 옷이 있으면 편리하다. 바다에서 오랜 시간을 물놀이를 하기 때문에 맞는 옷차림과 준비물이 필요하다. 배 멀미를 하는 관광객은 미리 멀미약도 준비하는 것이 배에서 하루 종일 힘들어하지 않는다.

▶ 개인 타올, 수영복이나 래쉬가드, 썬 크림, 모자, 선글라스 등

방수팩 사용법

1. 딱딱한 플라스틱 부분을 앞으로 놓는다.
2. 공기가 들어간 상태에서 딱딱한 플라스틱 부분을 3회정도 접어 공기가 빵빵하게 들어가도록 한다.
3. 양 옆의 접합부분을 접는다.

푸꾸옥(Phu Quoc)에서 한 달 살기

태국의 치앙마이Chiangmai와 발리의 우붓Ubud이 한 달 살기로 각광을 받고 있지만 깨끗한 공기와 재미있는 엑티비티와 아름다운 풍경, 저렴한 물가를 생각하여 베트남에서 가장 아름다운 해변을 즐길 수 있는 곳을 추천한다면 푸꾸옥Phu Quoc이다. 타이 만의 아름다운 해안선은 태국의 파타야부터 캄보디아를 거쳐 남쪽의 푸꾸옥Phu Quoc에 다다른다. 태국의 파타야 여행이 짧은 기간에 방콕에서 파타야로 이동해 휴양을 즐기는 단기여행을 하는 경우가 많았고 캄보디아는 아직 여행 문화가 더딘 발전을 하고 있어 상대적으로 푸꾸옥Phu Quoc은 오랜 기간 한 곳에 머물며 여유를 가지고 지내는 장기 여행자가 늘고 있다. 태국의 방콕, 치앙마이나 발리의 우붓Ubud이 한 달 살기의 원조로 인기를 끌었다면 최근에는 베트남으로 확대되고 있는 중이다.

베트남도 한 달 살기를 하는 여행자가 많이 늘어나고 있다. 베트남의 소도시인 중부의 호이안Hoi An이나 남부의 나트랑Nha Trang 등에서 한 달 살기를 머무는 여행자가 많이 늘었고 점차 다른 도시로 확대되고 있다. 시대가 변하면서 짧은 시간의 많은 경험보다 한가하게 여유를 가지고 생각하는 한 달 살기의 여행방식은 많은 여행자가 경험하고 있는 새로운 여행방식이다. 하고 싶은 것을 무한정할 수 있는 장점이 한 달 살기의 최대 장점이지만 그만큼 도시가 다양한 활동이 가능해야 한다. 한 달 살기 동안 재미있게 지내려면 엑티비티와 인근의 관광지가 풍부해야 가능하다. 인근에 활동을 할 수 있는 곳이 제한된다면 점차 지루해지는 것은 어쩔 수 없는 일이다.

NHA TRANG • PHÙ QUỐC

푸꾸옥Phu Quoc의 한 달 살기는 바쁘게 지내는 것이 아닌 여유를 가지고 지낼 수 있다는 생각은 좋지만 물가가 저렴하지 않다면 걱정이 앞선다.
푸꾸옥Phu Quoc은 규모가 큰 섬이 아니고 어디든 해안이 있으므로 한 달 살기를 하면서 다양한 해양스포츠와 아름다운 해변에서 지내기 좋다. 푸꾸옥Phu Quoc의 중심 마을인 즈엉동에서 거의 모든 레스토랑과 식당에서 음식을 먹어보며 나의 입맛에 맞는 단골이 생기고 단골 쌀국수와 아침 식사를 먹는 식당에서 짧게 이야기를 나누다가 점점 대화의 시간이 늘어났다.

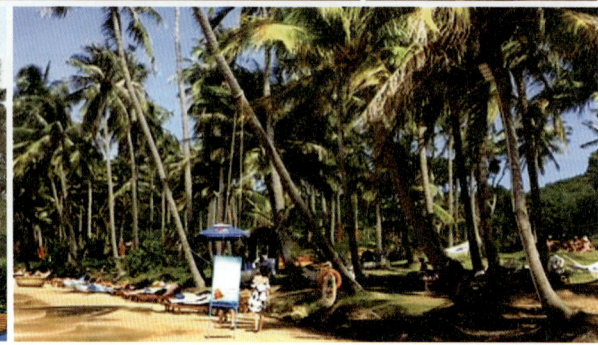

푸꾸옥Phu Quoc이 지루해질 때면 가까이 있는 롱비치로 나가 탁 트인 해변에서 생각을 하고 돌아오거나 해지는 시간에 맞춰 일몰을 감상하면 근심은 사라졌다. 여유를 즐기면 즐길수록 마음은 편해지고 행복감은 늘어났다.

푸꾸옥Phu Quoc은 1년 내내 화창한 날씨를 가진 도시이다. 그래서 비가 오는 날이면 커피 한잔의 여유를 즐기는 순간이 즐겁다. 바쁘게 사는 대한민국에서는 비가 오면 신발이 젖으면서 사무실로 들어오는 순간이 짜증이 나지만 바로 이어서 일을 할 수 밖에 없는 내가 싫은 순간이 많았지만 푸꾸옥Phu Quoc에서의 비는 매일같이 내려도 짧고 강하게 오기 때문에 일상생활에는 크게 지장을 주지는 않았다.

장점

1. 풍부한 관광 인프라

푸꾸옥Phu Quoc은 곳곳에 해변이 있고 남쪽에는 아름다운 작은 섬들이 많다. 그래서 4섬투어나 스쿠버다이빙이나 스노클링을 투어상품으로 즐길 수 있다. 바닷물 속이 훤히 들여다보이는 푸꾸옥Phu Quoc 인근에 어디서든 해안에서 볼 수 있는 풍경이다.

또한 해양스포츠만이 아닌 야시장 같은 활달한 활동이나 사원을 다녀오거나 섬의 1일 투어는 일도 하루가 금방 가도록 만들어준다. 또한 빈펄 랜드의 사파리나 워터파크, 놀이기구도 있어서 관광 컨텐츠가 풍부하다. 또한 계속 섬을 개발하고 있어서 관광 인프라는 점점 개선될 것이다.

2. 쇼핑의 편리함

나트랑Nha Trang이나 다낭Da Nang은 인근에 롯데마트나 빈콤 프라자Vincom Plaza가 있다. 한 달 살기를 하려면 필요한 물건들이 수시로 발생한다. 가장 저렴한 쇼핑을 하려면 큰 마트를 가야 하지만 푸꾸옥 섬에는 마트가 크지 않다. 하지만 즈엉동 마을에는 K+Mark나 작은 마트가 어디에나 있어서 필요한 물건은 쉽게 구입할 수 있다.

3. 다양한 커피

3한 달 살기를 하다보면 한국 음식이나 베트남 스타일의 커피가 아닌 아메리카노를 마시고 싶을 때가 있다. 그런데 푸꾸옥Phu Quoc에는 이미 한국인들이 식당과 카페를 열고 운영을 하고 있다.

4. 다양한 한국 음식

푸꾸옥Phu Quoc에는 한국 음식을 하는 식당들이 있다. 푸꾸옥Phu Quoc에 있으면서 한식에 대한 필요성을 느끼지 못하지만 한 달을 살게 되면서 가끔은 한국 음식을 먹고 싶을 때가 있다. 그럴 때 한식당을 찾기 힘들다면 음식 때문에 고생을 할 수 있지만 푸꾸옥Phu Quoc에는 한식당과 뷔페가 있어서 한식에 대한 고민은 하지 못했다.

5. 다양한 국적의 요리와 바(Bar)

푸꾸옥Phu Quoc에는 러시아 사람들이 가장 먼저 관광을 오기 시작했다. 러시아는 베트남과 우호관계를 오랫동안 지속하고 있으므로 러시아인들은 나트랑Nha Trang과 무이네Mui Ne 뿐만 아니라 아름다운 해안으로 장기 여행을 오는 러시아 여행자가 많다.

그 이후에 유럽의 관광객들이 오기 시작하여 점차 다양한 레스토랑이 문을 열고 있다. 최근에 특히 유럽의 배낭 여행자가 늘어나면서 즈엉동 마을에는 다양한 나라의 음식들을 먹을 수 있는 장점이 생겼다.

단 점

상대적으로 저렴하지 않은 물가

푸꾸옥Phu Quoc의 물가가 저렴하다는 것은 '사실이 아니다'라는 말이 있는데 사실이다. 푸꾸옥Phu Quoc은 개발을 하고 있는 휴양지로 대부분의 이익은 관광객의 주머니에서 나온다. 그러므로 관광객을 대상으로 영업을 하는 레스토랑과 카페, 마트가 대부분이다. 그래서 다른 베트남의 도시보다 가격이 비싼 편이다.

또한 숙소도 고급 호텔이나 리조트가 많아서 숙소도 상대적으로 비싸게 느껴질 수 있다. 하지만 잘 찾으면 저렴한 숙소와 마트를 찾을 수 있다. 그것이 관광객에게 어렵기 때문에 비싸게 느껴지는 것이다. 먹거리는 야시장이나 아침 시장에서 구입하면 저렴하게 구입하여 장바구니 물가를 낮출 수 있는 방법도 있다.

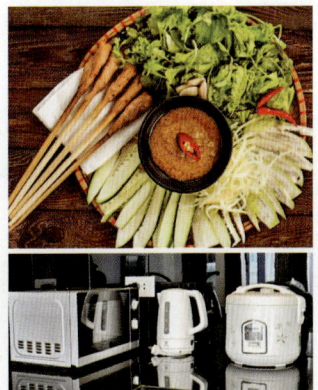

즈엉 동 타운
Trường East Town

푸꾸옥^{Phu Quoc} 섬에서 가장 유명한 마을인 즈엉^{Trường}동에 가면 아름다운 해안의 활기 넘치는 시장을 비롯해 다양한 바와 레스토랑 등이 있다. 푸꾸옥 서부 해안의 주요 어촌 항구인 즈엉^{Trường}동은 섬의 중심 마을로 수많은 즐길 거리를 경험해 볼 수 있다. 하지만 다채로운 거리와 북적이는 항구, 멋진 시장을 둘러보며 마을 자체를 알아가는 것도 좋다.

즈엉 동은 걸어서 둘러볼 수 있는 작은 마을로 대부분의 관광지는 반나절이면 구경할 수 있다. 도심에 있는 낡은 다리에서 해지는 최고의 경치를 감상할 수 있다. 다리 중간쯤 서서 강가에 정박한 어선들이 빚어내는 다채로운 광경도 사진에 담을 수 있다.

NHA TRANG • PHÙ QUỐC

푸꾸옥 진꺼우 야시장
Phu Quoc Dinh Cau Night Marketr

푸꾸옥Phu Quoc 여행에서 저녁에 즐기는 즐거움이다. 현지 음식을 좋아한다면 아침시장에서 동쪽으로 걸어가면 보이는 활기 넘치는 진카우 야시장Dinh Cau Night Market에 도착한다.

진꺼우 야시장은 섬의 주요 도시인 즈엉 동 서쪽에 있으며, 100m만 더 걸어가면 진꺼우 사원Dinh Cau Temple이 나온다.

다양한 해산물

깔끔하게 배치된 100여 곳의 가판대에서 늦은 오후부터 자정까지 다양한 해산물과 생선요리를 판매하고 있다. 활기 넘치는 시장은 해산물 굽는 냄새와 현지 주민들의 왁자지껄한 대화 소리로 가득하다. 매력이 넘치는 야시장에 들러 현지에서 갓 잡은 대하를 비롯해 삶은 오징어와 크랩 차우더 같은 맛있는 음식을 맛볼 수 있다. 푸꾸옥Phu Quoc의 바다에서 매일 새벽마다 잡아오는 해산물은 푸꾸옥Phu Quoc에서 해산물 요리를 즐길 수 있는 곳 중 가장 인상적인 장소이지만 음식 값은 거의 흥정되지 않는다.

전통 베트남 요리

야시장은 푸짐하고 다양한 전통 베트남 음식을 맛볼 수 있는 푸꾸옥 섬 최고의 명소이다. 500m에 걸쳐 길가에 늘어선 100여 군데의 깔끔한 가판대에서 생선, 고기, 야채로 만든 다양한 요리를 판매한다. 맛 좋고 신선한 야채로 만든 걸쭉한 국수나 구운 닭고기, 양고기, 소고기 요리를 즐길 수 있다.

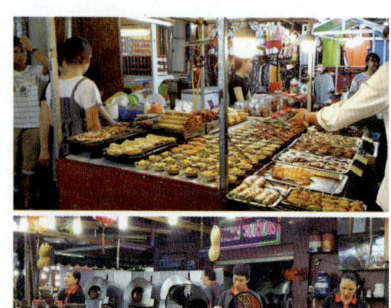

다채로운 풍경

맛있는 국수와 구운 생선을 맛보고 손수 만든 장신구나 조각상 같은 기념품 가격도 흥정할 수 있다. 수제 장신구와 기념품 매장을 둘러보며 가격을 흥정하거나 바에 앉아 눈앞에 펼쳐지는 다채로운 풍경을 구경할 수 있다.

액젓 / 달팽이 요리

색다른 맛을 원한다면 향이 강한 액젓이나 삶은 달팽이 요리에 도전해 보자. 원하는 음식을 고른 뒤에 길가에 놓인 긴 테이블에 앉아 시장의 활기찬 풍경을 볼 수 있다. 직접 요리할 재료를 구입하려면 갓 잡은 생선과 이국적인 과일, 야채를 판매하는 상점에서 구입하면 된다. 신선한 현지 허브와 향신료를 구입해 베트남 요리나 관광객 자국의 요리를 직접 만들어 먹는 장기 여행자도 많다.

기념품 가판대

진주와 화려한 조개껍질을 엮어 만든 아름다운 팔찌와 목걸이뿐만 아니라, 아름다운 목각상과 다양하고 화려한 옷도 구입할 수 있다. 대부분의 물건 값을 꼭 흥정해 구입해야 한다. 대부분의 관광객이 가격을 흥정할 것을 알기 때문에 가격을 비싸게 부르는 것이 일반적이다.

진 꺼우 사원
Dinh Câu Shrine

매월 1, 15일에 바다를 나간 어부들을 위해 제사를 지내는 곳으로 야시장 근처에 있다. 푸꾸옥Phu Quoc 사람들의 대부분이 어부로 살아갔던 섬이기 때문에 중요한 사원이다. 진 꺼우 바위 위에는 바다의 여신에게 제물을 바치던 진 꺼우 사원Dinh Câu Shrine이 자리하고 있다.

지금도 푸꾸옥Phu Quoc 주민의 70%가 어업에 종사하고 있다는 것을 알 수 있는 장소 중에 하나이다. 어부로 삶을 살아가는 푸꾸옥Phu Quoc 사람들은 이곳을 찾아 소망을 빌기도 한다.

현지인에게는 사원의 제사가 중요하지만 관광객에게는 일몰의 풍경이 아름다워 중요한 사원이다. 해지는 시간이 되면 자리를 잡고 일몰을 기다린다. 진 꺼우 사원Dinh Câu Shrine 앞으로 아름답게 자연이 조각한 암석들이 있어 일몰의 풍경이 아름다운 것이다. 진 꺼우 사원Dinh Câu Shrine은 푸꾸옥Phu Quoc 섬에서 아름다운 석양을 감상할 수 있는 포인트 중 하나로 진 꺼우 사원Dinh Câu Shrine에서 바라보는 노을 진 항구의 모습이 소박하면서도 아름답다. 일몰의 풍경은 어디나 아름답지만 시간이 멈춘 듯 빠져드는 일몰의 풍경은 강렬한 구름과 해와 바람이 만들어낸다.

NHA TRANG • PHÙ QUỐC

후추농장
Pepper Farm

푸꾸옥^{Phu Quoc} 섬은 베트남 최대의 후추 생산지다. 덩굴로 덮인 후추나무는 이색적인 풍경을 제공할 뿐만 아니라 베트남 최고 품질의 후추를 직접 맛볼 수 있는 색다른 경험도 제공한다. 푸꾸옥^{Phu Quoc}에서 만든 느억맘 소스는 베트남 전 지역에서 가장 유명하다.

느억맘 공장
Nuoc Mam

베트남 일상에서 빠질 수 없는 소스를 하나 골라보라고 한다면 느억맘 소스라고 할 수 있다. 생선을 발효시킨 소스로 베트남 음식과 가장 잘 어울린다.

푸꾸옥^{Phu Quoc} 섬의 신선한 생선으로 만든 느억맘 소스는 베트남 전 지역에서 가장 유명하다. 또 수많은 여행객들이 느억맘의 명성을 알고자 자주 찾는 명소이기도 하다.

즈엉동 시장
Duong Dong Market

야시장에서 나와 다리를 건너면 나오는 시장으로 신선하고 맛있는 해산물과 푸꾸옥Phu Quoc 현지인들이 이용하는 시장이다. 아침에 조금 일찍 일어나서 즈엉Trường동 북동쪽에 있는 시장에 들러 보자.

오전 내내 레스토랑 주인을 상대로 생선값을 흥정하는 어부들의 모습을 볼 수 있다. 여기서는 베트남 요리에 자주 사용되는 액젓은 물론, 신선한 과일과 야채도 구입할 수 있다. 관광객을 대상으로 하는 시장이 아닌 만큼 보이는 위생 상태는 좋지 않지만 야채와 해산물이 다양한 레스토랑과 식당으로 판매가 된다. 그러므로 모든 채소나 과일, 물품의 가격은 야시장보다 저렴하다.

롱비치 / 바이 즈엉
Long Beach / Bãi Trường

푸꾸옥Phu Quoc에서 가장 긴 해변인 바이 즈엉Bãi Trường의 영어 이름은 롱비치Long Beach이다. 딘 카우Dinh Cau 케이프에서 타우 루 꾸Tau Ru Cuu까지 이어지는 최대 20km에 이어지는 해변이지만 현재 딘 카우Dinh Cau에서 남쪽으로 약 5km를 따라 이어진 도로인 딴 훙 다오Tran Hung Dao 도로를 따라 위치한 많은 숙소와 레스토랑들이 비치를 채우고 있다.

즈어동 남쪽 끝에 있는 아름다운 롱비치Long Beach에서 여유롭게 휴식을 취하고 따뜻한 바다에서 수영을 즐길 수 있다. 모래 사장을 따라 음료와 간식거리를 판매하는 가판대에는 다양한 음식들이 있다.

호텔, 리조트 등 고급 숙소들이 들어서 있지만 지금도 많은 호텔과 리조트가 건설되고 있는 중이다. 즈엉Truong 해변은 푸꾸옥Phu Quoc 사람들이 더 자랑스럽게 생각하는 아름다운 해변이 고급 리조트들로 채워질 것 같다.

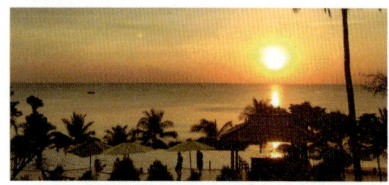

스쿠버 다이빙(Scuba Diving)

푸꾸옥 남부의 안터이^{An Thoi} 항구는 스쿠버다이빙을 즐기기에 최고의 장소이다. 바다 저 멀리 나가 항구에 있는 강습소에는 푸꾸옥 주변 산호초 지대를 둘러보는 투어를 운영하고 있다. 베트남의 놀라운 해양생물을 만나 볼 수 있는 기회이다.

스쿠버 다이빙^{Scuba diving}은 물속에서도 숨을 쉴 수 있게 해주는 장비를 착용하고 수중 다이빙^{underwater diving}을 하는 것이다. 1년 내내 따뜻한 기온과 잔잔한 파도를 가진 혼문 섬 근처(북부의 혼몽따이 섬^{Hon Mong Tay}, 혼도이모이 섬^{Hon Doi Moi}과 남부의 안터이 군도)에서 스쿠버 다이빙을 즐기게 된다.

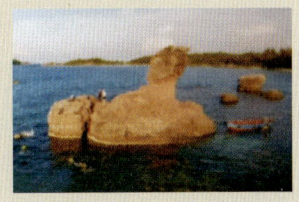

영어의 'SCUBA'는 원래 잠수 장비를 가리키는 명사였지만 기구를 사용하는 잠수 활동 자체를 스쿠버로 일컫고 있다. 일반인들이 스킨스쿠버를 즐기는 경우, 잠수가 가능한 깊이는 최대 40m 정도이고 잠수를 하는 최대 시간은 3시간 30분 정도이다. 단, 잠수를 깊게 할수록 잠수 시간은 짧아지게 된다.

일반적인 인식과는 달리 사고율이 높지 않고, 여행에 대한 관심이 늘어남에 따라 즐기는 인구가 늘어나는 추세이다. 하지만 물속에서 이루어지는 스포츠이기 때문에 위험 요소를 가지게 되는 것은 당연한 것이다. 물속 압력의 변화에 따른 변화가 감압 병, 공기색전증을 일으키기도 하고 체온이 저하되거나 피부 외상이 일어날 수 있으므로 안전에 주의해 즐겨야 한다.

스쿠버다이빙 투어

1. 7~8시에 숙소로 픽업을 하고 나서 선착장에 모든 투어 참가자가 모이면 배를 타고 안터이 군도로 이동한다.
2. 안터이 군도까지 이동하는 배에서 스쿠버 장비의 사용법을 알려주는 데 이때 잘 듣고 이해가 안 가는 부분이 있다면 물어보고 알고 있어야 한다.
3. 강사 1명당 2~3명으로 강사가 책임질 수 있는 인원이 그룹으로 나뉘게 된다.
4. 안터이 군도에 도착하면 초보자를 위해 2~3m 깊이의 바다에서 전문 강사가 장비 사용법이나 스쿠버 다이빙에 대한 설명을 하고 실습을 하게 된다.

최대 허용 수심이 40m인 이유

물속에서는 수심 10 m마다 1 atm씩 더 가중된다. 40m에서는 5 atm의 압력이다. 압력의 영향으로 신체 내 질소 용해량이 올라가게 되며, 갑작스럽게 압력이 낮아질 경우 용해되어 있던 질소가 거품이 되어 혈관과 신경 등을 막아버리는 잠수병에 걸리게 된다. 혈액 속 산소 분압이 1.6을 넘어서는 경우 산소중독에 의한 의식불명 상태를 야기한다.

즈엉동 해산물 맛집

활기 넘치는 즈엉동 거리Trần Phú Boulvard는 하얀 모래사장을 따라 코코야자 나무의 그늘 아래로 뻗은 푸꾸옥Phu Quoc의 중심가이다. 많은 레스토랑과 바, 호텔이 들어선 이 거리에는 밤까지 많은 사람들로 붐빈다.

나항 송 비(Nha Song Vien)

활기 넘치는 즈엉동 거리Trần Phú Boulvard는 하얀 모래사장을 따라 코코야자 나무의 그늘 아래로 뻗은 푸꾸옥Phu Quoc의 중심가이다. 많은 레스토랑과 바, 호텔이 들어선 이 거리에는 밤까지 많은 사람들로 붐빈다.

주소_ 161 Duong 30/4, KP 1, TT Duong Dong **요금_** 100,000~300,000동 **시간_** 16~22시 **전화_** 2297-2235-666

신 짜오 시푸드 레스토랑(Xin Chao Seafood Restaurant)

다양한 베트남 음식과 바로 예쁜 앞 바다에서 잡은 싱싱한 해산물 요리를 맛볼 수 있는 곳이다. 큰 새우구이와 함께 밥을 먹을 수 있고 조리과정과 재료가 한눈에 보이기 때문에 음식을 기다리며 보는 재미도 있는 곳이다. 새우, 크랩, 오징어 튀김과 스프링롤 튀김 등을 많이 주문한다.

주소_ 66 Tran Hung Dao 요금_ 100,000~200,000동 시간_ 10~22시 전화_ +84-297-3999-919

꽌 캣 비엔(Quàn Cát Biên)

야시장으로 내려가다 보면 큰 도로에 있는 해산물 레스토랑이다. 해산물 요리 맛이 가장 좋다고 알려져 있는 레스토랑이다. 조용히 가족이나 일행이 식사를 할 수 있는데, 내부의 테이블도 많아 찾는 고객이 많아도 내부는 조용하지만 외부 테이블은 차량의 소음 등이 있어 조용하지는 않다. 어느 메뉴를 주문해도 기본적인 맛을 보장해주는 레스토랑이다.

주소_ Duong 30/4, TT Duong Dong 시간_ 16~22시 전화_ 22973-992-339

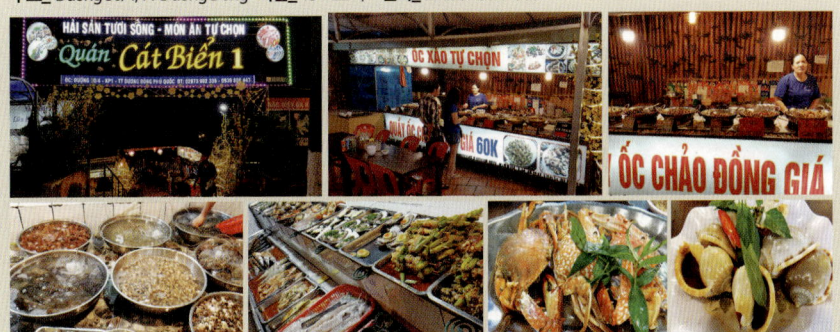

푸꾸옥의 아침을 연다!

푸꾸옥^{Phu Quoc}은 호이안^{Hoi An}이나 다낭에 비해 아침에 쌀국수나 반미를 파는 가게들이 적다. 관광객용 레스토랑이 아닌 푸꾸옥^{Phu Quoc} 현지인들이 먹는 쌀국수를 찾는 여행자라면 골목길의 허름한 가게도 아닌 작은 의자에서 먹는 쌀국수 한 그릇 만큼 정이 담긴 쌀국수도 없을 것이다. 푸꾸옥^{Phu Quoc} 시민들을 단골손님으로 거느린 허름한 가게에서 파는 반미나 쌀국수 한 그릇은 푸짐한 양에 맛까지 푸짐하다.

현지인이 인정한 분켄(Bun Ken) 반미

야시장에서 오른쪽으로 걸어가면 관광객보다 현지인들이 아침을 먹고 커피를 마시는 바 무오이 짱 뚜^{Ba Muòi Thang Tù} 거리의 가게이다. 가게이름은 유리 위에 적혀 있다. 분켄^{Bun Ken}은 아침 8시 이전에 반미가 남아 있을 때까지만 팔고 골목길에 청소를 하고 노점을 놓아둔다. 20,000동의 가격에 다양하게 치킨, 돼지고기, 소고기 등의 고기와 다양한 야채가 섞여 소스에 맛있는 반미가 탄생하게 된다.

위치_ 찐 짠 즈엉(Đình Thần Dương Đông) 건너편　**주소_** DC SO 47, 310 KP 1, Dương Đông

찐 짠 즈엉(Đình Thần Dương Đông)

찐 짠 즈엉^{Đình Thần Dương Đông}의 문 옆으로 이름조차 불분명한 쌀국수집이지만 국수 맛을 알게 된 관광객이 서서히 찾고 있다. "찐^{Đình}"이라는 베트남어의 뜻은 대한민국의 마을회관과 같이 사람들이 모여 이야기를 나누는 곳을 의미한다. 다행히 맛을 찾아 나선 많은 여행자가 알려 주면서 인기를 끌고 있다. 얇은 면발 때문에 자칫 밋밋할 수 있는 쌀국수의 국물이 살려주어 맛이 업그레이드가 되었다. 또한 외국인이 오면 미리 고수를 빼놓아 관광객을 배려하고 있다. 짜지 않고 구수한 국물에 고기를 올리고 파를 송송송 썰어 넣어서 다른 채소가 없는 데도 땀이 나게 되는 개운한 맛이 된다.

주소_ DC SO 47, 310 KP 1, Dương Đông　**요금_** 쌀국수(3종) 30,000~40,000동　**시간_** 7~15시

하이 7(HI 7)

아침 일찍 일어나 관광을 준비하는 중국인 관광객이 깨끗하고 깔끔한 분위기의 레스토랑을 원하는 데 맞는 레스토랑이다. 가격도 저렴하고 다양한 아침 메뉴가 있어 관광객이 주로 찾는다. 대부분의 관광객은 중국인과 인근의 호텔에 있는 관광객이 대부분이다. 가장 인기가 높은 메뉴는 반꾸온Banh Cuòn과 롤을 같이 먹을 수 있는 모닝 세트이다.

주소_ 27 Trân Hoang Dao **요금_** 40,000~80,000동

푸드 트럭 반미 람브로(Lambro 550)

가네쉬Ganesh 인도 음식점 위로 길을 따라 걸어가면 푸드 트럭으로 아침마다 반미를 팔고 있는 조그만 자동차를 보게 된다. 반미를 고급화해 팔고 있는 푸드 트럭은 현지인보다 관광객을 상대하고 아침에만 장사를 하기 때문에 늦게 일어나는 관광객에게 많이 알려지지 않았다. 그렇지만 아침에 일찍부터 일을 시작하는 푸꾸옥Phu Quoc 시민에게 맛있는 반미를 제공해 주기도 한다.

시간_ 7~9시 **요금_** 4반미 30,000~40,000동

분짜 하노이(Bún Chà Hanoi)

다양한 야채에 시큼한 육수에 살짝 담구어 먹는 분짜 맛집으로 베트남의 다른 도시에서도 볼 수 있다. 현지인들이 많이 찾는 음식점으로 주문 즉시 오픈된 주방에서 요리를 한다. 국물에서 발효국수로 식초향이 나지만 맛을 보면 돼지고기가 바삭한 넴과 함께 먹으면 좋다.
하노이 북부의 쌀국수로 얇은 국수가 국물에 담궈 쉽게 풀려 먹을 수 있는데 조금 시간을 두어 국수에 맛이 벤 상태에서 먹는 것을 추천한다.

주소_ 121 Trân Húng Dao **시간_** 6~21시 **전화_** +84-96-2123-679

푸꾸옥 대표 빵집 Best 3

아로이 카페(Aroi Cafe)

베트남에 몇 개의 지점을 가지고 있는 아로이 카페는 귀여운 곰 캐릭터로 유명하다. 하지만 아직 많은 지점을 가지지는 못했다. 안으로 들어서면 다양한 빵이 내뿜는 냄새가 구수하다. 베트남 반미도 있지만 나트랑 시민들에게 사랑받는 것은 곰돌이 케이크이다. 다양한 조각케이크와 머핀뿐만 아니라 생일 케이크도 판매하고 있다. 현지 브랜드이지만 유럽 관광객도 많이 찾는 브랜드로 바뀌고 있다.

주소_24 Trần Húng Dao, Dúong Dông 시간_7~23시 전화_096-6962-190

란 베이커리(Lan Bakery)

러시아 관광객에게 오랫동안 사랑받아온 베이커리 가게이다. 깨끗하고 깔끔한 내부 인테리어는 유럽과 러시아 장기여행자가 매일 찾는 빵집이다. 특히 각종 빵과 케이크, 크루아상은 유럽 관광객을 위해 만들어져 있다. 그래서 맛은 고급스럽게 느껴지고 한쪽에는 직접 로스팅한 커피원두를 판매하고 있다. 현지인보다는 관광객에게 초점을 맞추어 운영하고 있다.

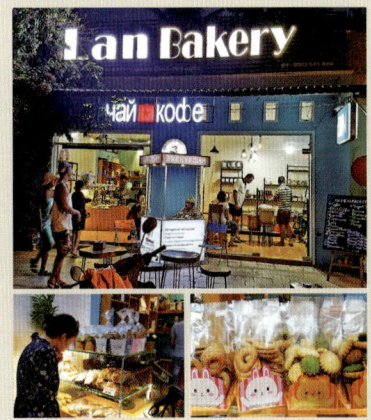

주소_ 106 Trần Húng Dao, Dúong Dông
시간_ 8~23시
전화_ 0973 545 968

뚜 히엔(Thu Hiên)

베트남 사람들이 빵을 많이 먹지는 않지만 최근에 케이크를 중심으로 판매가 늘어나고 있다. 그래서 어디를 가나 현지인들이 즐겨 찾는 케이크와 빵을 파는 상점들이 많다. 내부는 작지만 깨끗하고 깔끔하다. 다양한 케이크들은 크기가 크고 양을 많이 만들어 파는 편이다. 맛을 보면 한국인의 입맛에는 다를 수 있지만 푸꾸옥 Phu Quoc에서는 상당히 유명한 곳이다. 현지인에 초점을 맞추어 운영하고 있다.

주소_ DC SO 47, 304 KP 1, Dúong Dông   **시간**_ 8~20시   **전화**_ 0949-779-171

푸꾸옥의 러시아 관광객이 찾는 맛집

베트남과 러시아는 오래 전부터 우방국이어서 러시아에 베트남의 나트랑Nha Trang과 무이네Mui Ne가 휴양지로 알려져 있지만 최근에는 푸꾸옥Phu Quoc 섬까지 휴양지로 인기를 끌고 있다. 베트남에서 2~3주 동안 휴가를 즐기고 있다. 그래서 푸꾸옥Phu Quoc에는 러시아 관광객이 찾는 레스토랑과 카페가 많다.
러시아인들을 대상으로 하는 레스토랑은 주로 해산물 요리와 볶음밥, 쌀국수가 러시아인들의 입맛에 맞게 바뀌어 있는 것이 특징이고 메뉴가 서양요리부터 베트남요리까지 다양해 주문하기가 힘들다는 단점이 있다.

피자 택시(Pizza Taxi)

푸꾸옥Phu Quoc에서 가장 유명한 피자집으로 다낭에는 피자 4 피프가 있다면 푸꾸옥Phu Quoc에는 피자 택시가 대표적이라고 말한다. 짜지 않고 느끼하지도 않고 주문하면 빨리 나오는 피자로 빨리 먹고 나가는 관광객이 많다. 카르보나라와 페페로니 피자를 가장 많이 주문한다. 빅 사이즈가 180,000동이라 저렴한 편이다.

주소_ 39 Tran Hung Dao **요금_** 100,000~200,000동 **시간_** 11~23시 **전화_** +84 297 3998 777

쭈언쭈언 비스트로 & 스카이 바(Chuồn Chuồn Bistro & Sky Bar)

아름다운 푸꾸옥Phu Quoc 시내를 감상하면서 식사를 즐길 수 있는 분위기 좋은 카페이자 스카이라운지로 연인이나 부부에게 추천한다. 칵테일과 나시고랭, 햄버거 세트를 많이 주문한다. 주변에 공사를 하고 있어서 소음이 있지만 일몰 후에는 분위기 좋은 스카이라운지가 된다. 다만 일몰 후에는 사람들이 몰려들어서 주문이 늦어질 수 있으니 일몰 전에 가서 자리를 잡고 여유롭게 식사를 하고 나서 노을을 보는 것이 좋다.

주소_ Khu 1, Tran Hung Dao **요금_** 나시고랭 99,000동 / 버거 150,000동 / 맥주 35,000동
시간_ 7시 30분~22시 30분 **전화_** +84-98-805-7915

선셋 비치 바 & 레스토랑

도로에 있지 않고 바닷가를 볼 수 있는 안쪽에 있어서 찾기는 힘들지만 푸꾸옥Phu Quoc의 해변 노을을 바라보며 분위기 있게 식사를 할 수 있는 곳이다. 바다 소리와 은은한 조명 아래에서 여유를 즐길 수 있다. 로컬 음식점보다 가격대가 높은 편이지만 그만한 가치와 서비스가 된다. 여행 중 고급스럽고 세련된 식사를 원한다면 추천한다.

주소_ 100 C/2 Tran Hung Dao **요금_** 50,000~250,000동 **시간_** 9시~24시 **전화_** +84-97-728-7777

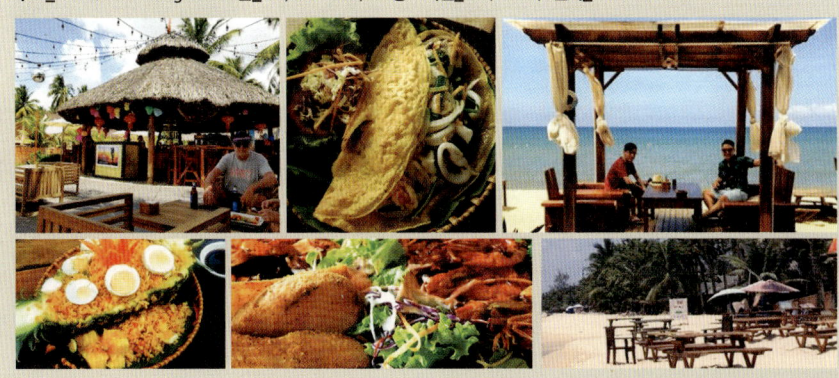

푸꾸옥의 미국 관광객이 찾는 맛집

윈스턴 버거(Winston's Burgur)

푸꾸옥에서 먹는 버거 중에 가장 맛좋다고 소문이 나있다. 미국의 정통 버거 맛을 느껴보고 싶다면 추천하는 맛 집이다. 두꺼운 패티를 야채와 함께 만들어 주는 버거는 정말 두껍다. 채식주의자를 위한 메뉴도 따로 있고 아침부터 즐길 수 있으니 해변에 가기 전에 테이크 아웃으로 직접 사서 바다를 보면서 먹는 햄버거의 맛도 일품이다. 해변과 가깝기 때문에 찾는 데 시간이 걸릴 수 있다.

주소_ 39 Tran Hung Dao **요금_** 100,000~200,000동 **시간_** 11~23시 **전화_** +84 297 3998 777

스테이크 박스(Steak Box)

미국인 관광객이 스테이크를 먹기 위해 자주 찾는 곳이다. 작지만 멋지고 맛있는 식사가 나오는 곳으로 한번 빠지면 자주 찾게 된다. 탁 트인 전망을 보며 식사를 할 수 있다. 스테이크 외에 다른 베트남 쌀국수와 넴 등의 음식의 맛은 상대적으로 떨어지지만 미국인들의 입맛에는 맞는 지 맛있게 먹는 모습을 볼 수 있어 혼동되기도 한다.

주소_ 11 Tran Hung Dao
요금_ 50,000~250,000동
시간_ 11시~22시
전화_ +84-126-3330-109

홀리데이 센스(Holiday Sense)

즈엉동에 만들어진 카페와 레스토랑이 모여 있는 몰Mall이다. 최근에 문을 열어서 깨끗하고 깔끔하게 레스토랑과 카페들이 모여 있어 최근에 관광객이 많이 찾고 있다. 더운 푸꾸옥 날씨에 쾌적하게 식사를 할 수 있는 곳이다.

1층에는 베스틴 커피$^{Bestin Coffee}$가 입구에 있으며 건너편에는 SUMO 스시 전문점이 있고 그 뒤에 껌 가$^{Com Ga}$라는 베트남 음식점, 이 있다. 2층으로 올라가면 위너 펍$^{Winner Pub}$, 퀸즈 바$^{Queens Bar}$ 등의 맥주 전문점이 있다.

수모(SUMO)

일본관광객이 푸꾸옥에 별로 없지만 스시 전문점이 생겨 의아했지만 러시아 관광객이 스시전문의 주고객이었다.
푸꾸옥에는 스시를 파는 전문점이 없는데 신선한 해산물이 많아서 많은 관광객이 찾고 있다. 관광객을 상대로 영업을 하고 있으므로 가격이 저렴하지 않다. 깨끗하고 깔끔하게 음식을 먹고 싶다면 추천한다.

껌 가(Com Ga)

베트남 전통음식을 파는 껌 가는 가격이 비싸지 않은 편이다. 점심이나 저녁 식사를 하러 온 관광객이 많아서 식사시간에는 붐비는 편이다. 식사로 적당한 가격과 깨끗한 분위기가 장점이다.

쫑우엔(Ngon)

2층에 베트남 음식과 열대과일 음료수를 팔고 있는 곳으로 1층보다 오픈된 분위기가 탁 트인 느낌을 받게 한다. 다양한 음식을 주문할 수 있어서 깨끗한 분위기에서 베트남 음식을 즐기고 싶은 관광객이 자주 찾는다.

베스틴 커피(Bestin Coffee)

즈엉동에 최근에 음식점이 몰Mall 형태가 들어서기 시작했다. 1층에 들어선 베스틴 커피는 어디에서나 볼 수 있는 전형적인 카페여서 깨끗하고 정돈된 프랜차이즈 커피 전문점이지만 우리가 마시는 커피와 다르게 맛이 진하기 때문에 특색이 있다.

주로 오후에 관광객이 시원한 에어컨에 있고 싶은 마음에 찾는다. 관광객이 주 고객이므로 라떼, 아메리카노 등 달달한 커피 음료를 주문한다. 커피 이외에 다양한 차 메뉴도 있다.

이외에 키즈 카페인 키즈 시티Kid City와 선물가게가 있다.

푸꾸옥 북부
Phù Quốc North

건저우 곶
Müi Gành Dău

북부의 자이 해변을 지나면 나오는 건저우 곶이 있다. 작은 어촌 마을이었던 건저우 Gành Dău는 빈펄 리조트가 들어서면서 급성장하는 장소이다. 아직도 작은 마을에는 생선과 작은 물건들을 상점에서 팔고 있다.

최근 여행사들이 이 곳 앞바다에서 투어를 진행하는 현지 여행사들이 늘어나고 있다. 앞에는 산호초 섬이 있고 파도가 잔잔하여 스노클링과 스쿠버 다이빙도 늘어나고 있는 추세이다.

자이 해변
Bãi Dài

빈펄 리조트가 들어서 있는 앞 바다에 있는 바다가 자이 해변이다. 북부의 해변은 사람들이 찾지 않는 해변이었지만 최근에 빈펄 리조트가 들어서면서 고급 휴양지로 탈바꿈하고 있는 추세이다. 특히 자연 그대로의 보존이 잘 된 해변에서 일몰 풍경을 즐긴다면 추억에 남을 수 있을 정도로 아름답다.

푸꾸옥 국립공원
Phu Quoc National Park

섬을 관통하는 메인 도로는 푸꾸옥의 자연을 가르는 기준점이 된다. 도로의 북동쪽 방면은 유네스코에서 생물보호구로 지정한 푸꾸옥 국립공원 Vườn Quốc Gia Phú Quốc으로, 산봉우리와 열대우림을 포함하고 있다.

90%가 숲으로 뒤덮여 있는 푸꾸옥 국립공원은 나무들과 해양 생태계가 공식적으로 보호받고 있다. 남쪽에 있는 마지막 숲의 일부로 2010년 유네스코 세계문화유산 '생물권 보존지역'으로 지정된 곳이기도 하다. 울퉁불퉁한 비포장도로에는 별도의 등산로가 있어 산악 오토바이나 자전거를 타고 갈 수 있다.

> **수오이 다 반(Suoi Da Ban)**
> 화강암 사이를 뚫고 나오는 하얀 물살이 매력적인 계곡이다. 5~9월 사이에 계곡에 있는 물은 천연수영장의 역할을 한다. 다만 그 외에는 물이 거의 말라서 보기가 힘들다.

옹랑 해변
Ông Lang Beach

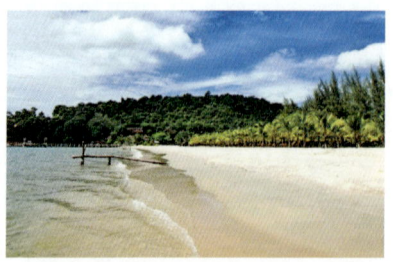

에서 북쪽으로 약 20분 정도 거리에 있다. 즈엉동 마을Dúong Dòng Town을 기준으로 북쪽은 옹랑 비치Ông Lang Beach가 있고 남쪽은 롱 비치Long Beach가 있다. 빈펄 랜드로 가는 길목에 있어서 쉽게 갈 수 있는 비치이다.

옹랑 비치Ông Lang Beach에도 사원이 있어서 어부들이 고기잡이를 안전하게 다녀올 수 있도록 기원한다. 사원은 작지 않지만 볼 것은 없다. 옹랑 비치Ông Lang Beach는 고운 모래가 펼쳐진 곳도 있지만 바위나 돌들이 있는 해변도 있다.

옹랑 비치Ông Lang Beach는 푸꾸옥의 시내라고 할 수 있는 즈엉동 마을Dúong Dòng Town

EATING

리나 레스토랑
Lina Restaurant

옹랑 해변에 있는 리나 레스토랑은 옹랑 해변에서 즐기다가 쉽게 방문할 수 있는 곳이다. 해지는 일몰 풍경을 보면서 커피와 신선한 열대과일 주스를 마시는 관광객이 대부분이기 때문에 음식 주문은 많지 않지만 서양요리는 주문할 만하다. 베트남 요리는 맛이 떨어지므로 다른 레스토랑에서 주문하는 것이 좋다.

주소_ Cua Duong Ong Lang
시간_ 8~22시
전화_ 090-421-1277

더 트리 하우스 리조트 & 레스토바
The TreeHouse Resort & Restobar

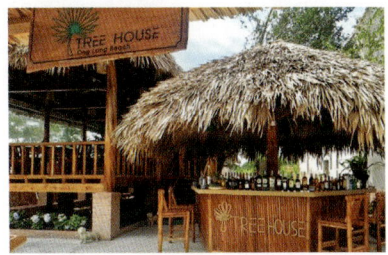

옹랑 해변 Ong Lang의 신선한 해산물을 먹고 싶다면 추천한다. 관광객이 방문하는 곳인데도 가격이 저렴하고 BBQ로 요리된 조개와 오징어를 주로 주문한다.
유럽여행자에게 잘 알려져 있어 리조트 내의 레스토랑이 최근에 중국인 관광객에게까지 유명해졌다.

주소_ Group 3, Ong Lang
시간_ 12~22시
전화_ 097-878-1691

전용해변을 가진 아름다운 리조트 & 호텔

앙카린 비치 리조트
Ancarine Beach Resort

3성급 리조트임에도 고급스럽게 꾸며 놓아 가성비가 높은 리조트이다. 옹랑 해변 Ông Lang이 바로 보이는 비치 리조트로 자연주의로 리조트를 꾸며놓았다. 친절한 직원들이 머무는 동안 휴식을 느끼고 돌아갈 수 있도록 도와준다.

바다가 깨끗하고 아름다우며 바로 앞에서 스노클링이 가능해 다른 곳을 안가고 리조트 안에만 있게 되는 단점이 있다. 선 베드에 누워 바다 소리를 들을 수 있고 해지는 풍경을 보면서 와인 한잔을 즐길 수 있다.

주소_ 3 Ông Lang
요금_ 스탠다드 더블룸 50$(바다전망 65$),
디럭스 더블룸 67$(바다전망 80$)
전화_ 0297-3996-684

코코 팜 비치 리조트
Coco Palm Beach Resort & Spa

옹랑 해변Ông Lang Beach의 작은 해변에 위치한 방갈로로 이루어진 리조트이다. 모든 객실에서 아름다운 바다를 조망할 수 있는 것이 장점이다. 작은 해변이지만 전용해변이 있고 선베드와 여유로운 분위기덕에 러시아와 유럽의 여행자들이 많이 찾는다. 주위에 레스토랑이 있어서 리조트에만 머무르게 되는 불편함도 적다. 수영장이 없다는 것이 단점이다.

주소_ Tổ 4 ấp Ông Lang, Cửa Dúong
요금_ 수페리어 55$, 디럭스 61$
전화_ 0297-3996-684

카미아 리조트
Camia Resort & Spa

아름답고 멋진 위치와 맛있는 조식뿐만 아니라 바다에서 즐기기에도 좋다. 바다가 모래해변이 아니어서 조금 위험할 수는 있지만 파도가 잔잔하고 카누로 아이들과 놀이를 즐기기에도 좋다. 해변 레스토랑과 위치, 맛은 모두 훌륭하다. 빌라형 숙소에 있는 아름다운 뷰를 느끼고 여유를 즐기는 좋은 숙소이다.

주소_ Lot 3 Ông Lang Hamlet, Cùa Dúong
요금_ 디럭스룸 정원전망 51$(바다전망 67$), 프리미엄 더블룸 바다전망 80$, 빌라 바다전망 92$
전화_ 0297-6258-899

NHA TRANG • PHÙ QUỐC

체즈 카롤레 비치 리조트
Chez Carole Beach Resort

푸꾸옥의 경치 좋은 곳에 자리한 체즈 카롤레 비치 리조트 Chez Carole Beach Resort는 꾸아깐 비치 Cuakan BeACH를 따라 펼쳐진 전용해변과 자연 녹지로 둘러싸인 호수가 근처에 있다.

파라솔과 라운지가 구비된 야외 수영장과 스파, 피트니스 센터가 있다. 전원스타일의 객실은 전용 일광욕은 물론 다양한 엑티비티를 즐길 수 있다. 카약이나 수상 스포츠를 비롯해 다양한 재미를 즐길 수 있다.

주소_ Group 1 Halmet 4, Cua Can
요금_ 스탠다드 더블룸 53$ 수페리어 더블룸 64$
전화_ 0297-6534-679

푸꾸옥 빈펄랜드(Vinpearl Land)

베트남에 가면 워터파크의 대명사가 빈펄 랜드^{Vinpearl Land}이다. 나트랑에서 시작된 빈펄 랜드^{Vinpearl Land}는 현재 휴양지로 성장하는 푸꾸옥^{Phú Quốc}에서도 이름값을 하고 있다. 아직 대한민국의 워터파크처럼 크지는 않지만 상대적으로 이용하는 고객이 적어 쾌적하게 워터파크를 이용할 수 있는 장점이 있다.

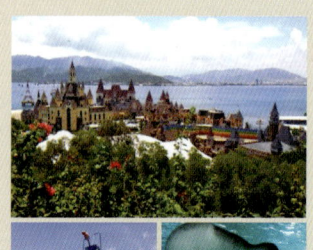

베트남 리조트 중 가장 유명한 빈펄 리조트^{Vinpearl Resort}는 2베드 룸 풀 빌라부터 4베드 룸 풀빌라까지 다양한 객실을 보유해 높은 인기를 끌고 있다. 푸꾸옥^{Phú Quốc}, 빈펄 리조트에서 자체적으로 운영하는 빈펄 랜드^{Vinpearl Land}가 있어 어린아이를 동반한 가족여행에 적합하다.

특히 푸꾸옥 빈펄 랜드^{Phú Quốc Vinpearl Land}는 사파리와 워터파크까지 갖춘 종합 테마파크로 남녀노소 누구나 즐거운 시간을 보내기에 좋다.
푸꾸옥 빈펄 랜드^{Vinpearl Land}의 최대 장점은 워터파크 시설을 정비하고 놀이기구도 추가로 설치하였다. 아쿠아리움과 국립공원에 있는 대규모 사파리를 체험할 수 있다는 것이다. 입장객이 성수기를 제외하면 많지 않아서 원하는 놀이기구를 기다리지 않고 즐길 수 있고 사파리도 한적하게 즐길 수 있어 가족 여행객은 계속 늘어나고 있다.

간 다우, 푸꾸옥^{Gành Dầu, Phú Quốc}
영업시간 : 9시~21시(사파리 9~16시 / 워터 파크 9~18시)
요금 : 850,000동(빈펄 랜드 + 사파리 1일 권 / 키1~1.4m 미만 어린이 700,000동)
500,000동(빈펄 랜드 / 키 1~ 1.4m 미만 어린이 400,000동)
1m이하의 어린이 무료
문의 : 1900-6677(내선 연결 2번) / 029-737-3737(셔틀버스)
홈페이지 : www.phuquoc.vinpearlland.com

NHA TRANG • PHÙ QUỐC

빈펄 랜드 푸꾸옥 세부지도

- 06 ~ 15 워터파크
- 16 워터파크
- 37 아쿠라리움
- 18 ~ 23 야외게임존
- 27 야외게임존
- 38 실내오락실
- 24 ~ 37 놀이동산
- 03 놀이동산
- 화장실
- 05 놀이동산
- 응급실

입장권

매표소, 여행사, 빈펄 랜드 홈페이지에서 구입할 수 있다. 콤포 티켓은 하루 종일 빈펄 랜드(Vinpearl Land)와 사파리를 출입할 수 있으므로 편리하여 대부분 콤보 티켓을 구입한다.

공연 시간

- 피딩 쇼(Feeding Show) : 10:00, 17:00(15분)
- 미인어 쇼(Mermaid Show) :11:00, 15:00(10분)
- 상어 피딩 쇼(Sharks Feeding Show) : 11:15, 15:15(10분)
- 뮤지컬 분수 쇼(Musical Water Fountain Shows) : 19:00(25분)
- 줄루족 쇼(Zulu Show) : 17:00(30분)
- 사일런스 공연(Silence Performance) : 16:30(30분)

빈펄 사파리(Vinpearl Safari & Conservation Park)

남극 펭귄과 아마존 악어를 보유한 거대 수족관과 매일 돌고래 쇼가 개최되는 돌핀 파크가 빈펄 사파리에서 펼쳐진다. 400여 종의 식물과 150종의 동물들이 서식하고 있으며 세계에서 2번째로 큰 규모로 아프리카를 연상케 한다. 사파리를 돌아보는 15분 이상 대기를 하는 경우가 많아서 여유를 가지고 돌아보는 것이 좋다.

뮤지컬 공연을 관람할 수 있으며 대형 수족관 시스템에서 백변종, 황색 산 거북, 도마뱀, 상어, 광선 등 희귀하고 귀중한 9,000개 이상의 물고기를 볼 수 있다. 기린과 코끼리에게 먹이주기, 동물과 교감이 가능한 다양한 프로그램이 있으므로 시간표를 미리 확인하고 둘러보는 것이 좋다.

주소_ Gành Dầu **시간_** 9~16시
요금_ 사파리 600,000동(키 100~140cm 500,000동), 콤보(빈펄 랜드 & 사파리) 850,000동(키 100~140cm 700,000동) 유모차 50,000동 / 우산 20,000동 / 코끼리, 기린 먹이 주기 30,000동
홈페이지_ safari.vinpearlland.com, we-care@vinpearlland.com **전화_** 0297-3636-699, 093-1022-929

빈펄 랜드 한눈에 파악하기

빈펄 랜드 Vinpearl Land는 푸꾸옥 섬의 북서부에 위치해 외진 곳이라고 생각할 수 있지만 한적한 여행을 즐길 수 있다는 장점이 있다. 리조트부터 골프, 사파리, 워터파크, 놀이동산, 음악 분수 등의 모든 것을 한 곳에서 즐길 수 있다. 사파리는 약 5km 떨어진 푸꾸옥 국립공원 내에 있으나 다른 놀이동산, 워터파크, 아쿠아리움 등은 한 곳에 모여 있다. 9시부터 오전에 사파리를
보고 오후에 워터파크를 즐기고 빈펄 랜드는 21시까지 즐길 수 있으므로 시원한 저녁에 즐기는 방법으로 하루에 빈펄 랜드 Vinpearl Land를 모두 즐기는 방법도 있다.

리조트 입구에서 빈펄 랜드 Vinpearl Land에 간다고 이야기를 하면 언제든지 버기카로 와서 빈펄 랜드 Vinpearl Land로 데려다 준다. 입구로 들어가면 상점들이 보이고 놀이기구가 이어져 있다. 성수기나 주말이 아니면 기다리지 않고 원하는 놀이기구를 마음대로 즐길 수 있는 것이 최대 장점이다. 가끔 방문객이 적어서 놀이기구는 운행을 안 하기도 한다. 너무 더운 날에는 게임 존에 들어가 해를 피해 시간을 보내면 피로가 풀리기도 한다.

셔틀 버스(Shuttle Bus)

푸꾸옥 섬의 즈엉동 타운에 있는 노보텔과 에덴 리조트 등부터 빈펄 리조트와 사파리를 돌고 있는 무료 셔틀버스가 있다. 셔틀버스는 사파리와 빈펄 리조트의 시간에 맞춰 30~60분의 시간 간격으로 운행되고 있다.

9~21시까지 놀이기구를 탈 수 있지만 사파리는 16시까지로 가장 짧은 시간에 이용할 수 있고 워터 파크도 18시면 이용이 안 되기 때문에 사전에 이용시간을 알고 이용하는 것이 헛걸음을 하지 않는다.

셔틀버스 안내

	정류장	정차시간 (차후 변동가능)					
1	노보텔	8:45	9:15	9:45	10:15	12:45	13:15
2	무엉탄 호텔	8:47	9:17	9:47	10:17	12:47	13:17
3	에덴 리조트	8:00~14:30까지 매시간 정각, 15분, 30분, 45분 정차					
4	Quoc Thang Hotel	8:02~14:32까지 매시간 02분, 17분, 32분, 47분 정차					
5	Dao Viet Travel	8:06~14:36까지 매시간 06분, 21분, 36분, 51분 정차					
6	존트 투어	8:08~14:38까지 매시간 08분, 23분, 38분, 53분 정차					
7	Highland Bungalow	8:08~14:38까지 매시간 08분, 23분, 38분, 53분 정차					
8	Ven Spa	8:10~14:40까지 매시간 10분, 25분, 40분, 55분 정차					
9	Galaxy Hotel	8:12~14:42까지 매시간 12분, 27분, 42분, 57분 정차					
10	Hiep Thien Agent	8:14~14:44까지 매시간 14분, 29분, 44분, 59분 정차					
11	Tan Thien Thanh Agent	8:16~14:46까지 매시간 16분, 31분, 46분, 01분 정차					
12	Agent Vietravel / Vietravel Agent	8:18~14:48까지 매시간 18분, 33분, 48분, 03분 정차					
13	Chen Sea Resort	*미리 요청 시에만 정차					
14	Ong Lang Agent	8:18~14:48까지 매시간 18분, 33분, 48분, 03분 정차					
15	Cua Can Brige	*미리 요청 시에만 정차					
16	빈펄 랜드, 사파리(종점)	빈펄 랜드 먼저 정차 후 10분 뒤 사파리 정차					

사파리 · 빈펄랜드에서 즈엉동 방향

	정류장	정차시간 (차후 변동가능)							
1	사파리	13:30		14:30		15:30		16:30	
2	빈펄 랜드	13:40	14:40	15:40	16:40	17:40	18:40	19:30	19:40	21:10
3	탑승 시 이용한 셔틀버스 정류장	*미리 요청 시에만 정차							
4	에덴 리조트(종점) *무엉탄, 노보텔 등지는 이곳에서 택시 이용	14:40	15:40	16:40	17:40	18:40	19:40	20:30	19:40	22:10

푸꾸옥 동부
Phù Quốc East

사오 비치
Sao Beach

푸꾸옥Phu Quoc 섬의 남동쪽에 위치한, 별처럼 반짝이는 해변이라는 사오비치는 베트남에서 가장 아름다운 해변으로 꼽히는 대표적인 해변이다. 사오 해변에 도착하면 잔잔한 파도가 햇빛을 머금고 관광객들을 반갑게 맞이한다. 베트남어로 '사오Sao'는 별을 의미하는 데, 이름에 '별'이 붙은 이유가 있다. 옛날에는 밤이 되면, 수천 마리의 불가사리가 파도를 타고 물가로 이동하여 붙여진 이름이다.
카약과 제트스키를 빌려 엑티비티를 즐길 수도 있고 선 베드나 해먹에 누워 가만히 휴식을 취하거나 독서를 하며 혼자만의 시간을 즐기기 좋은 해변이다.
아직 덜 알려진 만큼 사람도 많지 않아 여유롭게 휴식을 취할 수 있다. 석양으로 물든 사오 해변은 더욱 아름답게 빛난다. 붉은 태양을 삼킨 파도는 낭만을 싣고 넘실거린다.
맑은 물이 있는 하얀 모래에 평화로운 해변의 느낌, 휴식, 아름다운 코코넛 나무숲의 로맨스를 즐길 수 있을 것 같은 장소이다. 하얀 모래사장은 아이들이 뛰어놀기 좋은 청정 놀이터다. 맑고 투명한 바다는 적당히 따뜻하고, 깊숙이 들어가도 수심 1m를 넘지 않아 물놀이를 즐기기에도 그만이다. 특히 가족여행객이 물놀이를 하기에 이만한 장소를 찾기 힘들다.

주소_ Bãi Sao, An Thoi
요금_ 선베드 대여 20,000동, 파라솔 30,000동

함닌 마을
Hàm Ninh

푸꾸옥Phu Quoc 섬 동쪽 해안에 자리한 작은 어촌 마을로 가장 오래되고 유명한 마을이다. 아직 관광객이 많지 않아서인지 몰라도 때 묻지 않은 순박한 옛 모습이 그대로 남아 있다.

실제로 함닌 마을Hàm Ninh 주민들은 대나무를 이어 만든 벽에 짚으로 엮은 지붕을 얹은 수상가옥에 살면서 바다 속에서 진주를 캐고, 그물로 해삼이나 게 등 해산물을 잡아 생계를 유지한다. 마을의 입구부터 길가를 따라 늘어선 상점에서 진주로 만든 액세서리와 말린 해산물 등을 판매하는데, 가격이 저렴해 기념품으로 사기 좋다.

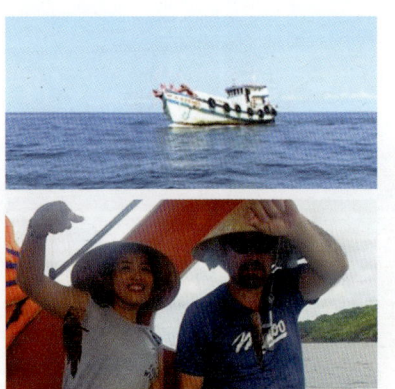

호국사
Chùa Hô Quôc

2012년 12월 14일에 완공된 현대적인 불교 사원으로 푸꾸옥에서 가장 큰 사원이다. 아직도 곳곳에서 공사가 이루어지고 있어서 산만한 느낌이 들기도 한다. 입구로 들어서면 옥으로 된 불상과 18개의 돌 조각으로 장식된 용 다리가 있다. 사원의 정상에는 커다란 종탑과 다양한 불교 예술 작품들을 볼 수 있다.

호국사로 가는 도중에 담 해변Bãi Dăm이 있으므로 같이 여행코스로 묶어서 여행하는 것이 좋다. 베트남의 설날에는 사원마다 신년 소망을 비는 사람들이 많은데 호국사도 설날에 많은 사람들로 북적인다.

주소_ Dúonh To. Phú Quôc
시간_ 7~19시 **요금**_ 무료

코코넛 수용소
Nha Lao Cay Dua

철조망으로 둘러싸인 수용소 모습을 통해 베트남의 슬픈 현대사를 느낄 수 있다. 코코넛 수용소는 베트남 전쟁 당시 포로 감옥으로 사용된 곳을 보존해 베트남 전쟁의 실상을 알리는 장소로 활용되고 있다. 감시탑이 3곳, 12~14구역까지 점차 늘어난 시설로 가장 많이 수용을 했을 때는 약 40,000명까지 수용했으나 32,000명을 수용한 수용소로 알려져 있다.
식량으로 사용되던 코코넛을 다 먹은 뒤 코코넛의 껍질로 땅을 파 탈출을 시도했다고 해 '코코넛 수용소 Nha Lao Cay Dua'라고 이름이 붙여졌다. 다만 육지와 바다 모두에서 철저하게 감시가 이루어지고 고문이 자행되면서 탈출한 사람들은 없는 것으로 알려져 있다. 작은 박물관으로 만들어져 있지만 아이들은 관심이 없고 나이 많은 부모는 오히려 관심이 많은 곳이다. 잔인한 고문의 현장이 그대로 재현한 곳에서 여전히 죽지 않고 살아 있는 듯한 장면들을 볼 수 있다. 베트남 인들의 국가의 자존심, 나라에 대한 사랑을 재현할 목적으로 만들어진 수용소가 현재 관광지로 소개되고 있다.

주소_ 350 Nguyên Vân Cù, An Thoi

NHA TRANG • PHÙ QUỐC

푸꾸옥 남부
Phù Quốc South

안터이 군도
Quần đào An Thời

푸꾸옥^{Phú Quốc}의 해상 국립공원에 속해 있는 안터이 군도^{Quần đào An Thời}는 유네스코가 지정한 생물권 보존지역에 속해 있다. 산호 군락이 형성된 지역에서 스노클링과 스쿠버 다이빙을 하고 아름다운 해변에서 여유롭게 하루를 보낼 수 있다.

최근 안터이 군도^{Quần đào An Thời}의 섬들을 돌아다니면서 섬과 바다를 아름다운 풍경과 해양스포츠를 즐기는 호핑 투어가 푸꾸옥^{Phú Quốc}의 인기 투어로 자리를 잡고 있다. 또한 세계에서 가장 긴 7,899.9m의 해상 케이블카에서 푸꾸옥^{Phú Quốc} 남쪽 바다와 영공의 생생한 아름다움을 즐기려는 관광객도 늘어나고 있다.

선 월드 해상 케이블카
Cáp treo Hòn Thơm Phú Quốc

세계에서 가장 긴 7,899.9m의 해상 케이블카는 2018년에 운행을 시작하면서 점차 푸꾸옥Phú Quốc을 방문하는 관광객도 늘어나고 있다. 푸꾸옥이 아름다운 섬이지만 즐길 거리가 부족했던 이전과 비교해 푸꾸옥Phú Quốc의 남쪽 바다와 영공의 생생한 아름다움을 즐기려는 관광객도 늘어나고 있다. 지금도 다낭의 바나힐을 만들어 운영하는 선 월드에서 놀이동산을 조성하고 있기 때문에 앞으로 케이블카를 이용하는 관광객은 늘어날 것이다. 높은 위치의 케이블카에서 보는 바다와 섬의 풍경은 환상적이다. 높아서 무섭다고 느껴지지만 못 탈 정도의 무서움이 다가오지는 않는다. 케이블카는 작은 섬 3~4개를 지나가면서 옹기종기 모여 있는 작은 어선들을 보면서 약 25분 정도 이동한다. 케이블카를 내려서 버스를 타고 해변으로 오면 아름다운 해변이 펼쳐진다. 다양한 놀이를 즐길 수 있다. 햇빛이 강하므로 비치의자를 이용해야 편하게 쉴 수 있다.

홈페이지_ www.honthom.sunworld.vn
주소_ Bãi Dất Dò, Phú Quốc
시간_ 7~21시
요금_ 500,000동
   (1.3m 이하 어린이 350,000동 / 1m 이하 무료)
   무료 셔틀버스 안에서 케이블카 티켓 구입 가능
전화_ +84-258-3598-222

우기의 운행 금지

베트남의 우기에는 많은 비가 오기 때문에 안전 문제로 인해 실제로 케이블카의 운행이 수시로 중단된다. 그러므로 우기에는 날씨를 확인하고 케이블카를 타러 이동해야 한다. 또한 도착하고 나서 날씨가 갑자기 나빠진다면 운행이 중단되는 데 날씨가 좋아질 때까지 기다려야 하므로 시간을 허비하는 경우가 많다.

▶케이블카와 혼 톰(Hon Thom) 섬을 즐기는 방법
오전에 일찍 케이블카를 타고 혼 톰 섬에서 물놀이를 하면 오후에 케이블카를 타고 돌아오면 하루 일정으로 재미있게 즐길 수 있지만 오후에 케이블카를 타고 이동하면 관광객도 많고 케이블카만 타고 잠시 둘러보고 와야 하기 때문에 아쉬운 마음이 들게 된다.

▶준비물
선크림, 비치타월과 여분의 타월, 모자, 음료수, 간식

▶운행시간
7~12시 / 13~16시 / 17시 30분~18시 / 19~19시 10분 / 20시 30분~21시

NHA TRANG • PHÙ QUỐC

혼 톰
Hon Thom (Pineapple Island)

활기차고 흥미진진한 바다의 천국인 혼 톰 섬은 누구나 물속으로 뛰어 들거나 코코넛 나무아래에서 흰 모래 위에 누워 쉬고 싶어 한다. 비치와 바다 위에 떠있는 보트가 인상적인 풍경을 만들어 낸다.

혼 톰 Hon Thom 섬의 하얀 모래사장에서 맨발로 다니면 햇빛과 푸른 바다가 눈에 들어온다. 아직 개발 중이라서 어수선한 느낌을 받을 수 있지만 오른쪽 비치를 따라 걸어가면 나무들이 보이고 아름다운 풍경이 눈에 보인다.

선 월드 파크
Sun World Park

케이블카에서 내리면 셔틀버스를 타고 가게 된다. 솔 비치에 도착할 시간이 되면 자리가 차게 된다. 입석은 안 되기 때문에 자리가 없으면 계속 기다려야 한다. 섬 내부에는 춤을 추고 다양한 공연을 보여주기 때문에 가족 여행객은 자녀들이 특히 좋아한다. 비치에는 파도가 잔잔하고 물놀이를 할 수 있도록 물놀이기구를 이용해 즐길 수 있다.

안터이 항구
An Thoi Harbor

푸꾸옥 Phu Quoc에서 가장 분주한 항구로 활기찬 생활 터전을 느낄 수 있다. 즈엉동 마을에서 차로 약 40분 거리에 있다. 바다에 조금 더 가까이 다가가면 야자로 만든 베트남의 전통 모자 논라 Nón Lá를 쓰고, 갓 잡은 싱싱하고 통통한 생선을 손질하는 여인들을 볼 수 있다.

해 질 무렵이면 바다에 떠 있는 배와 석양이 조화를 이루는 아름다운 사진을 찍을 수 있다.

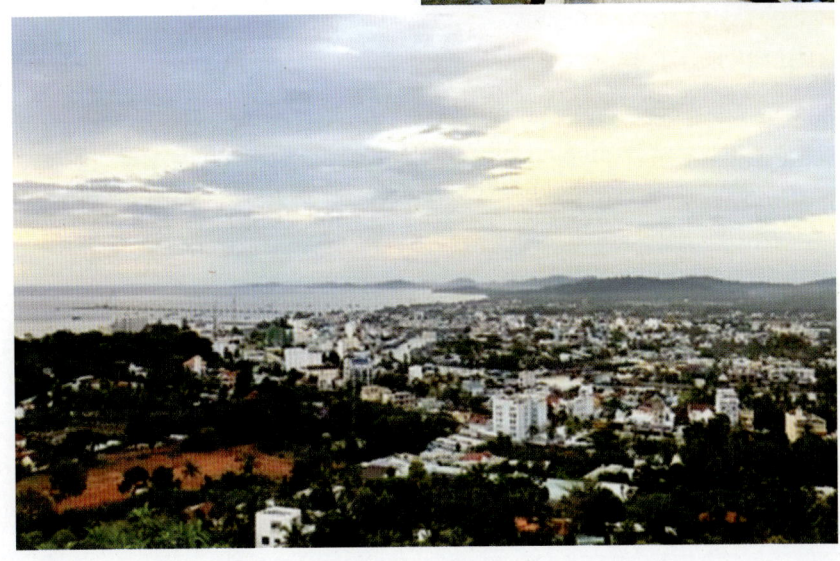

푸꾸옥의 커피 & 카페 Best 5

1. 트립풀 8 커피 바 & 푸드(Triple 8 Coffee Bar & Food)

망고베이를 가는 길에 있는 커피와 음식을 팔고 있다. 옹랑해변에는 유럽의 장기 여행자가 많아서 베트남 커피를 마시지 않고 유럽에서 마시는 에스프레소를 팔고 커피 머신으로 내린 아메리카노도 마실 수 있는 곳이 흔하지 않아 관광객이 많이 찾는다. 식사보다는 커피와 음료가 주로 판매되고 있다.

주소_ Ong Lang **시간_** 9~22시

2. 딩 티(Ding Tea)

버블티와 녹차를 오랜 시간 관리한 경험을 바탕으로 저렴하게 판매하고 있는 브랜드이다. 가장 유명한 메뉴는 역시 버블티이다. 시원하게 마시는 버블티는 더위를 날려 버릴 것 같다. 또한 다양한 차^{Tea} 메뉴가 있어서 한 곳에서 커피와 차를 즐길 수 있다. 커피 맛은 대한민국에서 먹던 커피 맛과 다르지 않아서 베트남 커피의 쓴맛보다는 친숙한 맛이 장점이다.

주소_ 43 Tran Hung Dao Khu 1 **시간_** 7~23시 30분 **요금_** 버블티 40,000동~ **전화_** +84-913-116-089

3. 카페 수어다(Ca Phe Sua Da)

진한 커피 향기와 다양한 케이크로 나트랑 관광객의 발길을 사로잡는 카페이다. 실내가 크지만 항상 사람들로 북적이는 커피색 디자인이 눈에 띈다. 우리가 마시는 친숙한 맛의 커피를 주문할 수 있어서 서울 한복판에 있는 것 같기도 하다.

주소_ 97 Tran Hung Dao **시간_** 7~22시
요금_ 아메리카노 44,000동~ **전화_** +84-297-6283-838

4. 로이 커피 & 티(Roy Coffee & Tea)

푸꾸옥 사람들이 커피 맛으로 인정하는 커피전문점이다. 신선한 원두만을 사용해 직접 추출한 커피 맛이 진하여 처음에는 쓴 맛만 느껴질 수 있다. 단순한 인테리어에 커피를 한잔 마시기 좋은 정통 베트남의 커피를 내준다. 작은 공간이지만 현지의 연인과 친구와 커피를 마시며 밀린 이야기를 한다.

주소_ 40 30/4 Dúong Dong **시간_** 8~22시
요금_ 커피, 차 39,000동~ **전화_** +84-96-915-2585

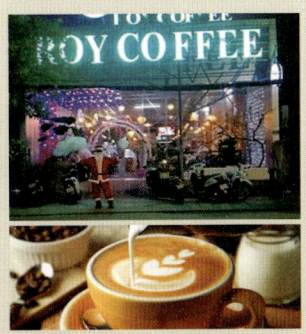

5. 바 & 커피(Bar & Coffee)

앤틱하고 유니크한 인테리어는 베트남에서는 볼 수 없는 세련미가 더해진 커피 전문점이다. 푸꾸옥 젊은이들과 관광객이 간단한 식사와 커피에 저녁에는 맥주를 한꺼번에 마실 수 있는 활기찬 느낌의 카페이다. 메뉴의 종류도 다양하고 식사와 디저트까지 동시에 즐길 수 있는데 커피도 정통 베트남커피의 진한고 쓴 커피가 아니고 에스프레소 느낌의 커피 맛이 나온다.

주소_ 40 24/1 Dúong Dong **시간_** 8~22시
요금_ 카페 쓰어다 45,000동 **전화_** +84-96-3253-186

EATING

미도리 하우스
Midori House

깨끗하고 편안한 분위기에서 저렴한 가격에 식사를 할 수 있는 곳이다. 선택할 수 있는 메뉴가 많고 아침 식사도 할 수 있어 항상 사람이 많다. 해산물이나 고기류 등의 다른 메뉴도 있지만 직접 화덕에서 굽는 피자가 양이 많고 맛있다.

주소_ Ong Lang **시간_** 11~22시
요금_ 피자 99,000동~
전화_ 090-108-4089

더 엠바시
The Embassy

푸꾸옥에서 보기 힘든 세련된 디자인의 카페로 바로 앞 큰 나무가 상징처럼 우뚝 솟아있다. 2층에는 야외 테라스가 있고 알록달록 테이블과 의자가 인상적이며 직원들의 능숙한 라떼 아트와 샌드위치를 즐길 수 있다.
다양한 디저트와 간단한 식사를 원하는 관광객이 주로 찾는다. 최근에 한국인 관광객이 브런치를 먹기 위해 찾는 매장으로 알려져 있다.

주소_ 99A Tran Hung Dao
시간_ 8~22시
전화_ 126-882-5771

사이공 포
Saigon Pho

즈엉동 야시장 근처에 있는 현지 푸꾸옥 사람들에게 알려진 맛 집으로 메콤한 소스에 취향에 따라 첨가해 먹을 수 있다. 가격(40,000동)도 저렴하고 양도 푸짐하다. 개인적으로 아침에 쌀국수를 먹는 쌀국수 집으로는 푸꾸옥 최고라고 생각한다.

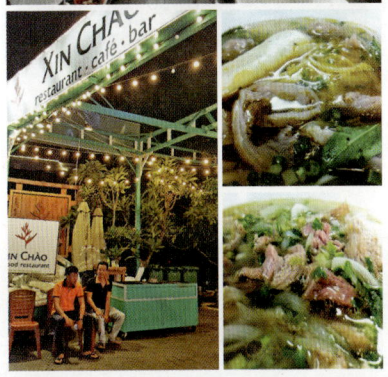

주소_ 30/04 TT Dúong Dông
시간_ 7~17시
전화_ 0773-846-333

노 네임 바비큐
No Name BBQ

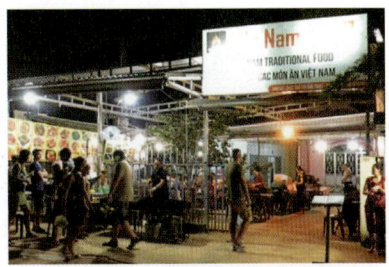

최근 한국인들 사이에서 입소문을 타는 곳으로 이미 외국인 관광객들이 많고 싸고 다양하게 육류, 해산물, 닭고기 등을 즉석에서 특제 양념으로 고기와 옥수수를 구워주는데 말로 설명할 수 없이 맛있어 돌아와서도 생각나게 된다.

주소_ Group 3, Ong Lang Hamlet, Cua Doung
시간_ 11~14시, 17~23시
전화_ 93-776-0779

푸꾸옥 마트

푸꾸옥에서 거리를 지나가다가 보이는 작은 킹 마트$^{King\ mart}$, K 마크$^{K\ Mark}$와 미니 마트$^{Mini\ Mart}$ 정도이다. 또한 저녁 9시면 문을 닫기 때문에 늦은 시간에는 영업하는 상점이 거의 없다. 가장 큰 킹 마트$^{King\ mart}$도 작은 슈퍼마켓이라고 생각하는 것이 더 맞는 것 같다. 다른 도시에는 빈 마트나 롯데마트가 있지만 푸꾸옥에는 대형 마트는 없고 22시까지 영업을 하는 마트가 대부분이어서 밤에 필요한 물건은 미리 구입을 하지 않아서 편리하다. 대한민국의 관광객보다 중국인과 러시아 관광객들이 실제로 많이 이용하고 있다.

미니 마트(Mini mart)

푸꾸옥 즈엉동 인근에 있는 미니 마트는 여행자가 가장 많이 찾는 큰 마트이다. 물론 푸꾸옥 현지인이 더 찾는 일 것이다. 생필품부터 공산품까지 필요간 물품은 다 있다고 생각해도 된다. 22시에 문을 닫기 때문에 음료, 가정 물품, 화장품 등을 늦은 시간까지 구입하려는 관광객이 늦은 시간까지 많이 찾는다.
미니마트는 현지인들도 많이 방문하는 마트 중에 품질이 보증된 품목이 많다고 알려져 있다. 러시아 인들이 많이 찾는 양주나 와인도 판매를 하고 있다.

주소_ 339A - 339B Nguyễn Trung Trực - TT. Dương Đông
시간_ 8~22시 **전화_** 0297-3993-366

케이마크(K+Mark)

즈엉동 시내에 있는 한국 음식을 살 T 있는 마트로 간단하게 한국 라면이나 김치를 구매하기에 좋다. 최근에 한국인 관광객이 늘어나면서 한국 음식의 판매가 늘어났다고 한다. 작은 마트보다는 큰 규모이고 조금 더 한국 식품에 집중되어 있다. 푸꾸옥의 특산품인 후추나 꿀 등을 저렴하게 판매하기 때문에 선물을 사려는 고객들도 많다.

주소_ Dương Đông- Cửa Can TT. Dương Đông **시간_** 9~22시
전화_ 097-7825-765

킹콩마트(KINGKONG MART)

푸꾸옥을 70년대부터 휴양을 하러 온 관광객은 러시아 사람들이 처음이었다. 그런 러시아 인들이 가장 많이 이용하는 곳이다. 규모가 푸꾸옥에서 가장 크다고 알려져 있지만 상품의 구성은 관광객의 구미를 당기도록 전시를 하지는 못하다. 그래도 옷이나 수영복 등부터 팔고 있지만 촌스럽다는 이야기를 많이 한다. 러시아인들은 푸꾸옥의 다양한 물건을 많이 사가기 위해 여행용가방을 하나 더 사서 붙이는 경우가 많다.

주소_ 141A Đường Trần Hưng Đạo, Dương Tơ **시간_** 9~22시 **전화_** 094-321-6125

C 마트(C mart)

즈엉동 마을 중간에 있어서 접근성이 좋은 마트이다. 가장 많이 찾는 고객은 역시 러시아 관광객이다. 작은 크기의 매장을 가지고 있지만 푸꾸옥에서는 작은 매장이라고 볼 수 없다. 그만큼 푸꾸옥에는 마트 자체가 많지 않아서 어느 마트나 북적인다. 물품의 수가 많고 저렴한 가격도 상당수이다.

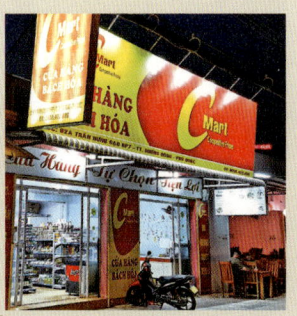

주소_ 92A Đường Trần Hưng Đạo, Khu Phố 7, Dương Tơ **시간_** 8~22시

킹 마트(King Mart)

대량 구매를 하는 창고식 할인 매장으로 상인이나 도매업자들이 사용하는 마트이다. 할인된 제품을 제공하는 마트로 알려질 정도로 저렴한 물품이 많다. 야시장 내에 있어서 야시장을 둘러보면서 가격비교를 하고 선물을 구입할 수 있는 장점이 있다. 의외로 많은 제품이 있어서 관광객이 추천하는 마트이다.

주소_ Khu 1 **시간_** 9시 30분~22시 30분(일요일 13시 30분부터 시작)
전화_ 097-5911-555

푸꾸옥(Phu Quoc) 숙소의 특징

1. 다른 베트남의 숙소가격보다 비싼 편이다.

푸꾸옥Phu Quoc은 휴양지로 개발 중이고 베트남의 신혼여행지로 인기를 끌면서 호텔, 방갈로, 리조트의 가격이 베트남의 다른 지역보다 높다. 저렴한 호텔이 성수기에도 다낭Da Nang에서 350,000~400,000동의 가격으로 예약할 수 있지만 푸꾸옥Phú Quốc에서는 찾기가 쉽지 않다.

푸꾸옥은 성수기에도 호텔이나 리조트가 만실이 되지 않아 빈 공실이 되어도 가격을 내리지 않고 비슷한 품질과 위치의 호텔이 450,000~500,000동으로 가격을 동결시키고 있다. 푸꾸옥Phú Quốc의 임대료가 다른 관광지보다 높다는 것이 이유였다. 다만 성수기에도 항상 숙소는 구할 수 있는 장점이 있다.

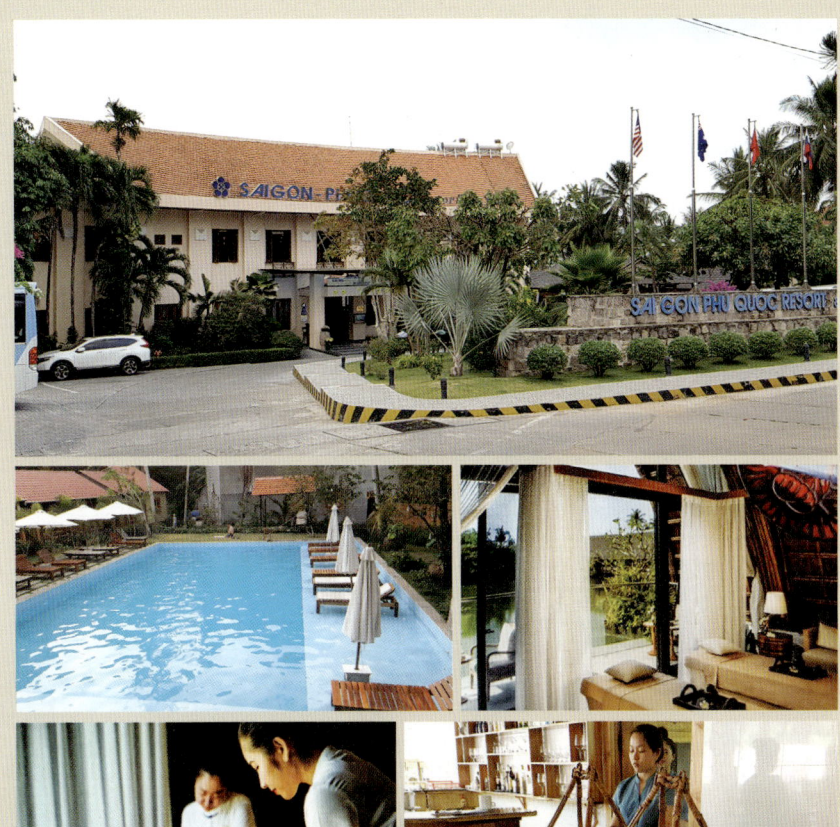

2. 고급 리조트나 호텔이 많아서 마사지 서비스나 수영장이 기본적으로 제공되는 곳이 많다.

푸꾸옥은 휴양지로 개발이 되고 있는 곳이다. 최근에 새로운 휴양지로 개발에 박차를 가하고 있을 정도로 새로 만들어지는 호텔과 리조트가 많고 섬 전체가 공사 중이라고 할 정도이다. 고급 리조트나 호텔에서 숙박이나 휴식에 필요한 서비스를 제공하여 리조트에서만 즐기다가 올 정도로 서비스가 좋다.

SLEEPING

인터컨티넨탈 롱비치 리조트
Intercontinental Longbeach Resort

2018년에 문을 연 5성급 리조트로 서쪽 해변에 위치해 있다. 푸꾸옥 국제공항에서 약 20분 정도 소요된다.

인터컨티넨탈 푸꾸옥 롱비치 리조트는 459개의 우아한 객실, 스마트 룸과 빌라를 제공하고 리조트 윙과 스카이 타워로 이루어져 있다.

스카이 타워의 가장 위층에 위치한 INK360은 19층에 위치한 바^{Bar}로 울창한 산들과 바다의 풍경뿐만 아니라 세계 각지의 양질의 음식과 푸꾸옥의 환상적인 일몰을 감상할 수 있다.

주소_ Bai Truong Duong
요금_ 클레식 킹룸 220$, 클레식 킹룸 바다전망 250$
전화_ 028-3978-8888

JW 메리어트 푸꾸옥
에메랄드 베이 리조트 & 스파

껨 해변 구역의 해안을 따라 자리하고 있는 JW 메리어트 푸꾸옥 에메랄드 베이는 유명 건축가인 빌 벤슬리의 기발한 디자인이 특징인 고급 리조트이다. 대학교였던 건물을 최대한 살려 고급스러운 분위기의 다양한 리조트를 한곳에 모아놓았다는 평가를 받고 있다. 전용 해변을 보유하고 있기 때문에 여유롭고 한적한 휴양을 즐기기에 적합하다. 고급 브랜드에 걸맞게 현대적이고 세련된 객실을 보유하고 있고 각 객실마다 럭셔리하게 꾸며진 인테리어를 엿볼 수 있다.

고급스러운 분위기의 스파도 함께 구비돼 있어 분위기를 만끽하며 마사지를 받을 수 있다. 야외에는 3개의 수영장이 있기 때문에 몸을 담그며 휴식을 취할 수 있다. 리조트 인근에는 사오비치와 푸꾸옥 비치, 푸꾸옥 Phu Quoc 야시장이 가까워 접근성이 높다.

홈페이지_ www.marriott.com
주소_ An Thoi Town
요금_ 에메랄드 룸 263$, 디럭스룸300$,
　　　스위트룸341$
전화_ 0297-779-999

프리미어 빌리지
Premiere Village

푸꾸옥 해변가에 있는 5성급 호텔로 1베드룸부터 4베드룸까지 빌라형태로 구성되어 있다. 간이 주방도 있어 가족 여행객에게 적합하다. 도심을 벗어나고 싶은 여행자들이 주로 찾는 리조트로 안터이 지역의 경치를 즐기며 야외 수영장에서 휴식을 누리기에 적합하다. 풀 서비스 스파도 구비되어 있어 마사지와 얼굴 트리트먼트 서비스를 받으며 느긋한 시간을 보낼 수 있다. 리조트 인근에 사오비치와 수오이 짠 폭포, 피시 소스 공장, 호꾸옥 사원 등이 가깝다.

홈페이지_ premier-village-phu-quoc-resort.com
주소_ Müi Ông Dôi, An Thoi
요금_ 2베드룸 빌라 380$, 2베드룸 비치 프론트 540$, 3베드룸 비치 프론트 580$
전화_ 0297-3456-666

퓨전 리조트
Fusion Resort

퓨전 리조트는 완벽한 푸꾸옥 휴양을 위해 만들어졌지만 시내 중심에서 차로 15분 거리에 있는 것이 단점이다. 오랜 기간 휴양을 원하는 러시아 여행자들이 많이 찾고 있다. 리조트 전용 비치, 수영장 등이 있어, 다양한 스포츠를 즐길 수 있는 장점이 있다.
투숙객들이 가장 좋아하는 장소는 역시 전용 비치 앞에 놓인 선베드로 추운 러시아에서 온 여행자들이 이른 아침부터 점령해 선베드는 부족할 수 있다. 바람과 파도가 세고, 햇빛도 강해 선베드에서 태닝을 즐기는 이들이 많다. 조식 메뉴도 훌륭하고 만족할 만한 부대시설을 구비해놓았다.

홈페이지_ fusionresorts.com/fusionresortphuquoc
주소_ Hamlet 4 Bãi Biển Vũng Bầu, Cửa Can
요금_ 1베드룸 풀빌라 363$, 2베드룸 풀빌라 698$
전화_ 0297-3690-000

노보텔 푸꾸옥
Novotel Phu Quoc

현대적인 분위기의 5성급 호텔로 롱비치 남쪽 끝에 있어서 경치가 좋은 것이 장점이다. 아름다운 바다전망을 자랑하는 호텔은 야외 수영장과 식사는 만족스럽고 객실은 무채색으로 꾸며져 단조롭지만 깨끗한 분위기이다. 자연 채광을 하도록 전용 발코니를 갖추고 있다. 세련된 스파는 해변에서 놀고 피로한 몸을 편안하게 만들어준다.

홈페이지_ www.accorhotels.com
주소_ Duong Bao Hamlet Duong To Commune, Dúong Bào
요금_ 슈페리어 150$, 디럭스 170$, 방갈로 260$
전화_ 0297-626-0999

NHA TRANG • PHÙ QUỐC

솔비치 하우스
Sol Beach House

최근에 푸꾸옥 섬에서 가장 고급스러운 리조트가 들어서는 곳이 롱 비치 남쪽이다. 롱 비치에 있어서 새로운 호텔과 비치의 레스토랑과 식당, 해변이 모두 가깝다. 가격이 저렴한 데도 방음이 잘 되고 깨끗한 내부 분위기로 가성비가 높은 5성급 리조트로 알려져 있다. 다만 아직 근처에는 볼거리가 없다는 단점에도 전용 해변 구역과 스파를 이용할 수 있어 여성들의 만족도가 높다.

개인적으로 직원들이 친절하게 진심으로 도와준다는 인상을 받아 다시 오고 싶은 리조트이다. 남부의 해상 케이블카나 스노틀링, 스쿠버 다이빙 등이 가까워 새롭게 조성되는 섬 개발 장소로 알려져 있다.

홈페이지_ www.melia.com
주소_ Zone 1, Duc Viet Tourest Area Bãi Trường Complex, Dương Tó
요금_ 비치 하우스 105$, 주니어 스위트 160$
전화_ 0297-3869-999

그린 베이 리조트
Green Bay Phu Quoc Resort

완벽한 푸꾸옥 휴양을 위해 만들어졌지만 시내 중심에서 차로 15분 거리에 있는 것이 단점이다. 오랜 기간 휴양을 원하는 여행자들이 많이 찾고 있다.
인근에 관광 명소가 없지만 조용하게 지낼 수 있다. 리조트 전용 비치, 수영장 등이 있어, 투숙객들이 가장 좋아하는 장소는 역시 전용 비치 앞에 놓인 선베드이다. 바람과 파도가 세고, 햇빛도 강해 선베드에서 태닝을 즐기는 이들이 많다.

홈페이지_ greenbayphuquocresort.dom
주소_ Cùa Can, Phu Quoc
위치_ 옹랑 해변, 끄아깐 해변 북쪽
요금_ 방갈로 정원전망 125$(해변 전망 240$)
전화_ 0297-6267-799

첸 시 리조트
Chen Sea Resort

푸꾸옥에서 가성비 높은 5성급 같은 4성급으로 알려진 첸 시 리조트 Chen Sea Resort은 안락하고 편안한 침구와 웅장한 풀장과 해변 전망까지 만족도가 높다.

다른 5성급 리조트에 비해 시설이 떨어지지 않은 4성급 리조트와 동일한 가격에 지낼 수 있어 가성비를 따지는 고객에게 만족도가 높다. 바로 연결된 비치에서 즐기는 엑티비티가 모두 무료라서 부담 없이 즐길 수 있다.

비치 프런트에서 들리는 파도 소리는 아침, 저녁마다 여유를 가지도록 도와준다.

주소_ Bai Xep Ong Lang Hamlet, Ong Lang
요금_ 빌라(바다 전망) 152$, 비치 프런트 빌라 225$
전화_ 0297-3869-000

망고 리조트
Mango Resort

최대 장점은 어느 룸에 숙박을 해도 바다 전망을 볼 수 있는 것이다. 나트랑 비치 앞에 있어서 나트랑 어디로든 걸어서 이동이 가능한 호텔이다. 스위트룸부터 침대 사이즈가 킹사이즈로 커지지만 디럭스와 클럽 룸도 쾌적한 숙박이 가능하다. 6층의 인피니티 풀은 여유롭게 바다를 보면서 수영을 즐기고 음료를 즐기면 기분이 좋아지게 만드는 풀장이다. 쉐라톤 호텔의 최대 장점은 루프탑 바인 얼트튜드 바 Altitude Bar가 같은 호텔 내부에 있어 아침부터 저녁까지 호텔에서만 머물러도 지루하지 않게 지낼 수 있다는 점이다.

주소_ Ong Lang Beach
요금_ 수페리어 더블룸(바다전망) 90$,
수페리어 방갈로(정원 전망) 110$
전화_ 0961-947-821

아주라 리조트
Azura Resort

공항까지 20분 정도의 거리에 있는 즈엉동 골목에 있는 리조트는 해변과 떨어져 있지만 시설은 매우 좋다. 공항에서 숙소까지 택시로 도착할 수 있도록 해 주는데 무료이다.
골목길에 있어서 밖으로 나가는 골목은 환경이 좋지 않지만 시내 중심에 있어 다양한 레스토랑과 맛집을 쉽게 찾을 수 있다. 다만 골목 안에 있어서 처음에 찾아가기가 쉽지 않고 룸 내부에 가끔씩 개미들이 보이는 단점이 있다. 저렴한 가격에 깔끔한 내부 인테리어는 가성비가 높은 리조트로 알려져 있다.

주소 101/5 Trần Hưng Đạo
요금 방갈로 테라스27$, 수페리어 더블룸34$
전화 93-273-6728

코랄 베이 리조트
Coral Bay Resort

잘 관리된 해변에 있는 가성비 높은 3성급, 리조트는 안락하고 편안한 침구와 웅장한 풀장과 해변 전망까지 만족도가 높다. 롱 비치 Long Beach에 위치해 시내와는 떨어져 있지만 해변에 카약을 무료로 빌려주고 조식의 메뉴도 조금씩 달라져 가성비를 따지는 고객에게 만족도가 높다. 작은 풀장은 조용하게 수영할 수 있다.

주소_ Hamlet 8, Tran Hung Dao, Duong Dong
요금_ 수페리어(산 전망) 52$, 바다전망 65$
전화_ 0297-3869-000

NHA TRANG • PHÙ QUỐC

네스타 푸꾸옥 호텔
Nesta Phu Quoc Hotel

방의 품질, 위치, 호텔의 서비스, 리셉션, 룸 등 직원들의 친절까지 가성비가 높다. 편안한 느낌을 주는 내부 인테리어와 쩐푸 Dinh Cau가 항상 내려다보이는 전망이 아름답다.

호텔 리셉션은 친절하고 호텔 관리를 잘 한다. 또한 해산물을 가지고 오면 호텔에서 추가 비용없이 끓여주기도 한다. 조금만 걸으면 야시장이 가까워 밤 시간도 효율적으로 사용할 수 있다.

주소_ 26 Nguyen Du, Duong Dong, Phu Quoc, Kien Giang
요금_ 스탠다드 룸 41$, 디럭스 48$
전화_ 297-3998-866

반다 호텔
Vanda Hotel

즈엉동 거리에 있는 반다 호텔Vanda Hotel은 전망은 좋지 않지만 깨끗한 내부와 직원들의 친절한 행동은 다시 머물도록 만드는 힘이다. 즈엉동 거리에 있는 호텔 중에는 저렴한 호텔은 아니지만 다른 호텔에 비하면 상당히 저렴한 호텔이다. 수영장은 있지만 관리가 잘되어 조용하게 여유를 즐기고 바다를 볼 수 있어 인기가 있다.

주소_ 107/1 Tran Hung Dao, Duong Dong
요금_ 수피리어(수영장 전망) 35$~,
　　　스위트 룸(정원전망) 55$~
전화_ 297-6606-565

오요 163 풍 훙 호텔
OYO 163 Phung Hung Hotel

안터이 항구에서 해변으로 나가는 코너에 있는 호텔로 해변은 보이지 않지만 위치가 좋다. 접근성이 좋고 다른 레스토랑이 즐비해 여행하기에 좋은 조건을 가지고 있다. 야외수영장이 있고 라운지에서 바라보는 해안의 풍경은 낮이나 야경을 보기에 적합하다.

루비 호텔
Ruby Hotel

2018년에 새로 문을 연 안터이 항구에서 5분 정도의 거리에 맛집을 쉽게 찾을 수 있으며 친절한 직원의 소개로 다른 투어 상품도 예약이 쉽다.
옥상에서 보이는 뷰도 아름답고 깨끗하고 저렴하지만 좋은 호텔이다. 다만 골목 안에 있어서 처음에 찾아가기가 쉽지 않고 룸 내부에 가끔씩 개미들이 보이는 단점이 있다. 저렴한 가격에 깔끔한 내부 인테리어는 가성비가 높은 호텔로 알려져 있다.

주소_ 60~62 Nguyên Van Cu An Thoi
요금_ 디럭스 더블룸 31$~, 디럭스 스위트룸 52$~
전화_ 284-458-1611

주소_ 5 Tang, 37 Phong, An Thoi
요금_ 스탠다드 18$~
전화_ 090-279-2793

빈펄 리조트(Vin Pearl Resort)

푸꾸옥 바이다이 비치에 자리한 빈펄 리조트는 현대적인 모습이 푸꾸옥 청정 자연과 대비되어 멋진 풍광을 이룬다. 워터파크는 물론 각종 해양스포츠와 골프, 다채로운 프로그램이 마련되어 있어 누구와 함께 와도 만족스러운 여행을 즐길 수 있다.
빈펄 리조트는 7층 건물 2개 동으로 이루어져 있다. 객실은 총 750실. 한번에 2000여 명이 투숙할 수 있을 만큼 거대한 규모를 자랑한다.
뭐니 뭐니 해도 가장 즐거운 것은 다양한 해양 스포츠를 경험할 수 있다는 점이다. 패러세일링과 카약, 스노클링을 즐기다 보면 하루가 짧게 느껴질 정도다. 어린이들에게 흥미로운 공간도 있다.

빈펄 리조트 & 스파(Vinpearl Resort & Spa)

푸꾸옥 섬 골프장 옆과 바이 다이 비치에 위치한 빈펄 리조트는 한국인들에게 인기가 많은 곳이다. 리조트는 약600개의 객실이 준비되어 있으며 각 객실마다 에어컨과 미니바, LED TV 등이 갖춰져 있다. 전용 발코니에서 바라보는 전망도 아름답다.
리조트 내에는 동양 최대 규모의 사파리를 비롯해 인공 파도풀과 슬라이드를 갖춘 워터파크, 빈펄 랜드, 아쿠아리움, 골프장 등 다양한 시설이 갖춰져 있기 때문에 즐길 거리가 풍부하다. 리조트의 규모가 커서 부대시설로 이동할 때는 무료로 제공되는 버기카를 타고 이동하는 것이 좋다. 4성급 호텔인 빈펄 리조트 인근에는 푸꾸옥 국립공원과 찐꺼우 사원이 있다.

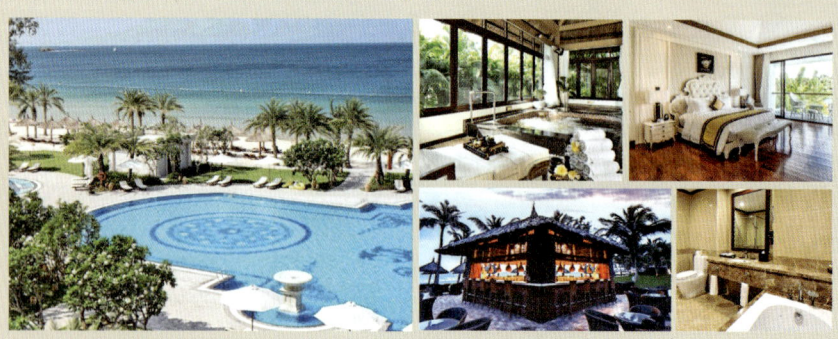

빈펄 리조트 & 골프(Vinpearl Resort & Golf)

빈펄 리조트 2번째 단지로 만들어져 '빈펄 2'로 줄여서 말하는데 골프장과 같이 만들어져 골프를 치고 쉴 수 있는 시설을 주로 만들었다. 빌딩에 있는 객실은 나중에 지어져 세련된 분위기를 만들어 놓았다. 스파가 없어 빈펄 리조트에서 같이 이용해야 하는 불편함은 있지만 키즈 클럽이 있어서 아이들과 같이 여행 온 골프여행자가 주로 이용한다.

빈펄 디스커버리 3(Vin Pearl Discovery 3)

푸꾸옥(Phu Quoc)에는 빈펄 랜드와 빈펄 사파리가 있고 리조트도 있어서 다양한 놀거리를 선사하고 있다. 풀 빌라 리조트로 수백 개의 풀 빌라 객실부터 빈펄 리조트 1, 2가 있고, 최근에 5성급으로 격상된 빈 오아시스까지 상당한 큰 규모의 호텔이 한꺼번에 몰려 있다. 수영장, 레스토랑 등 각종 부대시설은 물론 사파리와 워터파크까지 갖춘 종합 테마파크인 빈펄 랜드가 가까워 다채로운 즐길 거리가 있다.

베트남 맥주의 변화

베트남의 맥주 소비량은 31억ℓ로 동남아시아 국가 중 최대로 아시아로 넓혀도 일본, 중국 다음으로 맥주 소비가 많은 국가이다. 베트남은 매년 6%에 가까운 경제성장률을 거두면서 베트남 소비자들의 생활수준이 향상되고 있다.

그래서 저녁의 맥주 소비가 즐거운 저녁시간을 가질 수 있게 되었다. 실제 통계에서도 베트남의 맥주 생산량은 31억 4000만ℓ로 8.1% 성장하여 베트남의 맥주 소비와 생산량은 37억~38억ℓ에 달할 것으로 예상하고 있다.

2018년에 박항서 감독은 베트남 축구의 변화를 이끌고 베트남 사람들의 자존심을 세워주는 역할을 했다. 그런데 베트남의 축구경기를 하는 날에는 맥주를 주문하는 것을 보면서 상당한 변화가 있다는 사실을 알게 되었다.

예전 같으면 저가 생맥주인 비어 허이^{Bia hoi}를 주문해 마셨을 사람들이 비아 사이공^{Bia Saigon}을 주문하거나 베트남에서 고급 맥주로 알려진 타이거 맥주^{Tiger Beer}를 주문해 마시고 있는

것이었다. 병맥주와 캔 맥주 생산량이 증가하면서 저가가 아닌 고급 맥주시장인 병맥주와 캔 맥주 시장이 뜨고 있다. 그래서 박항서 감독은 베트남의 고급 맥주 시장을 열어주고 활성화시킨 장본인이라고 할 정도로 고급 맥주의 소비를 급등시켰다.

비어허이(Bia hoi)

보리가 아닌 쌀, 옥수수, 칡 등의 값싼 원료로 만들어진 생맥주로 거리 노점이나 현지 식당에서 잔이나 피쳐 등으로 판매되고 있다. 잔당 가격이 6,000~10,000동(300~500원)으로 아직 지갑이 가벼운 서민들에게 크게 사랑을 받은 맥주의 대명사였지만 최근에 고전 중이다.

대형 맥주회사에서 비어 허이를 생산하지만 대부분의 비어 허이는 정부로부터 사업 허가를 받지 않은 영세 사업장에서 생산된 것이다. 제조, 운반 과정에서의 위생 상태를 보장할 수 없고 다량생산을 위해 제조 과정에서 충분한 발효기간을 거치지 않고 출고하는 경우가 많았다. 비어 허이를 많이 마시면 두통이나 어지러움 등의 증상이 유발된다고 하는데 충분한 발효과정을 통해 제거되지 못한 맥주 효모 속 독소 때문이라고 한다.

로컬 맥주 비비나 맥주(Bivina Beer)

1997년 10월에 비비나Bivina 맥주는 푸꾸옥(Phu Quoc)에서 생산을 하기 시작했다. 아로마 & 곡물 맛이 건조하고 평균적이지만 상쾌한 맛을 낸 전통 맥주이다. 부드럽고 시원한 향을 내지만 맛이 약해서 호불호가 갈린다. 점점 마시는 사람들이 줄어들면서 하이네켄(Heineken) 맥주와 함께 푸꾸옥(Phu Quoc)에서 생산하고 있다. 다만 맥주의 맛은 하이네켄(Heineken)과 전혀 다르다.

타이거(Tiger), 하이네켄(Heineken)과 함께 인기 있는 프리미엄 브랜드로 성장시키기 위해 맥주 생산을 하지만 인지도는 높아지지 않고 있다. 우리가 마시던 '카스'와 비슷한 맛을 낸다고 볼 수 있다.

베트남 도로 횡단 방법 / 도로 규칙

베트남에서는 횡단보도를 건너는 것보다 무단횡단을 하는 모습이 일반적이다. 그래서 처음 베트남 여행을 하는 관광객들은 항상 어떻게 도로를 건널지 고민을 하게 된다. 도로 규정이 명확하지 않은 것 같으므로 붐비는 거리를 건널 때에는 지나가는 오토바이와 차를 조심해야 한다.

호치민이나 하노이에 사는 사람들은 모르지만 호이안^{Hoian}이나 푸꾸옥$^{Nha\,Trang}$의 작은 도시에 사는 사람들도 호치민 같은 대도시로 여행을 간다면 조심하라는 이야기를 할 정도이니 해외의 관광객이 걱정하는 것은 당연하다. 무질서의 대명사처럼 느껴지는 오토바이의 물결이 처음에는 낯설고 무서운 존재일 수 있다. 그렇지만 이 무질서에도 나름의 규칙이 있고 무단횡단도 방법이 있고 주의사항도 있다.

도로 횡단하기(절대 후퇴는 없다.)

베트남 여행에서 도로를 횡단하는 것이 처음 여행하는 관광객에게는 무섭기도 하고 걱정되기도 한다. 가장 먼저 하지 말아야 하는 행동은 절대 뒤로 물러서면 안 된다는 것이다. 가끔 되돌아오는 여행자가 있는 데, 이때 사고가 나게 된다. 오토바이는 속도가 있어서 어느새 자신에게 다가와 있는 데 갑자기 뒤로 돌아오면 오토바이도 대처를 할 수 없게 된다. 이때 오토바이와 부딪치는 사고가 발생한다.

도로 건너기

1. 처음 도로로 나가는 방법은 약간의 거리를 두고 다가오는 오토바이가 있을 때에 도로로 내려와 무단 횡단을 한다.
2. 앞으로 나아갈 수 없다면 멈추고 그 자리에 서 있기
앞으로 나아갈 수 없다면 그 자리에 서 있으면 오토바이들은 알아서 피해간다.
3. 오토바이가 내 앞에 없다면 앞으로 나아간다. 오토바이가 오는 방향을 보고 빈 공간이 생기게 되므로 이때 앞으로 나아가면 횡단할 수 있다.

도로 운행

1. 2차선
왕복 2차선에는 오토바이든 자동차이든 같이 지나갈 수밖에 없다. 오토바이가 도로를 질주하다가 자동차가 지나가려면 경적을 울린다. 이 때 오토바이는 도로 한 구석으로 이동하면 자동차가 지나간다.

2. 4차선 이상
일방도로가 2차선 이상이 되면 다른 규칙이 있다. 1차선에는 속도가 느린 자동차가 다니는 것처럼 속도가 느린 오토바이가 다닌다. 2차선에는 속도가 빠른 자동차가 다닌다. 오토바이가 2차선을 달리고 있는 상태에서 자동차가 다가오면 경적을 울려 오토바이가 1차선으로 이동하도록 알려주게 된다. 때로 오토바이가 2차선으로 속도를 빠르게 가려면 손을 올려 차선 변경을 한다는 사실을 알려주게 된다. 자동차가 차선을 이동하려면 깜박이를 올려 알려주는 것과 동일한 방법이다.

3. 회전교차로
호치민이나 하노이의 출, 퇴근시간이 되면 회전교차로의 수많은 오토바이의 물결에 깜짝 놀라게 된다. 그리고 이 회전교차로에서 사고가 나는 경우가 많다. 회전교차로에는 차선이 그려져 있지만 오토바이가 많으므로 차선은 무의미하다.

도로 횡단 주의사항

비가 올 때 도로 횡단은 조심해야 한다. 비가 오면 도로가 미끄럽고 오토바이를 운전하는 운전자가 오토바이를 통제하지 못하는 상황이 발생하기 쉽다. 핸들을 좌우로 자주 움직이지 않는 자동차와 다르게 핸들을 자주 움직이는 오토바이는 비가 오면 타이어가 미끄러지는 상황이 자주 발생하고 사고도 많아지게 된다. 그러므로 도로를 횡단하는 사람을 봐도 오토바이가 통제가 되지 않을 상황이 발생하므로 조심하면서 건너야 한다.

 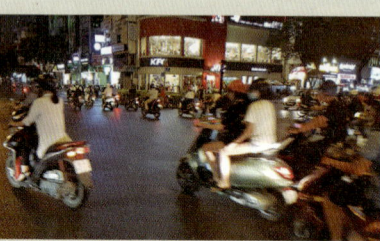

버스 타는 방법

소도시에는 작은 버스라서 버스문도 하나이기 때문에 탑승과 하차가 동일한 문에서 이루어진다. 하지만 대도시에는 큰 버스들이 운행을 하고 있다. 버스는 우리가 타는 것처럼 앞문으로 탑승하여, 뒷문으로 내리는 구조와 동일하다.

탑승할 때 버스비를 내고 탑승하는 데 작은 버스는 먼저 탑승을 하고 나서 차장이 다가와 버스비를 걷어간다. 이때 버스비는 과도하게 받는 경우가 많아서 다른 사람들이 내는 것을 보고 있다가 버스비의 가격을 대략 가늠할 필요가 있다. 일반적으로 6,000~18,000동까지 버스비 금액의 차이가 크므로 확인하는 것이 좋다.

베트남 도착 비자

베트남은 마지막 출국 일부터 30일이 지나고 15일 이내 체류일 경우 무비자로 입국할 수 있다. 이 경우가 아니면 비자가 있어야 입국할 수 있다. 베트남 비자에는 상용비자, 도착비자, 전자비자 등이 있다. 상용비자는 일반적으로 대사관을 통해서 발급받을 수 있지만 발급비용도 비싸고 소요기간도 7일 정도로 오래 걸린다. 도착비자는 사전 신청

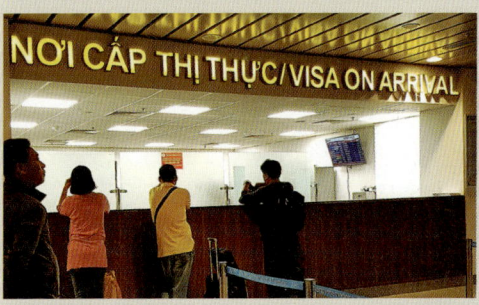

베트남공항 비자사무실 앞

후 베트남 도착한 공항에서 발급받는다. 대부분, 대행업체를 통해서 신청하기 때문에 대행 수수료가 있다. 보통 18,000~70,000원까지 업체마다 가격이 다르다. 소요기간은 3일정도 걸리므로 사전에 출국하기 1주일 전에는 신청하는 것이 좋다.

공항에 도착하면 이민국 심사 받기 전에 도착비자를 먼저 발급받아야 하는데 비행기에서 내린 승객 중에 비자를 발급받으려는 관광객이 많으면 1시간까지 걸리기도 한다. 도착비자는 30일 이내는 $25의 추가 비용, 90일 복수 비자는 50$까지 현금으로 필요하다.

전자비자는 웹사이트에서 직접 신청하기 때문에 대행수수료가 들지 않는다. 다만 결제수수료 $0.96가 추가로 발생한다. 승인이 완료되면 비자승인서를 출력해서 가져가면 되는데, 간혹 비자 승인이 안 나는 경우도 있다. 승인이 거절되더라도 비자비용은 환불되지 않는다.

베트남비자가 필요한 경우

베트남은 무비자로 입국하여 15일까지 체류할 수 있다. 그러나 이후 30일 이내에 재입국 하려면 베트남 비자(초청장)가 반드시 필요하다. 또는 15일 이상 체류하고 싶다면, 외국 국적을 소지한 한국인이나 미국인, 캐나다인, 중국인, 호주인, 뉴질랜드인 등은 반드시 베트남 도착비자를 발급받아야 베트남입국이 가능하다.

베트남 도착비자는 사전에 미리 비자승인서를 받아 베트남 공항에서 비자를 발급 받는 방법으로 관광비자나 상용비자 등을 받을 수 있다. 관광 비자는 급할 경우 급행으로 긴급비자 발급을 받아 입국을 할 수 있다. 여행은 관광비자, 비지니스는 상용비자 발급하면 베트남 상용비자나 긴급비자 발급을 받을 수 있다.

항공권 리턴 티켓은 필요한가?

베트남은 항공기 리턴 티켓이나 다른 나라로 출국하는 증빙이 있어야 입국할 수 있다. 인천 공항에서 체크인 할 때부터 리턴티켓이 있는지 물어보고 확인한다. 비자를 받았다면 항공권 리턴티켓이 없어도 입국할 수 있다. 베트남 각 도시의 공항 이민국 심사 때 비자를 제출하면 리턴티켓이 있는지 물어보지 않는다. 다만 모든 경우에 해당하지는 않을 수 있다. 만약의 경우를 대비해 항공권 리턴티켓을 당일 구매하는 것이 좋다.

신청 웹사이트 이동해 베트남 이민국에서 운영하는 https://evisa.xuatnhapcanh.gov.vn/en_US/web/guest/khai-thi-thuc-dien-tu/cap-thi-thuc-dien-tu 신청하면 된다.

사전 준비사항

1. 여권정보 사진과 여권사진 준비
2. 비자신청료는 $25,
   결제수수료 $0.96까지 $25.96가 필요하다.
3. 결제는 카드로 해야 하므로 신용카드를 준비한다.

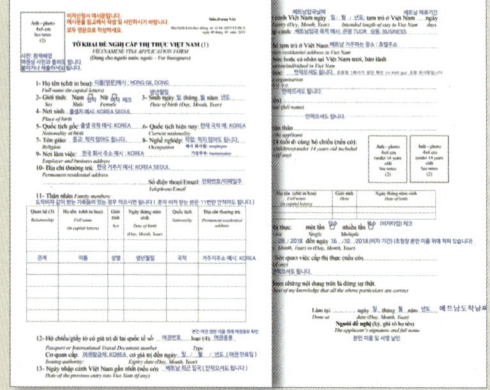

베트남 입국시 도착비자 받는 방법 / 준비물

1. 비자승인서(초청장) 출력 전에 영문명, 생년월일, 비자타입, 비자기간 등을 확인한다.
   본인 영문 이름 위에 비자기간이 있다.
   미확인 후 발생되는 책임은 본인에게 있다.

2. 이메일로 받은 비자승인서(초청장) 출력은 칼라, 흑백이 상관없으며 출력해 가거나 1페이지와 본인 영문이름이 있는 페이지를 출력해 간다.

3. 여권사진 2장 (1장은 제출 +1장은 여유분)이 필요하다.

4. 비자신청서는 베트남공항 비자사무실 앞에 구비되어 있다.
   출력 후 예시 문을 참고하여 작성해 가면 편리하다.
   베트남 비자발급 사무실 앞에서 작성 후 제출해도 된다.

5. 비행기 착륙 후 입국심사대에 가기 전, 위치한 (LANDING VISA) 펫말이 있는 곳에서 서류를 제출한다.

6. 비자발급 공항은 단수 25$, 복수 50$가 필요하다.

여행 베트남 필수회화

한국어	베트남어	발음
안녕하세요(만났을 때)	xin chào	씬 짜오
안녕하세요(헤어질 때)	tạm biệt	땀 비엣
감사합니다.	xin cám ơn	씬깜 언
여기로 가주세요. (택시를 탔을때)	cho tôi tới đây a	저 도이 더이 더이 아
여기를 어떻게 가죠? (지도나 주소를 보여주면서)	tôi đi tới đây như thế nào ạ?	도이 디 더이 다이 녀으 테 나오 아?
얼마예요?	bao nhiêu tiền vậy	바오 니에우 디엔 베이?
도와주세요	làm ơn giúp tôi với	람 언 춥 도이 베이!
방이 있나요?	còn phòng không vậy	건 퐁 콩 베이

■ 까페에서 : ~ 주세요(cho tôi (저 도이~))

한국어	베트남어	발음
얼음주세요	cho tôi đá	저 도이 다아
밀크커피 주세요	cho tôi cà phê sữa	저 도이 까 페 스으어
블랙커피 주세요	cho tôi cà phê đen	도이 까 페 댄
망고쥬스 주세요	cho tôi nước xoài	자 도이 느억 서아이
야자수 주세요	cho tôi nước dừa	저 도이 느억 즈어
하노이 비어 주세요	cho tôi bia hà nội	저 도이 비어 하노이

■ 식당주문 : gọi món ăn

한국어	베트남어	발음
소고기 익은 쌀국수 주세요	cho tôi phở bò tái	저 도이 퍼 버 따이
소고기 설익은 쌀국수 주세요	cho tôi phở bò tái chín	저 도이 퍼 버 다이 진
닭고기 쌀국수 주세요	cho tôi phở gà	저 도이 퍼 카
분자 주세요	cho tôi bún chả	저 도이 분자
새우 튀김 주세요	cho tôi tôm rán	저 도이 덤 치엔 (란)
램 튀김 주세요	cho tôi nem rán	저 도이 냄 치엔 (란)
향채 빼주세요	không cho rau mùi vào	콩 저 자우 무이 바오
하노이 보드카 주세요	cho tôi rựu vô ka	저 도이 르어우 보드카

■ 핵심 회화

한국어	베트남어	발음
… 부탁합니다…	LÀM ƠN...	라암 언…
미안합니다	TÔI XIN LỖI	또이 씬 로이
다시 말씀해 주시겠어요?	LÀM ƠN NÓI LẠI LẦN NỮA.	라암 언 너이 라이 러언 느으억
천천히 말씀해 주세요	LÀM ƠN NÓI CHẬM CHO	라암 언 너이 쟈암 져
아니요.	KHÔNG PHẢI	커옹 파이
축하해요	XIN CHÚC MỪNG	씬 주옷 뭉
유감입니다	TÔI RẤT XIN LỖI	또이 러엇 씬 로이
괜찮아요.	KHÔNG SAO A	커옹 사오 아-
모르겠어요	TÔI KHÔNG BIẾT	또이 커옹 비엣
저는 그거 안좋아해요.	TÔI KHÔNG THÍCH CÁI ĐÓ	또이 커옹 팃 까이 더
저는 그거 좋아해요.	TÔI THÍCH CÁI ĐÓ	또이 팃 까이 더
천만에요.	KHÔNG CÓ GÌ	커옹 꺼 지
제가 알기로는…	TÔI HIỂU RẰNG…	또이 히에우 랑
제 생각에는…	TÔI NGHĨ RẰNG...	또이 응이 랑
확실해요?	CÓ CHẮC KHÔNG?	꺼- 쟈악 커옹?
이건 무슨 뜻이세요?	NÓ NGHĨA LÀ GÌ	너- 응이아 라 지?
이건 어떻게 읽어요?	TỪ NÀY PHÁT ÂM NHƯ THẾ NÀO?	뜨 나이 팍 암 느으 테 나오?
이것을 한국어로 써주실래요?	CÓ THỂ VIẾT LẠI CHO TÔI TIẾNG HÀN KHÔNG?	꺼- 티에 벳 라이 져 또이 띤 한 커옹?
아니요.틀렸어요.	KHÔNG. SAI RỒI	커옹. 사이 로이
맞아요.	ĐÚNG RỒI	더웅 로이
문제 없어요.	KHÔNG CÓ VẤN ĐỀ	커옹 꺼- 버언 데
도와주세요.	GIÚP TÔI VỚI	즈웁 또이 버이
누가요?	AI VẬY?	아이 바이?
얼마에요?	BAO NHIÊU VẬY?	바오 니에우 바이?
왜 안돼요?	SAO KHÔNG ĐƯỢC?	사우 커옹 드으윽?
어떤거요?	CÁI NÀO?	까이 나오?
어디요?	Ở ĐÂU?	어 더우?
언제요?	KHI NÀO?	키- 나오?
자실있어요?	CÓ TỰ TIN KHÔNG?	꺼- 뜨으 띤 커옹?
잊지 마세요.	XIN ĐỪNG QUÊN.	씬 드응 구엔.
실례합니다.	XIN PHÉP	씬 팹
몸 조심하세요.	GIỮ GÌN SỨC KHỎE	즈으 진- 슷 쾌-에
여기는 뭐가 맛있어요?	Ở ĐÂY CÓ MÓN GÌ NGON?	어 다이 꺼- 머언 지 응어언?
…도 같이 할께요..	TÔI MUỐN ĂN NÓ KÈM VỚI..	또이 무온 안 너- 깸 버이…
계산서를 주세요.	LÀM ƠN CHO TÔI HÓA ĐƠN	라암 언 져 또이 화- 던
감사합니다.	XIN CÁM ƠN.	씬 깜- 언.

여행에서 사용하는 베트남어 단어

한국어	베트남어	발음
공항	sân bay	서언 바이
비행기	máy bay	마이 바이
짐	hành lý	하잉 리이
비행시간	thời gian bay	터이 쟈안 바이
입국	nhập cảnh	납 까잉
출국	xuất cảnh	쑤앗 까잉
입국신고서	tờ khai nhập cảnh	떠어 카이 납 까잉
출국신고서	tờ khai xuất cảnh	떠어 카이 쑤앗 까잉
여권	hộ chiếu	호 지에우
비자	visa: thị thực	비자 :티이특
체류목적	mục đích cư trú	목 디잇 그 쪼우
입국심사	thẩm tra nhập cảnh	타암 짜 납 까안
공항세관	hải quan sân bay	히이 관 서언 바이
세관신고	khai báo hải quan	카이 바오 하이 관
짐을찾다	tìm hành lý	디임 하잉 리–
환전하다	đổi tiền	도오이 디엔
쇼핑가게	cửa hàng mua sắm	끄어 항 무어 사암
사다	mua	무어
가게	cửa hàng	끄어 항–
잡화점	cửa hàng tạp hóa	끄어 항 다압 화
매점	căn tin	가앙 띤
교환	đổi	도오이
값:가격	giá tiền	쟈아 디엔
기념품	quà lưu niệm	구와 르우 니임
선물	quà	구와
특산물	đặc sản	다악 사안

한국어	베트남어	발음
치약	kem đánh răng	갬 다잉 랑
칫솔	bàn chảy đánh răng	반 쟈이 다잉 랑
담배	thuốt lá	투옥 라-
음료수	nước giải khát	느윽 쟈이 카악
술	rựu	르어우
맥주	bia	비아
안주	đồ nhắm	도- 냐암
구경하다	tham quan	타암 관
식당	quán ăn	과안 안
아침식사	ăn cơm sáng	안 껌 사앙
점심식사	ăn cơm trưa	안 껌 쯔어
저녁식사	ăn cơm tối	안 껌 또우이
후식	ăn tráng miệng	안 쟈앙 미엥
주식	món ăn chính	모언 안 지잉
음식	món ăn	모언 안
메뉴	thực đơn	특 던
밥	cơm	껌
국	canh	끼잉
고기	thịt	티잇
소고기	thịt bò	티잇 버-
돼지고기	thịt heo	티잇 해오
닭고기	thịt gà	티잇 가아
생선	cá	까아
계란	trứng gà	쯔응 가-아
야채	rau	라우
소주	rựu	르어우
양주	rựu thuốt	르어우 투옥
쥬스	nước ngọt	느윽 응엇
콜라	côcacôla	고 까 고 라

조대현
63개국, 298개 도시 이상을 여행하면서 강의와 여행 컨설팅, 잡지 등의 칼럼을 쓰고 있다. KBC 토크콘서트 화통, MBC TV 특강 2회 출연(새로운 나를 찾아가는 여행, 자녀와 함께 하는 여행)과 꽃보다 청춘 아이슬란드에 아이슬란드 링로드가 나오면서 인기를 얻었고, 다양한 여행 강의로 인기를 높이고 있으며 '트래블로그' 여행시리즈를 집필하고 있다. 저서로 블라디보스토크, 크로아티아, 모로코, 나트랑, 푸꾸옥, 아이슬란드, 가고시마, 몰타, 오스트리아, 족자카르타 등이 출간되었고 북유럽, 독일, 이탈리아 등이 발간될 예정이다.

폴라 http://naver.me/xPEdID2t

정덕진
10년 넘게 게임 업계에서 게임 기획을 하고 있으며 호서전문학교에서 학생들을 가르치고 있다. 치열한 게임 개발 속에서 또 다른 꿈을 찾기 위해 시작한 유럽 여행이 삶에 큰 영향을 미쳤고 계속 꿈을 찾는 여행을 이어 왔다. 삶의 아픔을 겪고 친구와 아이슬란드 여행을 한 계기로 여행 작가의 길을 걷게 되었다. 그리고 여행이 진정한 자유라는 것을 알게 했던 그 시간을 계속 기록해나가는 작업을 하고 있다.
앞으로 펼쳐질 또 다른 여행을 준비하면서 저서로 아이슬란드, 에든버러, 발트 3국, 퇴사 후 유럽여행, 생생한 휘게의 순간 아이슬란드가 있다.

김경진
자칭 베트남전문가로 세계여행 후 베트남에서 정착하면서 그들과 같이 호흡했다. 배낭 하나 달랑 메고 자유롭게 여행하는 꿈을 가슴에 품고 살았다. 반복된 일상에 삶의 돌파구가 간절히 필요할 때, 이때가 아니면 언제 여행을 떠날 수 있을까 하는 마음에 느닷없이 떠났다.
남들처럼 여행하지 않고 다른 듯 같게 여행한다. 남들보다 느릿느릿 여행하면서 남미를 11개월 동안 다니면서 여행의 맛을 알았다. 그 이후 세계여행을 하면서 세월은 흘러 내 책을 갖기까지 오랜 시간이 걸렸지만, 덕분에 나의 책을 갖게 되었다.

Đặng Hoàng Yến Nhi | 어드바이저
나트랑에 살면서 여행을 좋아하고 미식가로 살아왔다. 달랏을 가장 좋아하여 자주 여행하면서 달랏의 다양한 음식과 풍경에 사로잡혔다.
트래블로그 나트랑 & 무이네, 달랏에서 나트랑(Nha Trang)과 달랏(Dalat)에 대한 맛집을 찾아 알려주었고 조언을 아끼지 않았다.

나트랑 & 푸꾸옥

초판 1쇄 인쇄 | 2019년 5월 22일
초판 1쇄 발행 | 2019년 5월 27일

글 | 조대현, 정덕진, 김경진
사진 | 조대현(특별 사진 제공 : 전형욱)
펴낸곳 | 나우출판사
편집 · 교정 | 박수미
디자인 | 서희정

주소 | 서울시 중랑구 용마산로 669
이메일 | nowpublisher@gmail.com

979-11-89553-40-1 (13980)

- 가격은 뒤표지에 있습니다.
- 이 저작물의 무단전재와 무단복제를 금합니다.
- 파본은 구입하신 서점에서 교환해드립니다.

※ 일러두기 : 본 도서의 지명은 현지인의 발음에 의거하여 표기하였습니다.